幼儿园
课程领导力在生长

上海市教育委员会教学研究室　编著

上海科技教育出版社

图书在版编目(CIP)数据

幼儿园,课程领导力在生长/上海市教育委员会教学研究室编著.—上海:上海科技教育出版社,2019.9(2024.12重印)
(上海市提升中小学(幼儿园)课程领导力行动研究(第二轮)项目成果丛书/徐淀芳主编)
ISBN 978-7-5428-7064-3

Ⅰ.①幼… Ⅱ.①上… Ⅲ.①学前教育—课程—教学研究 Ⅳ.①G612

中国版本图书馆CIP数据核字(2019)第157306号

责任编辑　王　婷
封面设计　符　劼

幼儿园,课程领导力在生长
上海市教育委员会教学研究室　编著

出版发行	上海科技教育出版社有限公司 (上海市闵行区号景路159弄A座8楼　邮政编码201101)
网　　址	www.sste.com　　www.ewen.co
经　　销	各地新华书店
印　　刷	上海华顿书刊印刷有限公司
开　　本	787×1092　1/16
印　　张	14.25
插　　页	3
版　　次	2019年9月第1版
印　　次	2024年12月第10次印刷
书　　号	ISBN 978-7-5428-7064-3/G·4107
定　　价	52.00元

上海市提升中小学(幼儿园)课程领导力
行动研究(第二轮)项目成果丛书
编　委　会

徐淀芳　　纪明泽　　陆伯鸿　　谭轶斌　　王月芬

本书主编

贺　蓉

不忘初心　筑梦前行
——上海基础教育课程改革30年回顾

(丛书代序)

  1988年,在探索素质教育的大背景下,受原国家教委委托,上海重点聚焦"四个素质和健康个性培养",启动了中小学(幼儿园)课程改革(后被称为课程改革第一期工程,简称"一期课改")。1998年,面向新世纪新挑战,在传承上海"一期课改"成功实践的基础上,重点聚焦创新精神和实践能力的培养,上海再次启动中小学(幼儿园)课程改革(被称为课程改革第二期工程,简称"二期课改")。两期课程改革均涉及中小学课程方案、各学科课程标准,以及教材、教学过程和考试评价等改革领域。

  长达30年的两期课改,始终得到上海市委、市政府的支持,得到市教委和市课改委的领导,得到高校和基础教育专家的专业贡献,得到全市中小学校长和教师、幼儿园园长和教师创造性实践经验的奉献,得到全市三级教研系统优秀教研人员的专业指导和实施保障……正是这种上下一心、持之以恒、无私奉献的精神,以及坚持理论与实践相结合、目标导向与问题导向相结合、专家的顶层设计与学校针对问题的敏捷反应相结合的改革机制,为上海基础教育赢得荣誉,取得显著成效,引起世界的关注。

  上海2009年和2012年两次PISA测试的优异成绩震惊世界;2010年、2014年和2018年三次教学成果奖评选硕果累累、成绩斐然;历年来各学科中青年教师在全国各类教学大赛中成绩卓越,一大批教师在课程改革的征程中脱颖而出;上海的数学教材(一至六年级)输出英国,中英数学教师交流,上海教师的教学能力得到英方同行的高度肯定;上海教研的实践范式引起同行广泛关注。

  马克思主义倡导"人的自由而全面发展"思想,把它视为建构未来共产主义社会的基本原则。"人的自由而全面发展"包括人的需要的全面发展、人的能力的全面发展、人的个性的全面发展、人的社会关系的全面发展等。上海的两期课改确立了"以学生发展为本"的改革理念,围绕立德树人这一教育的根本任务,提升学生"素质"和塑造学生"个性",将课程设计的重心从"学科"迁移至"社会"和"学生",强调课程应该促进全体学生全面而又主动、可持续地发展,适应未来社会发展的需要。

  上海的"一期课改"针对课程模式过分划一、学科课程一统天下的现状,汲取之前已经开展的试行教学规章制度、试办高中理科班、开设劳动技术和计算机课程、青浦数学教改经验、试验布鲁姆教学目标分类理论等教育教学改革实践经验,结合探索素质教育的大背景,聚焦"统一要求与个性发展的关系""知识与能力要求的关系""现代化手段的引入""课程教材'一纲一本'的旧模式""教学中人际关系的改进""强化德育及其他人文因素的教育"等问题,在课程视域下开创性地对基础教育进行系统改革:

  第一,依据素质教育要求,确立了思想政治素质、科学文化素质、身体心理素质、劳动技能素质和健康个性的课程培养目标。

第二，将学校有计划、有目的的教育活动纳入课程范畴，构建了必修、选修和活动"三个板块"，优化了课程结构，改变了学科必修课程一统天下的状况，丰富了学校课程。

第三，坚持以德为先，建立了由思想政治课程、班团队活动、社会实践活动和各学科课程组成的"三线一面"德育体系，架构了学校、家庭、社会"三位一体"的德育渠道，开创了学校德育活动、学科德育、社区服务和社会实践相联系的德育新格局。

第四，首次尝试编制学科课程标准，从课程定位、课程目标、课程内容与要求、课程实施等方面整体规划学科课程，强化在规定时间内，通过有效教学（教学内容与教学方式），达成有限目标（学习结果）的观念，实现课程的育人价值（课程定位）。

第五，建立了主持单位支持、主编负责制下的专职队伍编制、审查办审查、出版社出版、新华书店发行、课改办管理的教材编制机制。编制了700余种（册）涉及三个板块课程的教材、教参、练习册，实现了在统一基本要求的前提下的教材多样化。呈现了以社会、学科、学生为基点，提高素质为核心的教材特征，教材内容普遍加强了与现实生活的联系，反映社会科技发展新成果，呈现学科德育价值。

第六，积极探索教学改革，小组讨论、启发式教学不断普及，科学方法教育得到关注，以电化教育为主的教学手段得到广泛应用。

第七，逐步建立了毕业考试和升学考试两考合一的中考改革制度，全面会考基础上的"3+1"高考改革制度。

在"一期课改"实践过程中，课程观念得到确立，"三个板块"的课程结构和"三线一面"的德育体系在学校得到落实，教师普遍适应"三个板块"的教学，专业能力得到发展，学校教学环境因改革需要得到改善。

上海的"二期课改"针对立德树人强化德育、创新精神和实践能力培养、以信息化带动课程教学的现代化三大问题，传承"一期课改"实践经验，围绕统一性与选择性、基础性与先进性、理论性与实践性、继承性与创新性、封闭性与开放性、科学精神与人文精神、分科与综合、外显知识与内隐知识、开发潜能与健全人格、教育文化与技术文化十大关系，以学习环境支持下的学习方式变革为突破，关注课程的功能和价值，创造性地对基础教育进行系统改革：

第一，依据党的教育方针，从德智体美全面发展视角确立了课程培养目标，从培养创新精神和实践能力视角，创造性地建立了知识与技能、过程与方法、情感态度与价值观"三个维度"的课程目标体系。

第二，着眼于明确课程的功能和价值，构建了以"基础型""拓展型""研究型"三类课程和语言文学、数学、社会科学、自然科学、技术、艺术、体育与健身、综合实践八个学习领域为标志的课程结构，设计了社会科学、自然科学和艺术三个学习领域"合分一体"的领域课程结构，开创了综合课程与分科课程相互补充的新体系。

第三，传承"三线一面"德育体系和"三位一体"德育渠道，从民族精神教育和生命教育突破，确立学科育人价值，建立纵向贯通、横向联系的中小学一体化德育体系，形成了"课程德育"新格局。

第四，明确课程标准作为描述学习结果的基本定位，从育人价值、课程目标、课程内容、课程实施等视角,描述达成性学习结果(知识与技能)、体验性和表现性学习结果(过程与方法)、发展性学习结果(情感态度与价值观),规划学科课程。

第五,编制了三类课程1200余种(册)教材,并转化为1200余种(册)数字教材。教材内容关注与现实生活和社会科技发展的联系,突出学科主干内容,强化体验感悟和学习经验积累,引导学习过程,呈现学科育人价值。教材的目标特征、内容特征、教学特征进一步优化。

第六,以自主、合作、探究为标志,规范与创新相结合,积极推进教学改革。一是规范和创新备课、上课、作业、辅导、评价教学五环节,优化教学全过程;二是强化知识的生成过程和应用过程,将知识置于概念形成和问题解决的情境中,通过听讲、阅读、交流、观察、操作、探究等各类课堂活动,掌握概念、体会思想方法、积累活动经验、形成能力和意识,实现学科育人价值。

在"二期课改"实践过程中,以学生发展为本的理念深入人心,课程育人价值和"三维目标"得到确立,"三类课程"得到落实,学校课程进一步丰富,学校的课程领导能力不断提升,围绕创新精神和实践能力培养,以学习方式变革为标志的改革经验不断涌现,TALIS调查结果表明,教师教学整体处于较高水平。

课程是培养人的过程。深化课程改革需要以习近平新时代中国特色社会主义思想为指导,全面落实立德树人根本任务,系统推进育人方式、办学模式、管理体制、保障机制的改革,着力培养和发展学生的认知能力、合作能力、创新能力和职业能力。

教学是实现目标的过程,是教师、学生、环境三个要素的相互作用。深化教学改革,需要从学习环境支持学习方式变革角度重点突破,即营造良好的师生关系,丰富教学资源,创新教学组织形式和学习空间;需要在信息化环境和学习分析技术支持下,从"精准指导"和"推送学习"两方面实现"个性化"教学;需要探索通过优化学习输入(提供的学习信息)和丰富学习输出(多样化的学习结果表现要求),去促进学生意义建构,实现"深度学习"。

增强课程的多样化和选择性、丰富学生实践性学习经历、将信息技术融入课程,是深化上海基础教育课程改革的三个突破点。

2018年是上海实施中小学(幼儿园)课程改革30周年,也是面向新时期,踏上深化课程改革新征程的起始之年。站在上海教育承前启后的关键节点上,我们号召全市各区、校认真梳理和总结30年的改革经验,以各种形式回顾30年改革历程中的关键人物和事件,展示30年的改革成果,以期以史为鉴,继往开来。

面对挑战,我们不忘初心,勇于亮剑!

前瞻未来,我们筑梦前行、砥砺奋进!

徐淀芳

(上海市教育委员会教学研究室主任)

序

我有幸参加了上海市提升中小学(幼儿园)课程领导力的两轮项目研究,进入了两个幼儿园一线的课程实践,与园长和教师一起探讨课程实践中的"领导力"问题。其间,我们思考过:同样涉及课程方案的编制、实施和完善,以往的园本课程研究与现在的课程领导力研究之间有何区别?课程管理和课程领导有何区别?加上了"力"与先前没有"力"的课程思想、课程设计、课程执行和课程评价有何区别?在课程改革的现阶段提出课程领导力有什么意义和价值?……

作出回答需要全面反思课程改革现实中存在的一系列问题,如:幼儿园的课程方案都提到了课程理念,但教师在课程实施中的行为却与之相去甚远;说是在创设园本化的课程环境,教师却常常不知其所以然地相互模仿;以同一标准面对同一教学活动,不同教师却给出截然相反的评价;教师自己设计的教学活动或制作的活动材料却需要依赖"权威人士"的评价;常听到教师抱怨,环境布置因专家们的不同意见而被要求返工;幼儿园所做的课程研究仅仅是为了立项,而非解决自己的实际问题;做课程特色仅仅是为了与别人不一样,在名称用词上绞尽脑汁、别出心裁……凡此,课程改革形式大于内涵,园长和教师都感到十分疲累。可以说,这是我国幼儿园课程实践的普遍现象,在不少幼儿园的课程实践中都看不见课程主体的能动性。其中,幼儿缺位、教师被动、管理强势,无不透出行政要求大于专业引领、思考的能动性弱于执行的问题。

究其原因,是快速发展的社会对传统的课程模式提出了改革的要求,而课程改革的同时却没有同步改变传统的课程管理行为。在我看来,课程领导力研究正是来解决这些问题的,但课程领导力的设计不是针对一个一个具体的问题来对症下药的,而是抓住了一个具有广谱意义的"力"的作用,使所有问题迎刃而解,这就是该项目几年来所显示出的效应。

随着项目的推进,项目幼儿园逐步区分了管理者和领导者,厘清了谁是课程的领导者,认识了课程领导力是一种怎样的"力",在完善课程实施方案和优化课程实施的过程中,逐步从"上层管理设计课程—教师忠实执行课程—幼儿被动接受课程"这种自上而下的课程文化,转变为幼儿、教师、园长等多元主体协同建构的课程文化,这一转化的过程也正是课程领导共同体的形成过程。这个共同体有着共同的愿景和一致的价值认同,他们不再是一个个被动个体的集合,而是相互理解、支持、协作的整体,每个人都在为课程的完善和优化贡献智慧,愿意为课程变革过程中的一切承担责任。这种凝聚起来的"合力"是不断向下赋权的结果,幼儿对课程的参与权和教师对课程的自主权,使幼儿园的课程实践体现了这样一种检验的标志:幼儿学习与发展的主动性越强,表明教师的课程领导力越强;而教师的课程自主性有多强,则反映了园长的课程领导力有多强。总之,所有的课程问题都当在这个共同体的合力中化解。上海新一轮的提升课程领导力项目研究又将开始,我相信课程多元主体中的家长将会到位。

目前,我在很多地方仍然看到和听到园长们苦恼于如何设计"有别于他园的园本课程",听到和看到教师们无奈于执行不知其所以然的"课程特色"。让我欣喜的是,上海的课程领导力研究已经开始解除这个迷障。《幼儿园,课程领导力在生长》一书正是上海市教委教研室贺蓉老师通过研究、组织和管理这个项目,从项目幼儿园这几年研究探索的宝贵经验中提炼出的对课程领导力内涵与特征的理解,可以帮助还在为"如何以园为本落实课程"而困惑和迷茫的广大幼儿园找寻方向。

华爱华

(华东师范大学教授)

前言

"课程领导力",这个词对大多数幼儿园园长和教师来说,是一个"熟悉的陌生人"。

"课程领导力是什么?是……吗?"

"领导力和课程有什么关系?"

"谁有课程领导力?"

"课程领导力和我有关系吗?我能从中获益吗?"

"幼儿园为什么要有课程领导力?没有它又怎么样?"

"我怎么才能知道,我有没有课程领导力?从哪些表现可以看出来是否拥有课程领导力?"

"我们怎么才能拥有课程领导力?"

"提升课程领导力,要从哪里入手?"

……

在开展关于课程领导力的研究与实践过程中,我们收集过,也听到过不同角色的人提出的若干相关问题。

随着两轮"上海市提升中小学(幼儿园)课程领导力行动研究"项目的持续开展,以及对阶段性研究成果的推广和辐射,大家在不同的场合听过、见过"课程领导力"这个词,逐渐熟悉了这个词,而且结合生动的幼儿园研究实践形成了一些个人的认识和理解,但对于幼儿园课程领导力究竟是什么,有哪些具体的内涵,它的产生、发展、提升对幼儿园、幼儿园课程、幼儿园园长和教师可以产生怎样的影响,或许并不清楚。

"课程领导力"是在什么样的背景下被提出,怎样被研究,又如何在研究中被付诸实践探索的?它的存在和提升带给幼儿园哪些积极的、具体的变化?富有课程领导力的幼儿园具有哪些具体的、典型的表现?我们如何去发现并提升课程领导力?这些正是在上海市教委教研室总项目的带领下建立的"研究共同体"希望回答的问题。

在第二轮项目持续深入开展的4年(2015—2019年)中,幼儿园学段项目组由上海市教委教研室幼教教研员和上海市11所立项幼儿园共同组成。这些幼儿园分别是:长宁实验幼儿园、黄浦区思南路幼儿园、黄浦区荷花池幼儿园、静安区南西幼儿园、静安区芷江中路幼儿园、静安区安庆幼儿园、静安区威海路幼儿园、静安区南阳实验幼儿园、浦东新区冰厂田幼儿园、浦东新区锦绣博文幼儿园、青浦佳佳幼儿园。

在第一轮项目研究中,我们在市教研室周洪飞老师的带领下形成了以"幼儿园课程实施方案编制"为重点的成果。在此坚实基础之上,第二轮研究以"基于证据完善幼儿园课程实施方案"为主线,围绕"幼儿园课程领导力的评价""幼儿园课程领导力的提升策略"等难点问题进行了深入的研究。通过项目，我们启发和支持立项幼儿园发现和解决幼儿园课程中的问题，在专家的持续指导下，共同探寻幼儿园课程领导力是什么，以及提升幼儿园课程领导力的有效路径。研究既有共同的目标，又有个性的追求。研究的过程虽艰辛，但回报卓著。我们不仅主动化解了立项幼儿园自身课程建设和实践面临的挑战，还富有个性地回答了怎样才能提升幼儿园的课程领导力的若干问题。本书每一章的最后都附有几个供读者思考的问题，希望能够帮助读者在阅读后建立与自身实践的联系，并有所启发。

本书不仅结构化地呈现了对幼儿园课程领导力若干问题的思考，还生动地展现出幼儿园在提升课程领导力道路上异彩纷呈的发展，两者交相辉映，为"提升幼儿园课程领导力"项目提交了一份令人满意的、立体完整的答卷。

作为该项目的指导专家，上海市教委基教处原副处长何幼华如此评价道："幼儿园课程领导力解决的是先进教育理念落实到幼儿园课程实施、教师的教育行为、幼儿身心和谐发展的问题，是幼儿园课程改革的重要环节。如果说《幼儿园教育指导纲要（试行）》和《上海市学前教育课程指南（试行稿）》的提出更多的是国家、地方对幼儿园课程的指引，那么幼儿园课程领导力的行动研究既是基于幼儿发展、基于园所实际办园条件的具体实施，又是对学前教育阶段课程改革的丰富与完善，其经验与成果引发我们对学前教育课程改革的进一步思考，并将不断推进本市学前教育课程改革的发展。"

贺 蓉

（上海市教育委员会教学研究室）

目录

第一章　如何理解幼儿园课程领导力 / 1

第一节　幼儿园课程领导力 / 3
一、力、领导力、课程领导力 / 3
二、幼儿园的课程领导力 / 6
三、课程领导力的典型表现 / 8

第二节　幼儿园课程领导者 / 11
一、幼儿园课程领导者的五个特点 / 11
二、作为课程领导者的园长和教师 / 15
三、园长和教师共同构建课程领导共同体 / 19

第三节　发现和提升幼儿园课程领导力 / 24
一、课程领导力的坐标系 / 24
二、幼儿园课程领导力评价指标 / 24
三、诊断并提升课程领导力 / 29

本章思考 / 30

第二章　基于证据完善幼儿园课程实施方案 / 31

第一节　以园为本完善方案，体现课程领导力提升 / 33
一、编制和完善方案与提升课程领导力的关系 / 33
二、完善幼儿园课程实施方案的价值和意义 / 33
三、完善幼儿园课程实施方案的策略 / 34

第二节 完善幼儿园课程实施方案的证据 / 39

    一、寻找完善幼儿园课程实施方案的证据 / 39

    二、证据在完善幼儿园课程实施方案中的积极作用 / 40

    三、完善幼儿园课程实施方案的证据类型 / 41

    四、建立有效的证据收集系统和流程 / 47

第三节 基于证据完善幼儿园课程实施方案 / 48

    一、完善课程理念和目标 / 48

    二、完善课程设置 / 53

    三、完善课程实施 / 57

    四、完善课程评价 / 64

    五、完善课程管理 / 70

本章思考 / 73

第三章 优化和创新幼儿园课程制度 / 75

第一节 寻找幼儿园课程制度的优化角度 / 77

    一、幼儿园课程制度的意义和目的 / 77

    二、幼儿园课程制度的一般构成 / 77

    三、幼儿园课程制度的优化方向 / 78

第二节 构建教师主动把控过程的专业研修 / 80

    一、诊断专业发展起点 / 80

    二、共建专业发展契约 / 81

    三、教师主控学习过程 / 82

    四、提供个性化指导和及时反馈 / 85

    五、保持课程主体的活跃度 / 88

第三节 支撑教师自主实践和思考 / 92

一、引导教师主动追求课程目标 / 92

　　二、促进课程实践力量的聚合与协作 / 96

　　三、教师参与制订标准，主动把握标准 / 101

第四节　优化服务于教师课程实践需求的组织与功能 / 109

　　一、改进教研活动，找到并解决"真问题" / 109

　　二、创建课程资源中心保障教师课程运行 / 117

　　三、建立调研组织帮助教师发现和解决问题 / 124

　　四、提供咨询和支架协助教师课程实践探索 / 126

本章思考 / 130

第四章　课程领导力视野下幼儿园教师的实务 / 131

第一节　了解每一个幼儿 / 134

　　一、有意学习了解幼儿 / 134

　　二、心中装着每一个幼儿的进步 / 139

　　三、记录与分析幼儿的成长 / 143

第二节　建立民主和信任的主体关系 / 148

　　一、和幼儿共同创造班级生活 / 148

　　二、成为值得信任的教育伙伴 / 151

　　三、帮助家长理解和扶助幼儿成长 / 153

第三节　创造适于幼儿主动发展的课程经历 / 159

　　一、作出维护幼儿发展的课程选择 / 160

　　二、将评价纳入班级课程和活动中 / 166

　　三、让活动目标和幼儿活动需求互为转化 / 169

　　四、开展近距离师幼互动与指导 / 173

　　五、主动发现和解决班级中的课程问题 / 175

第四节　不懈学习获得成长　/ 178
　　一、在团队中学习　/ 178
　　二、建立自己的学习框架和脉络　/ 180
　　三、实现教师和幼儿园课程的互为滋养　/ 182

本章思考　/ 185

附录：幼儿园课程领导力评价指标（征求意见稿）　/ 187
案例索引　/ 208
后　记　/ 210

第一章

如何理解幼儿园课程领导力

幼儿园课程领导力离不开每个幼儿园丰富、生动的课程规划和课程实践。幼儿园园长和教师是非常重要的课程领导者,对自己和他人在思想观念、课程实践等多方面发挥着影响作用。虽然他们在幼儿园课程规划和实践中具有不同的对象范围和内容,但是他们具有共同的思考和行为特征,有着共同的课程愿景和目标,并各自发挥其主体性,共同创造出幼儿园课程变革的契机,通过优化课程的目标、结构来帮助幼儿健康发展。

并非参与研究幼儿园课程领导力项目的人、组织和单位才具有课程领导力,只要是有幼儿园课程实践的地方,就能发现课程领导力的不同表现;并非只有专家、权威和具有职位的领导者才具有课程领导力,广大的幼儿园教师同样是幼儿园课程领导力最重要的构成;并非必须研究幼儿园课程某个具体的问题才能提升课程领导力,幼儿园只要愿意主动探寻、发现本园课程发展和实践中的真实问题,并持续研究和实践,直到获得问题解决,注重提升认识和反思的水平,这些都有助于课程领导力的提升。园长和教师都要努力成为课程领导者,充分发挥主体价值。课程领导共同体的构建重视其中每个个体的力量。

评价课程领导力的过程,是发现"课程领导力在哪里,有什么具体表现"的过程。课程领导力是可以通过学习而提升的。幼儿园课程领导力评价指标体系有助于增强对课程领导力具体内涵的理解,有助于建立课程领导力与幼儿园日常课程实践的联结,有助于幼儿园园长和教师参照其有针对性地学习并提升课程领导力。

第一节　幼儿园课程领导力

幼儿园课程领导力是园长、教师等课程领导者构建课程领导共同体,相互影响并形成合力,在逐步形成和全面落实幼儿园课程愿景和目标的过程中主动思考与开展课程实践,发现和解决课程问题,推动幼儿园课程不断优化的力量。

一、力、领导力、课程领导力

(一)力

人们一般理解的"力",是物理力学体系中的一个概念,说的是物体对物体的作用。力不能脱离物体而单独存在。两个不直接接触的物体之间也可能产生力的作用。力的提出者是著名物理学家牛顿。力有三要素:作用点、大小、方向。力作用的效果是使物体发生形变或运动状态改变。

(二)领导力

"领导力"中的力是一个具有社会含义的词,可以近似地理解为力量、能力、作用和效力,主要指一种精神,虽然无形,却可能激发人的潜能。领导力中的"力"主要指强大的性质或程度产生某一效果的能力、势力,或者影响的来源等。我们常说的"团结就是力量"通常就是从这个角度去理解"力"的。

人们对于"领导力"的研究持续了几十年,不同的研究者处在不同的角度和研究阶段,逐渐形成了一些一般定义或概述。例如,沃伦·本尼斯(Warren Bennis)认为:领导力就是领导者个人或团队带领所在组织迎接挑战,实现共同目标的能力。领导力的基本内涵有三点:第一,它是一种带动、引领的能力;第二,它是与组织工作的目标相联系的;第三,它可以是一种个体的作用,也可以是一个团队的作用。

权力意味着职位、职责赋予的权限,自然会为拥有权力的人带来一定范围和程度的影响力。如果人们对领导力的特质不再是停留在感觉和印象的层面,而是将其抽象出来,就会构成一个360°领导力模型,如图1-1所示。

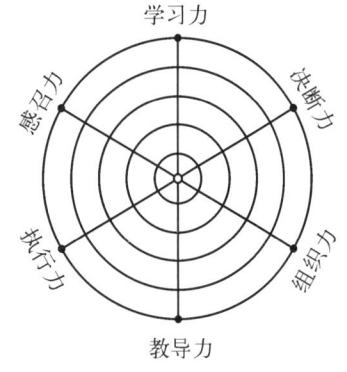

图1-1　360°领导力模型

这个360°领导力模型具体包括以下六种能力:学习力、决断力、组织力、教导力、执行力、感召力。学习力,构成领导人超速的成长能力;决断力,是领导人高瞻远瞩的能力;组织力,是领导人选贤任能的能力;教导力,是领导人带队育人的能力;执行力,表现为领导人的超常的绩效;感召力,更多地表现为领导人的人心所向的能力。① 这些是与学校、幼儿园的课

---

① 百度百科.360°领导力模型[EB/OL].[2019-5-1].https://baike.baidu.com/item/360度领导力模型.

程领导力较为相关的定义和理解。

同时,领导力只有在追随者那里才能得到证明[①]。心理学家哈利·奥维斯特认为:在志愿者组织中,领导力只会以最纯粹的形式出现,那就是影响力。所有影响力的本质都在于让别人参与其中。

对领导力的研究和阐释不胜枚举,同时在不断地告诉我们,领导力是一种自觉学习与发展,主动思考和驾驭,并不断通过积极发动、影响他人来共同达成目标追求的力量。

（三）课程领导力

领导力的研究多见于管理学领域,尤其是商业运作方面。学校、幼儿园作为学校类的组织和机构,也存在着管理的功能与实际课程运作的实务,是某一群人（校长/园长、教师等）为了一个共同的目标（实施教育、落实课程）而在一起系统化、有组织地开展学校相关课程实务的过程,涉及领导力的范畴相当广泛而深刻。

1. 关于课程领导力的研究

华东师范大学陈玉琨教授认为:学校领导力指的是战略思维能力、组织协调能力、课程开发与教学指导能力、对学校现状的评价与诊断能力,以及争取社会支持的能力。学校领导的核心竞争力是组织校本课程编制的能力、指导教师提升课堂教学的能力和促进教师专业发展的能力。

也就是说,对一所学校的课程领导可以从这样几个方面去着力:一是学校要有自己的课程思想,并用这个思想去引领全体师生建设自己的课程。学校的课程思想从哪里来？不是简单地出自校长的个人思考,它来自新时代课程改革的大理念,来自本校的传统办学经验,来自所有教师,甚至包括家长的实践与思考,等等,也只有这样形成的学校课程思想才有价值。一旦这样的思想形成了,学校就应该用这样的思想来引领学校的课程改革,并在改革中完善。二是学校要有课程发展的整体规划,以及每一门自行设计的课程改革方案和标准,这样的课程领导才是有效果和高效的。三是学校要有好的课程执行力,有了一个好的学校课程设计,关键在于执行,对课程的执行也是学校课程领导力的重要组成部分,要特别予以重视。四是学校要有一套行之有效的课程自我评估的方法,并根据自己的评估对学校课程进行调控。一般来说,能把这几个方面的工作做到位,做出成效来,这样的学校就具备了良好的课程领导力。[②]

詹姆士·亨德森和理查德·霍索恩（James Henderson & Richard Hawthorne）在《革新的课程领导》一书中指出,转型的课程领导特征包括:愿景性（visionary）、民主性（democratic）、合作性（collaborative）、建构性（constructive）和批判反思性（critically reflective）。

2002年,吕国光在《校长如何提高课程领导能力？》一文中指出:试行国家课程、地方课程和学校课程三级管理的课程政策是我国基础教育课程改革政策和管理体制的重大变革,这种变革对各校的行政领导者而言,实属一大难题与挑战。提高学校管理者,特别是校长的课程领导能力,是实施新课程的必要前提和当务之急。该文提供了落实以校为本的课程发

---

① Maxwell. J C 领导力 21 法则[M].上海:文汇出版社,2017:28.
② 郝士艳.对课程领导力的几点思考[J].黑龙江高教研究,2013(6):38-40.

展(school-based curriculum development,简称SBCD)的校长领导策略。[①]

三级课程管理体制的确立要求校长从课程管理走向课程领导,也即校长要从行政权威走向专业权威,更加关注学校课程的开发、指导与实施,更加关注学校教师的专业成长,更加关注学校课程文化的建构,而这些正是校长课程领导力所关注的核心。

许占权、孙颖在总结前人研究的基础上,依据领导科学、学校管理学、课程论等相关理论,对课程领导作如下定义:课程领导是在课程开发、研制、实施、评价及改革等活动中,具有影响力的个人或集体在一定的组织结构中引发、指引、统领、带动一个课程共同体实现课程发展和改革目标的过程。课程领导活动的前提、课程领导主体、课程领导结构、课程领导手段和课程领导目标等是构成课程领导的要素。[②]

董小平指出:学校课程领导就是指学校中的课程领导者与追随者在课程事务上通过互动而相互影响,以促进学校中的人、事、物共同发展的过程。学校课程领导力的价值取向是科学发展:促进学生的发展、教师的发展、课程的发展、学校文化的发展。"课程领导"不是在"控制"别人,而是专业地引领、指导和督导别人作出高层次的判断与自我管理(self governance),激励相关人员投入持续成长的生活方式中。

课程领导是一个多层面的开放活动和运作系统,不同利益关系者可以在国家层面、地方层面、学校层面和教室层面发挥课程领导的功能。在学校层面落实课程改革,校长的课程领导角色固然重要,但教师对在教室层面具体落实学校课程决策和发展校本课程有切身利益和绝对的影响力。

2."课程领导力"的上海认识

上海市教委教研室在2010年明确提出学校课程领导力的概念,并持续开展"上海市提升中小学(幼儿园)课程领导力行动研究"项目,至今,已经接连完成了两轮研究。2010年,结合对领导力的理解,通过主动、持续、深入地把握学校课程管理与发展的需求,上海市教委教研室提出:课程领导力即以校长为核心、教师为基础的课程领导共同体,以学校课程文化建设、课程的设计与开发、组织与实施、管理与评价等为载体提升学校的课程教学质量,以促进学生、教师、校长、课程、学校文化的发展为目标,在学校的课程改革探索与实践行动中体现出来的教育思想、教育哲学以及课程理解、规划、执行、管理、评价和创造等方面的能力。具体说来,该定义主要强调以下三个方面:

一是课程领导力的主体是"课程领导共同体",这主要是针对通常理解的"领导"是校长、园长的事,与其他人无关而言的,凸显课程主体的多元构成。因而,在后续的相关研究中,不仅重视校长、园长在课程规划、落实上的核心和引领作用,也体现出学校、幼儿园管理团队,包括教师的参与和协同。

二是课程领导力的内容领域涉及学校课程规划、发展、实施与评价等多个方面,以及这些内容实施和运行的全过程。也就是说,课程领导力和学校、幼儿园的若干真实的课程实务联系在一起,指向课程目标更好地达成。因此,课程领导力不是脱离学校的课程实务存在的,而是密切结合并蕴含在课程要素及其关系的优化中的。

---

① 吕国光.校长如何提高课程领导能力?[J].中小学管理,2002(8):19-21.
② 许占权,孙颖.课程领导及其实践意义分析[J].当代教育论坛,2006(11):97-98.

三是课程领导力表现在学校课程动态发展和运作的过程中,体现出创造性的若干能力或者能力组合,强调其动态性及课程发展和运作的互动性、生成性。它集中体现了对学校课程主体价值的发现和尊重,体现了对学校课程发展和实施过程特点的把握和尊重,彰显了对课程运作过程中多元主体的接纳和尊重,将学校、幼儿园行政命令式的课程管理创造性地引向专业的课程领导。

随着研究的持续开展,学校、幼儿园课程领导力的定义愈加清晰而具体,尤其是在对课程领导力主体地位和作用的认识上有了很大的延伸。例如,课程领导力除了指课程领导力主体的课程规划、设计和评价等能力,还指主体之间的相互影响力。这就涉及研究学校的课程主体怎样去发挥影响力,给予怎样的力度,发挥了怎样的作用,如何常态、持续地发挥作用等问题。同时,在对课程领导力的具体构成和内涵理解上也有了更为明确的界定,并通过课程领导力评价指标体系的建构进一步具体说明了学校、幼儿园课程领导力的构成和发展。

二、幼儿园的课程领导力

"幼儿园课程领导力是园长、教师等课程领导者构建课程领导共同体,相互影响并形成合力,在逐步形成和全面落实幼儿园课程愿景和目标的过程中主动思考与开展课程实践,发现和解决课程问题,推动幼儿园课程不断优化的力量。"这样的表述是基于上海市教委教研室带领立项幼儿园多年研究和实践的不断梳理和总结,同时也是基于对课程领导力概念本身的深入把握,主要凸显出以下三层关键含义。

(一)课程领导者合力构建共同体

幼儿园课程领导力的主体是"园长、教师等课程领导者,以及他们构成的课程领导共同体"。这个说法主要包含的意义是,幼儿园的课程领导力是由幼儿园中不同的课程领导者个体,以及由这些个体的课程领导者相互之间建立关系形成的共同体发出的。在这个共同体的构成中,幼儿园的园长是核心、关键人物,而每一位教师构成了共同体的广泛基础。幼儿园园长可能具有课程领导力,但是幼儿园课程领导力绝不仅是园长个人的作用和力量。同时,这个共同体不是一群人的简单集合和相加。共同体的构成有一定的必要条件,其最基础的条件和最明显的特征就是,拥有"共同的课程愿景和课程目标"。

因此,对于幼儿园的课程规划和运行来说,"什么是需要'共同'的?""如何才能达成真正的共同?""如何判断是否达成了共同?"是课程领导力的主体所必须面对的问题,也是我们后续需要深入探讨的重要内容。

(二)课程领导力不能脱离课程实践

"在逐步形成和全面落实幼儿园的课程愿景和目标过程中,主动开展课程实践,相互影响并形成合力"这部分表述中有几个关键词:"逐步形成和落实""主动实践""影响""合力"。它们凸显出幼儿园课程领导力的提升必定和幼儿园相关的课程推进和行动紧密联系,没有脱离和超越课程实践的纯粹的课程领导力。

诚然,幼儿园课程的规划、设计和发展,幼儿园具体教育活动的选取与改造等,在一定角度上看来更像是一个思维加工的过程,但是,这一切都不能离开真实的教育场景和幼儿发展的需求,不能脱离教师课程实践的情境和幼儿在各类活动中真实的表现。理想的课程或者活动的"点子"能否真正成为课程或者活动的必要构成和现实,一定与课程的相关真实活动分不开。因而,对幼儿园课程体系的运作、推动,让幼儿园的课程"落地",是课程领导力最有生机和力量的构成。如果没有教师课程实践的改观与幼儿活动状态的变化,是很难判断幼儿园的课程领导力是否存在的。

幼儿园课程是一个运作着的活动系统,引导、推动、维持它朝向达成课程目标的方向顺利运行,启动它的更新与优化,彰显着课程领导的水平和状态。引导、推动、维持课程主体运行课程,启动和调试课程主体对课程质量的评价与反思,无不需要课程领导的相关行动。在一定程度上,我们研究幼儿园的课程领导力,就是要研究幼儿园的课程发展、运作和调试是如何产生的,如何才能常态化地持续下去。

(三)课程领导力是一种复合的力量

课程领导力不仅仅是一种能力或者几种能力的简单相加,而是包含多种能力在内的力量。力量包含力度、能力、作用或效用。从力量发出的主体看,包含了每个课程主体,即园长和教师个体的力量,也包含了群体因为凝聚、协同而产生的共同的力量,甚至还包括幼儿园的课程相关环境、制度条件下产生的刺激和驱动的力量。从幼儿园课程设计与实践优化的角度看,包含了发现问题、分析问题和解决问题涉及的各种综合能力,例如发现和甄别信息、判断、整合、归因、逻辑思维、独立思维、系统思维、亲身实践、反思调控等多方面的能力。这种力量指向的目标是优化幼儿园课程,最终让幼儿的成长获益。

综上所述,幼儿园课程领导力的主体是以园长为核心、以教师为基础的幼儿园课程研究与实践共同体,实务是主动相互影响并形成合力,专注于发现、分析、解决幼儿园课程相关问题,形成和落实幼儿园课程愿景和目标,目的是推动幼儿园课程的优化,最终促进幼儿的发展。

话语点滴:课程领导力是影响幼儿园课程内涵与保教品质的关键,也是聚合以教师为主体的课程领导共同体的核心力量。课程领导力所体现的"系统思考,民主决策,愿景追求"的行动特征,是对幼儿学习与发展规律的尊重与科学把握,是深入分析改进课程实践的智慧积累,是课程理念与专业自觉融合的课程文化提升。

(郭宗莉,上海市教育功臣,特级教师,特级园长,项目指导专家)

话语点滴:提升课程领导力的过程是幼儿园在课程建设中,全体成员价值认同、实践行动、团队共建、制度文化全面整合的运作体系;是基于"儿童视角"对教育价值、课程愿景认同和追求的思想形成的过程;是基于"问题意识"对课程实践不断反思、探究、优化的深入行动的过程;是基于"团队共建"上下联动,产生广泛专业影响的对话和支持的过程;是基于"文化自觉"传承创新形成制度和课程特质渐进和积淀的过程。

(李建君,上海市特级园长,虹口区实验幼儿园原园长,项目指导专家)

发挥幼儿园课程主体课程领导力根本的具体表现主要有三个方面：一是明晰幼儿园的课程愿景和目标，二是坚韧地朝着落实目标去行动，三是主动寻找和解决真实的课程问题。这三者的内涵各自独立，又存在有机的相互联系。当课程主体身上具有明显的高水平的这些表现时，说明课程领导力水平是高的；当课程主体只有某些方面的表现时，说明课程领导力还存在欠缺。

> **话语点滴**：课程领导以课程为核心，将幼儿园、班级中与之相关的人、财、物、环境资源等统筹协调起来，包括课程规划、设计、实施等，使之发挥出最大的效益。以下三点很重要：一是洞察。课程价值观决定了我们会采取的课程领导行为。不论是园长，还是一线教师，在课程规划与课程实施中，能否敏锐地洞察到关于园本（班本）清晰的课程发展方向，并基于洞察作出高水平的决策与设计是课程领导的核心。二是问题解决，即能否敏锐地发现课程实践中的深层次问题，而非浮于表面的现象，并有解决深层次问题的韧劲和策略，持续地突破与解决。三是评价和激励。实践上首先要有清晰的可衡量的结果，包括课程的、教师实施的、幼儿发展的；其次，园长、教师作为课程领导者，要满怀激情和感召力，激励和影响不同群体、不同人员的心态，以更好地促进不同角色（园长、教师和幼儿）的自我发展。
>
> （周洪飞，上海市教委教研室教研员，特级教师，项目指导专家）

> **话语点滴**：提升幼儿园课程领导力是一个达成理念共识和价值认同，不断坚定教育信念和教育追求的过程；也是一个聚焦实践、反思问题，持续改善一日生活课程质量和幼儿生命质量的过程；还是一个分享团队经验、共享集体智慧，营造合作共建的教研文化的过程；更是一个幼儿园升华专业自觉、实现自我超越，形成可持续发展不竭动力的过程。
>
> （黄琼，上海市教委教研室教研员，特级教师，项目指导专家）

三、课程领导力的典型表现

（一）明晰幼儿园课程愿景和目标

作为课程主体，如何对幼儿园的课程愿景和目标产生认同，并不断加深理解，这是需要幼儿园"提供参与选择和共同确定愿景和目标的机会"并去努力做到的。首先，幼儿园要形成明确的课程愿景和目标，使其具体化、可视化、可理解。这是我们以园为本编制幼儿园课程实施方案中的重要内容和难点之一。其次，将幼儿园的课程追求有效地转化到每一个与课程建设和实施相关的人的头脑和行动中，这不是单靠灌输式的培训、学习就能有效解决的问题。因此，这是对幼儿园课程领导的挑战。

与此同时，每一个个体如何才能在参与课程实践和研究的过程中，在理解的基础上始终恪守愿景和目标，这需要依靠幼儿园的课程文化和制度给予支撑、强化和激励。在以上这些方面,幼儿园的意识和行动往往都是比较模糊的。

案例1-1　课程理念如何落地?（浦东新区冰厂田幼儿园　姚健）

一所大规模的幼儿园,园长若只是高高在上大谈自己的教育理念,希望200名教工马上就能跟自己达成共识,显然是不可能的。课程理念要达到上下一致并外化为每位教师的实践行动必定是一个循序渐进的过程,而且这个过程可能会有些漫长。但是,在这个过程中,园长的任务不是高谈阔论,更不是放任不管,而是应该通过各种有效的途径来实现全员对课程理念的认同。

首先,园长对幼儿园的课程理念应有十分明确的"口号",言简意赅,通俗易懂,能最方便地向全园教师传达,也最容易为教师记住。冰厂田幼儿园(以下简称"冰幼")在第一轮课程领导力项目研究中提出了"孩子在心,课程随行"8个字的核心课程理念,简短却又十分明了地阐释了冰幼课程建构的价值取向,并将其写入冰幼课程实施方案,为冰幼每一位教师所熟知。

当然,光有口号远远不够,教师怎样在实践中体现这种理念才是重中之重。因此,冰幼搭建了许多分享交流的平台,通过对生动的实践案例及背后教师思考的剖析向全园教师展示了这种理念引领下的课程实践。这种方式在我园以班级为本的课程实践从实验班走向全园的过程中发挥了重要的作用。

(二) 坚韧地朝落实目标去行动

幼儿园的课程领导力不是简单的思维层面的设计与口头的号召,其重要的构成是投身课程实践,通过形成协同与合力去落实课程目标。亦即强调课程实践的行动包括确定行动方向、制订行动计划、实施行动措施、检验行动结果、考察行动力度等。

可能有人会问:这难道不是我们日常开展课程实践的一般逻辑吗?有什么值得特别提出的?其实,在行动的一系列过程中,还有一些需要被关注的东西往往被忽视了,而那些才是更能彰显课程领导力的要素。例如:行动方向与课程改进目标的匹配度如何?制订的行动计划是否指向行动目标并与具体措施对应,富有针对性?行动计划是否已转化或分解为幼儿园某些部门或人群的实际工作并得到重点保障?行动措施之间的关联度如何?有没有关注行动之后的真实结果?行动获得的成效和付出的成本之间的关系怎样?

这样看来,行动并非仅仅是一个制订计划并按计划去完成的线性过程,而是一个充满了判断与选择的"套叠的"过程,是对一系列内在要素和关系的衡量与考察,过程中有大量主体观念和思维参与的分量。因而,这些行动带有了主体的个体价值观和个性的行为方式。

我们强调的正是这些价值观和行为方式的生动呈现和参与,而不是强求统一的节奏和方式。例如,一位幼儿园教师看到一个活动方案设计,认为非常符合自己幼儿园的课程理念,也正好适合本班级幼儿的发展需求,准备采用。另一位教师见此情境也打算"依样画葫芦",却没有自己的思考和决定。显然,看似同样的行动,行动的出发点和目的都会有本质的区别。

(三) 持续直面和解决课程问题

幼儿园课程领导力得到发挥的另一个重要表现是幼儿园的不同层面、组织和个人能够主动发现问题、直面问题,并寻求问题的化解之道。换个角度,我们也可以这样理解,幼儿园课程领导力的表现和提升是"为了问题解决""基于问题解决""在问题解决中"的。

幼儿园课程建设和实践中一般会面临两类问题。一类是判断"是否该去做或要去做"的问题,主要涉及思考和价值判断层面,需要课程主体作出价值确认和选择,即"如何选择做正确的事",包括多做、尽量做那些"应该做"和"值得做"的事,少做和不做"不应该做"和"不值得做"的事。另一类是"如何解决,如何做"的问题,更多是技能、技术、工具层面的问题,可以理解为"用什么样的方法和策略"做事,涉及的是方法和策略的针对性、适宜性等方面。

在幼儿园课程的发展和实践的不同阶段,对于不同的主体而言,课程问题总是存在,随时都在发生。在倡导发挥课程主体性的课程改革中,敢于和能够提出问题尤其重要。树立问题意识,关注课程主体的观念、体验和现实的冲突,关注行动与现实,都需要主动的态度和行动去积极面对。

从课程领导的角度来看,不管是幼儿园层面还是班级层面,无论是园长还是教师,都会遭遇上面的两类问题,面临选择和决定的挑战。问题的存在体现了主体的认知冲突,这些冲突丰富、多变、复杂、不确定。问题化解的过程综合体现和提升课程主体的需求、认知,以及其他多方面的能力,考验课程主体基于基本思想和原则设计、探寻化解路径,勇于创新和尝试,小心求证,反思成效等方面的综合能力,对课程领导者个体的发展意义也是非常巨大的,因此要珍视和培育课程主体的问题意识。

幼儿园要创造机会,鼓励发现和解决课程问题,尤其是发生在真实的课程实践中的有挑战性的"非常规"问题,让课程领导者"卷入问题解决"。解决课程问题的过程要同时满足课程主体"我"的诉求和幼儿园课程优化两个目的。让课程领导者卷入问题解决过程,调动其已有经验、能力、全部的智慧以及可控制的所有资源,以解决身边与自己相关的课程问题为中心,缜密设计、优化流程、搭配资源,在行动中改进。这个过程有利于课程主体基于观念、目标导引不断地进行动态判断,让思维和行动互为促进,课程领导者的思想力、设计力、执行力和评价力都在一个有意义的系统和背景中充分整合、运用,并展现出来。

> **话语点滴**:课程领导力是在与不同群体互动、倾听多方建议、扩大影响范畴、巧用制度机制、寻找理念和实践的落差、共同解决课程问题的过程中彰显和提升的。
> (徐秀清,青浦佳佳幼儿园园长)

提升课程领导力项目的研究过程就是"让幼儿园以园为本,发现和解决本园课程问题的过程",尤其是在自选项目的确定和问题的化解上,体现出各立项幼儿园各自不同的需求以及问题解决方式。同时,从多个幼儿园项目研究的具体实践来看,在引领和支撑本园教师尝试去发现和解决班级或者自身关心的问题,也体现得非常充分。幼儿园园长、教师的课程领导力在问题解决的过程中得到了极大的展现和提升。

展现幼儿园课程领导力最根本的表现就是不同的课程主体是否围绕愿景和目标,基于理念与原则,不断发现和解决课程问题。上海市教委教研室主任徐淀芳说,幼儿园课程领导力体现在"对幼儿教育的目的、意义、基本价值观的探寻和选择中,在遵循幼儿发展规律的课程、活动的实践行动和优化中,在幼儿园各种各样的与课程事件和解决与课程相关的问题行动中"。

第二节　幼儿园课程领导者

园长和教师是幼儿园中的课程领导者,两种角色既拥有共同的典型特点,又存在课程领导实务的区别,各自在幼儿园、班级两个不同层面发挥作用。幼儿园必须构建有效的课程领导共同体,才能成就两种角色的价值。

幼儿园课程领导力的主体是"园长、教师等课程领导者以及他们构建的课程领导共同体"。那么,园长和教师作为课程领导者的角色具有怎样的含义?他们所具有的共同特征、区别,以及他们之间的关系是怎样的?这可以从两个角度进行说明:一个是从共同体和个体的角度,另一个是从幼儿园层面和班级层面的角度。

一、幼儿园课程领导者的五个特点

课程共同体由课程领导者围绕共同的追求和目标而建立,可以是园长和全体教师,也可以是部分达成共识、有共同课程追求的人。

从个体来看,园长、教师、保教主任、教研组长等拥有具体课程实务内容的个人,都可以成为课程领导者。他们之间相互连接和协同,就很有可能成为一个共同体。从个体的角度来看,课程领导者的共同特点包括五个方面。

(一)以幼儿园的课程愿景和目标为追求

在幼儿园里,具有课程领导力的个体能够理解与认同幼儿园的课程愿景和目标,并积极主动地以此为课程设计、实施与评价的最根本的指引。他们总是通过学习与交流不断寻找、确定、塑造自身的价值体系、原则、逻辑原点和终点,始终将自己的思考和行为是否符合幼儿园的课程目标,或者幼儿是否达成课程期望的发展目标作为判断自身活动的价值和成效的最终依据。并且,这种追求和判断不是在完成某项具体的活动或事务之后才进行的,而是将其作为基本原则在整个的实践过程中始终坚持与贯彻的。因而我们说,课程领导者具有很强的自我导向性。他们能主动寻找合理的目标并不断追求,在遇到疑惑时能够审视目标,也会主动吸纳新理念、新信息调适目标和自身的观念以及对目标的理解,进而优化目标,即我们所说的"不忘初心"。

> **话语点滴**:一个有课程领导力的幼儿园像是一列动车,从园长到教师,每节车厢都有动力,而不是传统意义上的绿皮火车,即所谓"火车跑得快,全靠车头带"。但无论是车头还是车厢,为了幼儿的发展,将幼儿的现实表现作为一种判断,是教师们形成的共识。有了这种为了幼儿发展的共识,以幼儿的发展和真实表现来影响教师,后面的车厢自然会一节一节地跟上,慢慢变成动车的车厢,让这列火车跑得更快、更远。
>
> (张焱,静安区南西幼儿园保教组长,教龄26年)

如何才能增加自我导向的确定性呢？我们认为，至少可以从以下四个方面加以学习和提升：

首先，不断学习关于幼儿园课程的知识，提升课程意识，包括课程要素是什么，课程要素之间的关系，课程和活动之间的关系，如何判断活动在课程中的定位等。增加课程知识是增强课程意识的基础，而这个方面通常是幼儿园教师非常缺乏的，也是很多园长急需提高的。

> **话语点滴**：我深刻地感受到教师课程意识的转变与突破，教师绝非孤独的课程策划者和执行者，而是课程架构与实施的引导者和参与者，明确了教育过程的主体是幼儿本身这一原则。支撑这一重大转变和突破的是教师课程意识的觉醒，这绝不是一朝一夕的事，而是教师在外部有利于课程意识觉醒的环境影响下，通过其自身的主体性活动长期积累，自发生成的。
>
> （邵怡，浦东新区冰厂田幼儿园教研组长，教龄 18 年）

其次，学习、理解国家和地区关于幼儿园教育的基本理念、导向、政策和文件等，如《幼儿园教育指导纲要（试行）》《上海市学前教育课程指南（试行稿）》。通过学习，理解并掌握国家、地区的育人价值观和育人目标，帮助自己明确要培养什么样的幼儿。同时，加深对达成育人目标所需要的基本原则、策略、途径的把握和思考。

再次，不断明晰自己所在幼儿园的园内课程实践与发展的历史，了解幼儿园在课程规划、设计、实施、评价等方面的具体要求，包括开展的各类教育活动的发展指向和具体的实施操作规范。通过这个过程，让自身的课程实践依照幼儿园的课程基本原则来运行。

最后，保持对幼儿发展知识和幼教改革与研究趋势的敏感性，愿意接触新理念、新研究、新行动。这个过程并非无止境的"拿来主义"，让信息不断"填满"自己的大脑，而是带着学习的态度、甄别的精神，不断地用这些信息来"挑动神经"，通过有选择地吸纳来主动更新自己的认知内容、范围与结构，实现自身观念系统的升级。

以上四个方面都是可以帮助课程领导者形成和确立价值观、课程观的重要信息来源，个体可以主动反思以上四个方面，不断积累和学习，找到哪些对自己来说是很重要的，哪些是自己缺失的，努力做到了解自身的"课程知识和感知"水平，从而有针对性地改善。

案例 1-2　幼儿园园长要持续学习（浦东新区冰厂田幼儿园　姚健）

园长的学习能力是引领幼儿园课程发展迈向新高度最重要的决定因素。故步自封、闭门造车，必定会导致幼儿园课程发展走进死胡同。园长的学习应该不仅局限于和本园直接相关的内容，更应该将学习的范围扩大到别的学段，甚至别的国家的先进理念和经验，拓宽自己的教育视野，及时把握前沿课程发展的脉搏，真正实现园长课程领导的前瞻性。

例如，在课程领导力项目研究过程中，我对国外各类课程范式中的理念以及理念与实践的结合方式产生了浓厚的兴趣，通过各种途径学习与了解了意大利瑞吉欧的方案教学，美国的 STEM 课程、高瞻课程，英国的早期教育课程等。在上海市国际学校伙伴交流研修项目中，我更是利用每周三天深入到上海国际学校中去深度了解美国本土学前教育的课程理念和设置,从他们的课程管理、教师课程实践、幼儿发展评价等方面学习到了许多优秀经验,尤其是美国教师对幼儿思考和体验的关注给予了我在教师课程领导力的价值取向方面很大的启发。

但是,学到的东西就能直接为我所用吗?教育的道路没有"套路",园长必须通过自己深入的思考,将各种先进课程背后真正的理念和内涵与本园的实际有机融合,这才是幼儿园课程发展的关键。我们不照搬任何一种国外的课程模式,却会很仔细地去研究每种课程背后所追求的教育核心。例如,方案教学中教师对幼儿的倾听和回应,对幼儿自主探索的关注,STEM课程中对幼儿自主发现问题并通过自己的努力去解决问题的重视,高瞻课程中对幼儿客观全面的观察评价的先进经验,这些正是我们的教师课程领导力中所缺乏的,为我们思考班本化课程实施中教师课程领导力的核心内涵提供了有力的参考。

(二)以主动协同他人为课程实践行动的基本方式

协同他人的目的首先是指向达成幼儿园的愿景和目标,协同是建立在愿景和目标这个基础之上的。

协同他人主要指幼儿园中的每一个课程主体充分认识到他人的力量,发现幼儿的培育不是仅靠一己之力就能完成的。幼儿园的课程是为幼儿发展服务的,课程目标的完整实现需要大家共同努力,而不是各自为政,按照自己的主观想法就能达成的。

在幼儿园中,不善于协同和影响他人的一般表现有:在思考问题时唯我独尊,对个人意志的形成与传达缺乏解释;在课程实践中闭门造车,忽视他人的想法和行动,刻板,喜欢命令、单向指挥他人;在开展评价的时候,往往采用封闭的自我评价标准,缺乏对话和参考,改进受局限。总体表现为,重视自身意识和行为,而疏于理解和沟通、协调。

与中小学相比,幼儿教育合力的特点尤其明显。幼儿园的课程实施更关注每一个课程规划者、实施者、参与者之间建立有意义的联结。例如,幼儿园每个班级中的教师、保育员和幼儿家长等都需要了解幼儿,对幼儿的发展形成共识,并协力共育幼儿。如何让这些有关联的人建立起对课程理念和目标的认同,并共同为之付出努力,是课程领导者必须要面对的挑战。"各人自扫门前雪"付出的代价往往是,幼儿在园获得的教育是片段式的、不连续的,幼儿的活动是被割裂和降低了意义的,甚至幼儿受到的教育是相互矛盾和抵消的。

因此,具有不同特点的课程规划者和实施者,以及能对幼儿园课程和幼儿产生影响的其他人,在各自力所能及的范围内要努力去尝试建立一种观念和行动上的协同,追求一种合力,促使大家都朝着一个方向去追求。西方有句谚语——"养育一个孩子,需要一个村庄的力量",正是这样一种观念。

提升协同与合力的意识和能力,积极影响他人,可以从以下四个方面去努力:一是努力引导并形成愿景,认同愿景和基本原则。如果连自己追求的是什么都不明确,又何谈怎样去追求呢?二是要营造和树立协商、分配、调控的氛围和意识,大家在各自的意愿和能力范围内主动发挥个人所长,承担各自的责任,在彼此了解和协商的基础上合理分工。三是在实际行动中,要努力发现和吸引有积极作用的人和事,在协调中实施合作、互补、动态推进的积极实践。四是主动沟通、对话、相互诊断与提出改进,共同检验目标是否达成,以及目标的实现过程是否遵循共同确定的基本原则。

对每一个作为课程领导者的主体来说尤为重要的是,要努力在以上四个方面主动作出亲身示范,以自身的观念和行动感召、带动身边的人。幼儿园课程领导者的差异很大程度上就表现在这些方面。

(三) 以辨识、选择、行动推动课程落实

幼儿园的课程是为幼儿发展服务的。作为课程规划和实施的重要主体,幼儿园的园长和教师必须要通过具体的实践行动促使课程全面、扎实落地,无时无刻不在进行辨识、选择和推动。例如,园长或教师随时都在面对以下这些问题:幼儿园课程如何才能更符合本园幼儿发展的需要?课程实施中产生的各种问题是什么原因,其本质是什么?用何种策略在什么层面上去解决问题?哪个人或者哪个机构(组织)适合去做某件具体的课程实务?是否要产生新的责任分担?幼儿园课程改革会带来的好处和风险分别是什么?如何评价幼儿是否通过本园、本班的课程和活动获得了发展?

很多时候,辨识和选择只是在一瞬间就发生了,有时却需要反复观察、调研、权衡。而在经过辨识和选择之后,通过具体的行动加以落实推动的过程中也会面临诸多具体的情况。以幼儿园教师为例,当一个教师根据幼儿发展需要,计划安排一次带领幼儿外出到菜场参观的实践活动时,他除了要思考这个活动是否符合幼儿园的课程取向之外,还要选择并确定适宜的时间、参与人员、具体任务、组织方式、活动中对幼儿表现的观察与指导,以及活动结束后的评价和反馈。

幼儿园的课程内涵,正是在富有课程领导力的园长、教师开展的一个个具体活动中体现出来的。园长和教师通过辨识、选择、推动课程内涵得以落实和向前发展是幼儿园课程领导力的重要表现。我们认为,在一定程度上,幼儿园教师主动选择的课程行动才是幼儿园课程领导力的切实体现。

> **话语点滴**:教师的课程领导力有两个方面:一是对课程的理解,二是在落实课程的过程中一种主客观因素的集合。课程是幼儿园的灵魂和文化的积淀,教师必须通过自己的理解对课程进行设计、落实、反思以及再打磨,打破原先课程理解的壁垒,结合与时俱进的社会需求和文化传承,不断调整对课程的理解和对幼儿成长的推进。我们一直在不断学习和反思,并将这样的一种责任化作推动课程改革和实践的动力。
>
> (戴皆华,浦东新区冰厂田幼儿园教师,教龄19年)

(四) 以凝聚、激励、支撑为中心优化课程制度和平台

对于课程的实施和优化来说,除了必需的物质环境,更需要一种具有生态特点的、有相互内在关联的幼儿园课程环境。幼儿园的课程领导者就是适宜的课程环境的构建者。理想的状态是,依托自主的心理空间,园长和教师围绕幼儿园的课程愿景和课程目标,以符合课程理念的方式开展各项课程实践,并依照幼儿发展、教师专业发展、课程发展的要求,建立和不断完善幼儿园课程制度,同时享受课程制度带来的发展机会,相互凝聚、激励和支撑。

作为课程领导者的园长和教师都在为创造这样的课程发展和实践平台贡献力量,同时

又通过这个由制度和文化构建的平台自主实践、沟通、创想,不断创造出更丰富和深刻的课程内涵。以幼儿园课程制度和文化构建为核心打造的课程环境是与幼儿园的课程领导者互为促进的。课程制度与文化是滋养幼儿园课程领导者的土壤,而课程领导者自主的、优秀的思考与行动又能反哺幼儿园的课程制度和文化。例如,一些优秀的、被证明能有效提升教师课程实践意愿和行动的做法被吸纳、整理为幼儿园的相关课程制度,为更多的人提供适宜的发展平台。

（五）以促进幼儿发展为判断准绳,开展评价、对话与反思

这是幼儿园的课程领导者非常核心的一个特点。幼儿园的课程实务不管是在幼儿园层面还是在班级层面,不管是园长还是教师,如果不关注"促进幼儿发展",就很容易走偏,甚至"越用心、越努力,走得越偏"。幼儿园的课程实务如果不围绕促进幼儿的发展来运行,那么做得越多,越是无谓地耗费了资源和精力。因此,坚持以促进幼儿发展为判断准绳,开展评价、对话与反思是必须始终坚持的指向。"以终为始",将幼儿的发展以及幼儿园课程目标的落实与达成作为日常所有课程实践和思考的核心。

尤其在开展与幼儿园的课程成效评价相关的具体工作时,要让是否"促进幼儿发展"成为评价的核心,开展积极的对话、反思以及后续的调整。同时,评价并非只存在于课程活动的最后阶段,从课程活动规划与设计的开始,作为课程领导者的园长和教师就应该坚持去寻找评价与幼儿发展之间有意义的联结,多问"这件事情和促进幼儿发展的关系在哪里？有多必要？值得怎样的付出？"等问题,从而多做和幼儿的发展相关的事务,少做或不去做与幼儿发展无关,甚至阻碍幼儿发展的事务。例如,站在课程促进幼儿发展的角度看待教师培训,教师应该做的是,主动将培训所获与"服务于幼儿发展"建立关联,从而避免盲目"学样",浪费时间和精力。

二、作为课程领导者的园长和教师

作为幼儿园课程建设和实施的主体,园长和教师都要努力成为课程领导者。课程领导者的力量聚合在一起,形成幼儿园课程研究与实践共同体,幼儿园的课程领导力会得到极大提升。

诚然,课程领导者的领导力水平可能处在不同的发展阶段,同时也一定会表现出不一样的个性特点,但是,只要具有前述的五个特点或者朝这些方面努力,就一定能呈现出基于共同课程追求之上的异彩纷呈的课程实践。

（一）作为课程领导者的园长

一般来说,园长通过课程领导力协同和影响他人的范围可以是幼儿园教师、幼儿家长、专家、社会人士等,其中最主要、最重要的是本园的教师。通常,园长因为具有一个行政职务和相应的职权,可以同时发挥正式和非正式的影响力,其课程领导力作用的发挥比较容易显现,例如体现在对幼儿园课程的规划、架构,将目标化为工作措施,开展评价与监控等。

但我们提出的课程领导力强调的是以非行政手段实现教育思想的领导,通过个人专业权威的影响力来引领教师,包括如何建立不断优化的、规范性的课程制度,创造支持性的课程运行环境和文化,确保每一个教师接纳和认同大家共同确立的理念、愿景和目标,主动发

挥课程自主权利,积极开展课程落实和优化的行动。

> **话语点滴**:园长的课程领导力体现在对幼儿园课程理念的定位和诠释,对课程整体发展方向的把握,对课程开发、设计与有效实施的引导,对课程整体实施情况的评价,以及对整体课程文化的营造方面的决策、学习、反思、影响和创新上。决策,体现在对幼儿园课程发展的未来目标明确,有专业客观的价值判断。学习,体现在通过各种途径对全球课程发展前瞻信息及其核心内涵的及时把握和深度思考。反思,体现在直视课程发展中的优势和不足,并对其核心原因进行深入探究。影响,体现在通过与教师、家长、幼儿等的接触,与他们交流课程核心主题,使他们获得对课程理念和实施的共同价值取向。创新,体现在能根据现状和实际需要提出创新性的问题解决方案,从而使幼儿园课程能够与时俱进,与时代接轨。
>
> (姚健,冰厂田幼儿园园长,特级园长,从事幼儿园管理工作27年)

(二)作为课程领导者的教师

与园长有一定的不同,幼儿园教师协同和影响的对象主要是共事的其他教师、保育员、幼儿家长和班级幼儿。其中,班级内的搭班教师、保育员、幼儿家长,他们是与教师协同达成课程目标的成人,我们要研究的是如何促成他们之间主动积极地相互影响和协同。

另外,尤其值得提出的是幼儿园教师对本班级幼儿的协同和影响。幼儿从幼儿园阶段到进入小学、中学乃至大学等阶段,教师的课程领导力将会对其形成持续的影响。如果教师能够成功地将社会、学校课程对孩子的发展目标有效地转化成孩子自己的发展目标,那么无疑对孩子的自我发展认知、主动的学习调控都有极大的帮助,即帮助孩子从"要我学"走向"我知道我要成为怎样的人,我要学习,我想知道我学得怎样,我愿意改进学习"。当孩子自己的学习和发展目标与教师的目标达成一致时,无论是从课程的角度,还是从孩子的角度,明确的动力指向将会为孩子的发展提供更为顺畅、有力的支撑。

即使在幼儿园阶段,幼儿其实也能明确地感受到教师对整个班级和他个人的期望(可以理解为幼儿发展的群体和个体目标),只是教师通常认为幼儿年龄小,较少主动、直接地向幼儿表达期望。或者,教师自身并未形成对幼儿具体的期望,也就更没有思考过如何清晰而有效地向幼儿表述期望。

> **话语点滴**:课程领导力是可以传递的力量。课程的主体是教师和幼儿。教师基于对课程目标(幼儿发展目标)的理解,在自己的教室中行使自身的专业自主权,引领幼儿、家长共同推进课程的实施。幼儿在教师的引导下,基于自身感兴趣的事物、问题,经历"行动"和"反思"的探究过程,对自身的学习和发展越来越有自主意识。
>
> (陈青,长宁实验幼儿园科研组长,特级教师,教龄29年)

(三)主动协同、影响他人

从一定角度来看,教育就是一个影响人的事业,是在真正地看见、尊重教育对象的需求和特点的基础上,主动整合自身和他人的力量去施加课程期望,对教育对象产生重要影响的过程。

园长和教师都要学习尊重和看见他人,愿意认识他人(包括幼儿)的力量和贡献,乐于沟通和分享,打开阻隔,平等沟通。用去行政化、非权力的影响方式感召、吸引、凝聚周围的人,主动寻求认同,积极沟通,深入对话。

> **话语点滴**:园长的课程领导力体现在先于教师的理解,运用智慧把自己的理解变为教师的理解,去除行政的影响,用自己的思与行影响教师,把理念转化为教师的共同追求,实现共成长。
>
> (徐秀清,青浦佳佳幼儿园园长)

在形成共识与协同,主动发挥影响的过程中,园长和教师都必须要破除以自我为中心的思维习惯和行为方式,尝试站在他人的立场倾听他人的观点和理由,同时表明自己的态度和立场,阐述自己的主张,在交流、对话与质疑中不断互动,努力达成协同。同时,园长和教师应发挥自身的榜样作用,主动帮助有意愿但是缺乏能力的人。

幼儿园的优秀园长和优秀骨干教师通常在儿童观、教育观、课程观上领先于他人,有自己明确的追求,而且在课程实践行动中以身作则,通过自身的努力主动地协同班级其他教师、保育员及家长,创造优良的适于幼儿发展的环境和学习发展机会。

> **话语点滴**:我们不惧怕课程改革这一没有止境的挑战,因为我们相信,期待幼儿成为什么样的人,我们也应该让自己成为什么样的人。教师对幼儿学习与发展的支持,犹如幼儿园对教师专业成长的支持;班级文化的凝聚,犹如幼儿园文化的孕育。在追求课程愿景的同时,不仅幼儿与家长是受益者,教师同样获得了价值感、自由感、幸福感。这不是附属效应,而是课程领导力的重要内容。
>
> (廖蕊,长宁实验幼儿园教师,科研副组长,教龄11年)

当然,每一个幼儿园课程领导者的发展,除了每一个个体的主观认识和努力,同时还需要富有营养的环境和土壤,那就是幼儿园的课程文化和制度体系,如何培育出支持富有课程领导力的个体生长的土壤就成为幼儿园课程领导力提升项目研究的"重中之重"。关于此内容会在本书第三章重点阐述。

(四)幼儿园课程领导力的两个层面

1. 两个层面的比较

为了使对幼儿园课程领导力主体的研究更具针对性,项目提出幼儿园的课程领导力由两个层面共同构成:一个是幼儿园层面,它的主体是幼儿园园长;另一个是班级层面,它的主体是教师。园长和教师作为个体都有自身的课程领导力实务,也有各自的影响对象和范围以及课程实践的领域(见表1—1)。园长和教师有着共同的愿景和目标,要协同形成合力,主动开展课程规划与设计、落实与推动、评价与反馈等,为落实课程目标和优化课程而持续努力。

表 1-1　幼儿园课程领导力的两个层面的比较

层面	主体	目的	任务
幼儿园	园长	凝心聚力,为教师"赋权和增能",激发主动性,保持动力。	引领形成课程愿景、理念与课程目标。 构建、优化和创造保障课程发展与落实的平台、组织、制度、机制等。
班级	教师	目标认同,整合资源,落实课程目标。	参与构建课程愿景与目标。 主动围绕课程目标展开课程实践、反思与反馈,参与课程优化。

在幼儿园中,不同的课程实务分别在幼儿园层面和班级层面展开。幼儿园层面的课程实务主要涉及幼儿园整体的课程规划、课程发展、推动落实、质量评价和监控;班级层面的课程实务一般主要涉及以班级为基本单位的课程和活动规划、安排与实施、质量监控等。

我们把以园长为核心的课程管理团队、机构、部门直接相关和运作的课程实务纳入"幼儿园层面的课程领导力"研究的范围。例如,幼儿园课程整体规划与优化及其机制,幼儿园围绕课程目标达成的相关课程制度的建立与完善。其中,园长的个人角色和定位是关键,园长个人的课程领导力起着举足轻重的作用。也就是说,园长是幼儿园层面课程领导力的核心人物。园长作为课程领导者,主要发挥的是个人引领全园教师的观念,主导、建立并优化课程实践平台的作用。

> **话语点滴**：园长的课程领导力包括唤起教师的课程意识,有参与课程改革的勇气,对教育的终极目标和课程实施路径的思考及反馈。提升教师课程领导力最关键的是以共同的愿景形成专业共同体,园长将对课程、对教师的管理转变成专业的引领。
>
> （宋青,黄浦区荷花池幼儿园园长,特级园长）

> **话语点滴**：园长的课程领导力不是自上而下的课程管理,而是在互相影响的过程中唤醒教师的专业自信,从而不断提升幼儿园的课程质量。
>
> （温剑青,静安区安庆幼儿园园长,特级园长）

相对应的,我们将以班级教师为核心的班级内相关课程运作的实务纳入"班级层面的课程领导力"研究的范围。例如,班级围绕幼儿园的课程目标和幼儿发展情况按照年度、学期、周、日制订的各类保教计划,形成班级活动运行的常规和方式,监控班级课程质量。其中,教师个人的角色与定位以及教师之间建立的关系是班级层面课程领导力的关键。教师个人的课程领导力必定是班级层面课程领导力的核心,教师是班级层面课程领导力的核心人物。教师作为课程领导者,主要发挥的是引领班级的其他成员（包括幼儿、其他教师与家长）的观念,达成班级课程优化的作用。

2. 两个层面的关系

需要特别说明的是,这两个层面的课程领导力绝不是截然分开的,而是存在一个基本的关系,即幼儿园层面的课程领导力一定要以"支撑班级层面的课程领导力的发展与提升"为目的。提升班级层面的课程领导力是最终的目的,幼儿园层面的课程领导力要发挥平台、机制、氛围的积极作用,努力扶助和支撑班级层面的课程领导力,确保其真正切实地发挥。

幼儿园层面的课程领导力水平较高,往往能推动和提升班级层面的课程领导力。但是,当班级层面的课程领导力不能发挥或得到提升,或者呈现明显的水平差异的时候,就是幼儿园层面需要反思自身课程领导力作用的契机。我们可以理解为,教师个人的课程领导力发展和发挥的水平是幼儿园园长课程领导力水平的表现。这是对园长课程领导力极大的挑战。

项目指导专家华爱华教授说认为,看一个幼儿园有没有课程领导力,可以通过问教师一些问题:作为一名带班教师,你是否知道并参与你所在幼儿园的课程实施方案的编制?你在课程实施过程中感到有困惑、有困难的时候,是否能及时从同伴那里得到支持?当你想要尝试一种解决课程问题的新做法时,是否会得到同伴和上级的支持?你是否经常对本园课程改革提出你的想法?你的想法是否会经常被采纳?你是否会主动提出一些解决实际问题的研究课题,在自己班上进行试验?……她说:"是不是一个共同体,就看这个组织中是否大部分人员都把领导看成自己的一员,愿意为这个组织的共同愿景贡献自己的思想和行动。是大家都很起劲,还是只有一部分人起劲。"

基于这些发现,我们在幼儿园课程领导力评价指标体系的建构过程中对两个层面的课程领导力的具体表现进行了分列,以帮助幼儿园更准确地理解和掌握课程领导力的内涵及两个层面之间存在的关系。

需要提出的是,教师作为课程主体,其课程领导力有其发挥和发展的相对独立性,但它又必须依托幼儿园的课程制度和文化才能获得更好的发展,不能脱离幼儿园这个真实具体的课程环境。因此,教师的课程领导力在很大程度上受制于幼儿园整体的课程实践方式、制度和文化。只有幼儿园层面建构了相应的优良制度与机制,给予教师课程自主的空间,教师的课程领导力才能够得到滋养,从而不断发挥出积极的作用。而这正指出了幼儿园层面的课程领导力发展、提升的空间和契机。

三、园长和教师共同构建课程领导共同体

(一)幼儿园课程领导共同体的对象范围

课程领导共同体可以有不同的对象范围。通常来说,两个具有共同理念和实践追求的人就可以形成一个共同体。也就是说,幼儿园可以有很多课程研究和实践的共同体,这些共同体可以是一个班级中的两位教师和一位保育员,可以是一个教研组或项目研究组的5—10位教师,也可以是一个包含幼儿家长代表、教师代表、园长等不同角色的十几个人组成的幼儿园家委会。当然,在幼儿园的课程发展和实施中最理想的期望是,成功地构建由园长、全体教师,甚至幼儿家长所有人在内的共同体。提升幼儿园课程领导力,首先就是要设法主动去形成愈加广大的课程研究与实践共同体,搭配、组合、凝聚所有人的力量和影响去达成共同体追求的目标。

(二)幼儿园课程领导共同体的特点

共同体强调形成主动、相互影响的合力,以区别于被动、孤立的个力。共同体不断追寻

最适合的课程理念和目标,共同去找到"我们想要什么(我们要培养怎样的幼儿)",不断去明确"我们怎样得到(我们要如何去达到我们所期望的)",并使两个方面都具体化,成为容易被理解和掌握的、可操作的途径和方法。

1. 共同体强调建立共识和共同的目标

共同体主要表现为有着共同理念和目标的一群人,愿意遵循共同的原则和策略,为了一个共同的目标走到一起。这体现了目标对共同体及其中每一个成员的凝聚和引领。对于幼儿园来说,强调幼儿园课程的愿景和目标要园长和教师共同认可。幼儿园要积极支持和努力形成由两个层面的课程领导者参与构建的课程研究与实践共同体。我们要认识到,课程研究与实践共同体因共同的课程研究和实践追求而凝聚,可大可小。最理想的状态是,幼儿园内不同层面、不同部门和组织的人共同构建,增加共同体内个体的多样性,大家相互吸引、积极影响和协同,形成合力,共同追求目标。

园长带领教师一同去确立远大、明晰的目标,唤醒、激发和维持不同主体的使命感。园长和教师在不同层面上做各自应该做的事,又相互联结、沟通和支撑。按照工作范围确定具体任务,开展行动,承担责任,让每一个人都充分享有发挥自身意志和能力的空间,找到归属感,创造性地发挥多样化的能力,达成共同目标。

2. 共同体建立在尊重个体的基础之上

共同体是由每个独立的人共同构成的,尊重每个人本身的特点,认识和发挥每一个人的价值,是构建共同体的基石。只有建立在接纳和尊重每一个个体的基础上的共同体才可能是稳固的。忽视其中任何一个个体的意愿、能力和价值都不可能构建真正的共同体。共同体不是用某一个人或某些人的意志取代另一部分人的意志,而是强调大家参与的共同意愿和选择,虽然这不是很容易达成,但这确是幼儿园课程领导共同体所期望的重要元素。因此,共同体强调每个个体在课程实务中有平等参与的机会、决策的权力,在各自的位置和一定范围内承担相应的职责,包括共同承担责任,共同面对危机、风险和挑战;强调每一个人在幼儿园课程规划、运作、优化等过程中面对问题,能够主动思考、连接、寻找系统解决问题的方法;强调每一个个体的主体性、创造性、课程运作与反思调控能力。

(三)个体和共同体的关系

有人会问:"不是有'一个好校长就是一所好学校'的说法吗,构建共同体真的有那么重要吗?只要找对那个'有思想、有见地的园长',教师们只要听从园长的指挥,按照园长的意见和建议去做不就行了吗?"但理想和现实往往有差距。有理想、有知识、有思考能力的园长不少,可真正让人认同的课程实践创新与优化却不多见。我们可以倒过来问:"难道有园长不期望幼儿园拥有优质的课程吗?"当然没有。那么究竟是什么因素在发挥影响作用呢?当然是教师。每一位教师不仅在实际上执行和实施课程,同时也是拥有专业知识和能力的课程主体。任何理想的、美好的课程如果不经由教师的实践和创造是无法实现的。

园长的课程领导力就体现在是否能有效地将个人或者一部分人的幼儿教育理念、幼儿培养目标成功地转化到教师的意愿和行动中去,让课程理念、目标成为大家的共识,并启动教师思想和行为上的主动投入。这是幼儿园园长课程领导力的主要目的和最核心的任务,也是园长这个角色除了个人的专业素养引领之外最重要的价值。因此,用多样的方法和策略搭建幼儿园课程实践与研究平台,营造积极的氛围是园长的职责所在,也是我们提升幼儿园课程领导力项目研究的重点内容之一。

"课程领导力"不是"课程贯彻力""课程灌输力",它更强调"去行政力",运用非权力的影响进行专业引领,达成对共同体的凝聚和积极引领。苏联教育家苏霍姆林斯基说:"校长对学校的领导,主要是教育思想的领导。"教育思想是富有专业知识和智慧的园长通过自身的语言、行为来传递的,是园长在带领教师确立幼儿发展目标,倡导和带领大家共同建立课程制度与文化的过程中来实现的。

浦东新区冰厂田幼儿园园长姚健说:"在提升教师课程领导力的实践和研究过程中,常常有教师会问我'提升教师课程领导力,园长应该怎么做呢?如果教师自己都有课程领导力了,那园长又要做什么呢?'提升每位教师的课程领导力对幼儿园管理者自身的专业素养和领导能力确实是一个巨大的挑战。领先一步,我们需要引领教师课程理念的革新;并肩而行,我们需要和教师一起解决课程领导力发展过程中出现的各种问题;退后而观,我们要成为教师们自身发展的赋权者和支持者。"

> **话语点滴**:课程领导力是专业水平的体现,是从课程管理走向课程领导,从行政指令走向专业引领,从布置任务到解决问题的过程。无论是园长还是教师,都将通过课程实施过程中不间断的问题思考来提升自己的专业水平,从而夯实课程领导力。园长首先要学做一个领导者,而不只是一个管理者,其关键是形成专业共同体,即让每个人都有权力、有义务、有责任。在赋予权力的过程中唤醒教师的专业自觉,激发其专业自信,将幼儿园课程的改革和完善融入教师自身的发展中,提高共同体解决问题和改变现状的能力。所以,幼儿园的课程领导力包括园长和教师的课程领导力。从某种意义上说,一个幼儿园的教师是否有课程领导力反映了园长的课程领导力,或者说,园长的课程领导力体现在教师的课程领导力上。
>
> (华爱华,华东师范大学教授,项目指导专家)

园长要明确自己在课程领导中的地位和角色,主动和教师互动,让教师感受到和接纳园长的支持、陪伴和引领。这是园长被教师认可的重要方式。

案例1-3 用追问引导教师(静安区南阳实验幼儿园 李文静)

园长是教师专业发展的重要他人,在课程领导中发挥着重要的、不可替代的作用。一名有课程领导力的园长不仅能进行课程的构建与规划,更重要的是能够激发教师的专业潜能,唤醒教师的专业意识,提升教师的专业自觉,凝聚整个团队积极参与到课程建设中。在建立课程领导共同体的过程中,园长的站位很值得斟酌与拿捏,或前、或后、或并肩而行,必须始终与教师的问题、困惑对应匹配,并适时灵活地转换。

我园确立了"让每一个孩子经历自己的学习过程"的课程理念,悦纳孩子的差异与特点,让每个孩子在一日生活中主动地去体验、去经历属于自己的学习过程。

我园的家长体验日活动面向幼儿家长,是家长了解幼儿园课程的好机会。家长们通过亲身的体验感知幼儿园的课程,增强对幼儿园教育的认同感。中班教师在商讨活动方案时提出可以参考并借鉴往年中班的活动方案。这是一个聪明的办法,但似乎,还不够! 活动的开展要让家长有所得、有所悟,还要基于当前教师对课程理念的理解和每个班级的具体情况进行个性化的设计。于是我问:"开展这次活动的目的是什么?"

教师们立刻答道:"让家长了解我们的课程理念和办园特色。"

我接着问:"从幼儿园的课程理念和培养目标出发,你们觉得应该让家长体验或者看见什么?"

"让家长看到孩子是如何经历自己的学习过程的。"

"让家长看到孩子的学习品质和个性特点。"

"让家长看到孩子是怎么面对和解决问题的。"

……………

教师们说得真好! 有时候,教师们忙于应付各种任务,为做而做,忙活了半天也不知道自己为什么忙,忙些什么,忙了之后要达成什么目标。因此,引导教师把所要开展的活动和幼儿园的课程理念、特色建立联系,静下心来思考活动的意义与价值,是非常有必要的。

我继续问:"你们今年的活动方案和以往的会有哪些不同呢?"

大家陷入了思考。组长说:"我觉得,要让家长更积极地参与到体验活动中来。"

"怎样才能让家长更积极地参与呢? 如何让家长在活动中感受到我们的关键词——'经历'呢?"

教师们都认为,体验活动后与家长互动的小环节很重要,可以和家长分享一些幼儿日常活动中发生的小故事,帮助家长从生动的故事中去理解和感受"经历"对幼儿发展的重要意义,认同幼儿园的课程理念。

"那么,怎样的故事才能打动家长呢?"

"我们班级的孩子合作意识与能力比较弱,在活动中常常会发生冲突,不能接纳别人的意见和建议。我们可以在活动中多投放一些合作类的游戏材料,让孩子在真实的情境中展现问题,并在和家长的分享互动中聊聊我们平时的做法,看到孩子的发展与进步。"

我说道:"抓住班级孩子发展的问题与特点,真实更能打动家长的心。"

每个教师都开始围绕班级特点思考互动的切入点,"合作""专注力""一物多玩"等,开始了"因班而异"的活动设计与思考,发现自己和别人的不一样,并意识到这种独特存在的意义所在。

理念指导下的教育实践探索必须围绕价值认同与共同愿景,园长必须始终以理念来引领教师的实践与思考,形成先进理念与实践之间的互证,不断超越,不断创新与变革。

案例1-4 不批评的园长(静安区南西幼儿园 郭源)

回想自己刚做幼儿园教师的时候,最害怕的就是园长板着脸走进教室查有没有准时上课,查有没有换班级环境……无论好坏,被查的教师总是很排斥。

来到南西幼儿园后,洪园长第一次进我的班级是观察我们班级主题活动的环境。洪园长笑嘻嘻地亲自教我用报纸筒和蓝印花布装饰教室的环境。之后,我渐渐开始盼着园长能走进我的教室。印象最深的是,洪园长带着班里的孩子在阳台上糊纸浆,用行动告诉我挂在教室的"星球"可以让孩子们自己设计。她坐在小朋友的位置上玩游戏,画个底板,做个骰子,就这样和我们笑着玩着就设计出了一个个好玩的游戏,同时也把她自己的教学理念和方法潜移默化地传授给了我们。

"老师,您什么时候来看我上科学活动啊?""老师,有空吗?我想找您探讨一下今天我带廊室活动的一些想法。""老师,我有个活动设想可不可以找您聊一聊啊?"一晃20年,越来越多的青年教师来到南西幼儿园,我们始终延续着游戏课程这样的校园文化:走进教室,用心去帮助每一位青年教师成长。

幼儿园中除了园长和教师,还有一些对幼儿园的课程建设、发展、实施具有影响的其他的人:在幼儿园内,有为幼儿的一日生活服务的保育员、幼儿家长,以及幼儿本身等;在幼儿园外,有相关的专业指导和管理人员、社区服务人员、社会教育机构人员等。我们研究的主要是园长和教师作为主体的课程领导力水平的提升,但这些"其他的人"也是不可忽视的。研究中,我们把"其他的人"都列为被园长和教师的课程领导力所带动和影响的对象和人群来分析。如果园长和教师能对"其他的力量"形成积极的共识,能看到他们的需求,认可他们的意愿、参与能力和影响力,将极大地有利于园长和教师更为有效地发挥课程领导力,为幼儿园课程目标的达成创造更为有利的环境和条件。

第三节　发现和提升幼儿园课程领导力

幼儿园课程领导力存在于具体的幼儿园课程实践中,隐藏在课程领导者的设计、选择、行动和反思中,需要被发现和感知。通过评价体系来诊断课程领导力的水平有助于获得对课程领导力的完整认识,进而通过有意识的学习获得提升。

幼儿园"一日生活皆课程",幼儿园层面和班级层面的课程实施与创造时刻都在发生,如何去把握那些最应该把握的要素,促使所有人都愿意主动朝落实幼儿园课程目标(或幼儿发展目标)的方向去思考和行动,这是每一个课程主体都需要面对和思考的问题。

增强对自身领导力状态的自我知觉既是提升课程领导力的基础,也是其中很重要的构成。帮助幼儿园课程领导者清晰地认识自身课程领导力的现状,促进其有意识地通过不断学习加以改善或优化是我们项目研究的目的之一。

一、课程领导力的坐标系

如果我们将"课程愿景和目标导向"和"协同他人"分别作为纵坐标和横坐标,就可以形成一个四象限图(见图1-2),相对直观地展现了不同条件下可能表现出来的课程领导力状态。处在第一象限中的领导者课程愿景和目标导向强,协同他人形成合力的意识强,是我们期望看见的课程领导力表现状态。但这也是最难以达到的理想状态。实际的情况是,幼儿园大多数领导者处于其他三个象限的水平。因此,课程领导者可以结合自身的情况针对性地进行对比,尝试改善。当幼儿园中的课程领导者开始有意识地去判别自身所处的状态和水平,就有可能增强知觉的能力,进而获得改变和提升。

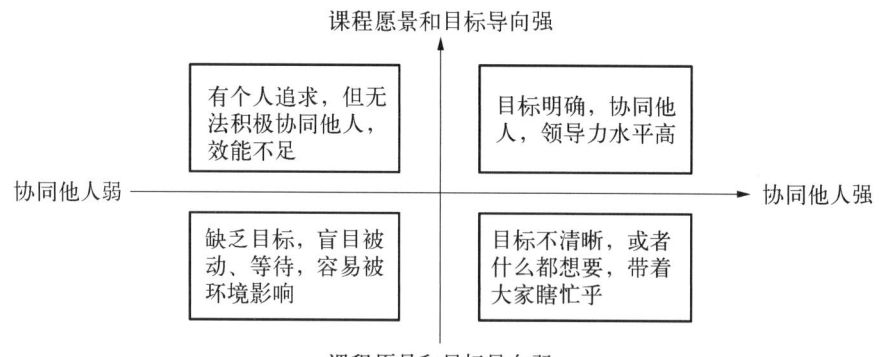

图1-2　"课程愿景和目标导向"与"协同他人"四象限图

二、幼儿园课程领导力评价指标

在上海市提升中小学(幼儿园)课程领导力的第一轮研究中,围绕课程要素提出了学校的课程领导力由课程思想力、课程设计力、课程执行力和课程评价力构成,它们各自独立又相互关联,综合存在于每一个课程主体的思考和行动中。

研制幼儿园课程领导力评价指标与测评工具,是上海市提升中小学(幼儿园)课程领导力行动研究(第二轮)项目幼儿园学段项目组的重要研究任务,主要目的是引导幼儿园园长、教师积极开展自我诊断与改进,同时也为教育行政、督导、教研等部门在督导、验收、调研等工作中了解园长、教师的课程领导力水平提供参考。幼儿园学段的项目历时三年,在市级11所立项幼儿园的参与下完成了《上海市幼儿园课程领导力评价指标(征求意见稿)》(具体内容见本书附录)的制订。指标较为完整地说明了幼儿园课程领导力的构成和具体内涵,经过在全市立项和非立项幼儿园的多次试用,反复调整,不断完善。

幼儿园可以使用此评价指标为制订幼儿园课程发展规划,确立相关课题研究,完善与优化制度,接受各类督导、验收、调研等提供必要的证据与依据,发现本园课程领导力发展的优势与不足,从而有针对性地改进与提升。幼儿园园长、教师可以使用此评价指标了解自身的课程领导力水平,作为制订专业发展规划的参照。

幼儿园课程领导力分为幼儿园层面和班级层面,两个层面各有其具体的指向和内涵。为了便于幼儿园园长和教师的学习与理解,特将两个层面的评价指标和具体内容分列。两个层面的课程领导力的评价均由课程思想力、课程设计力、课程执行力、课程评价力4个一级指标构成,并进一步分为12个二级指标和24个三级指标。评价指标进一步对每一个三级指标分别进行了三个水平等级的描述,等级越高,说明课程领导力水平越高。(详见附录第二部分。)

(一)课程思想力

课程思想力主要涉及课程主体形成和确立自身的基本理念、价值判断、观念认同、原则建立等方面。它引领课程主体实施课程实践,是幼儿园课程实践的终极依据和判断原则。它的存在和水平直接影响课程领导力其他三个构成的水平和方向。

1. 思想前瞻

幼儿园课程主体的思想前瞻主要是个人已有的价值观,包括课程观、儿童观、教育观等,即自身对教育者、学习者的根本看法。思想前瞻决定了课程主体思考问题和行动的出发点及站位。幼儿园的思想前瞻主要体现在对"以幼儿发展为本""一日生活皆课程"等理念、原则的深刻理解与坚守。

2. 愿景认同

这主要是指幼儿园的课程主体是否具有趋同的理念和选择;对国家和地区课程政策与法规、纲领性课程发展精神,以及基础课程的相关知识是否有一致的认识;对幼儿园的课程目标,也即幼儿发展目标是否达成了共识;对幼儿园课程运行的理想状态是否形成了一致的标准和规范。这些认同首先要依靠幼儿园的相关课程制度来促成和维护,然后一点点化为更为隐性的课程文化,"润物细无声"地引领和影响着幼儿园中的每一个人。这种愿景的认同不仅影响园长和教师,也会深深地影响幼儿及幼儿家长。

3. 文化现代

这主要是指幼儿园课程的规划和运行过程中,基于共同的理念和目标,基于幼儿园的规定、制度而形成的广泛存在于幼儿园的环境和人际互动中的课程文化。幼儿园的课程文化不仅体现在幼儿园的理念系统中,更体现在课程参与者的地位关系、互动方式,课程运行的程序与规则等之中。例如,园长和教师、教师和幼儿、家长和教师的关系是平等、尊重、相互接纳和信任的,还是命令下达与执行的关系?幼儿园课程相关事务的决策权、选择权的分配范围和方式,不同课程主体参与和影响课程的方式与水平等都是文化现代的重要构成。

《上海市学前教育课程指南(试行稿)》中提出:"落实以民主为原则的课程管理,要发挥幼儿园和教师在课程建设上的积极性和创造性。在强调规范要求的基础上,更突出民主性……要增强课程选择性,赋予幼儿园和教师合理的自主权……要在调动教师与幼儿积极的互动中,促进课程的生成,形成有效的课程运行机制,为引导幼儿园个性化的发展,满足幼儿与教师自我发展的需要提供相应的保障。"幼儿园课程领导力中提出的"文化现代"也正体现了《上海市学前教育课程指南(试行稿)》中的精神。

(二)课程设计力

课程设计力是基于已有的、确定的价值观、原则之上的对课程要素的系统化架构,使之不仅具有严密的逻辑性,更具有不同主体灵活的适用空间,为课程在真实的情境下运行奠定结构性基础。课程设计力不仅体现在课程顶层设计和架构的过程中,还体现在让"理想的课程设计"转化为实际的课程运行中。

1. 聚焦目标

课程目标是幼儿园课程最核心的设计。聚焦目标需要幼儿园对《上海市学前教育课程指南(试行稿)》中提出的"幼儿发展目标"有完整、清晰的把握。有研究和实践基础的幼儿园一定会首先深入挖掘幼儿发展的需要,分析本园课程的基础条件,个性化地呈现本园特色的"幼儿发展目标"。这是一个从模糊到清晰,从一般到个性的过程;是不断辨析、聚焦,使目标具体化、可视化的过程。形成了较为理想的课程目标之后,在课程运行中,应确保课程设置、课程实施、课程评价与课程目标保持一致,共同服务于课程目标。具体体现在围绕目标制订具体的幼儿园课程计划和班级保教计划,将课程目标有效转化为不同部门和人员的阶段性重点任务加以落实。

2. 过程可行

过程可行主要是指课程设计要面向幼儿园课程实施的真实环境和条件,不能脱离幼儿园课程实践的实际需求和现实状况,确保理想和现实的对接。具体来说,课程设计应主动考虑教师和幼儿的动态需求,考虑家长、保育员等其他人员参与课程的现实可能性和有效性。课程的设计要与教师的能力匹配,要让教师能够将教育目标转化为幼儿的学习和发展需求,关注"设计"与"现实"的互动,增强课程设计的有效性。

3. 载体适宜

载体是承载理念、观点、想法的具体可见的事物。幼儿园课程的载体主要是一系列的活动及其对应的文本。例如,幼儿园有各类课程规划活动、教育活动、教研活动、专题项目和研讨活动、课程评价和幼儿发展评价活动等,与之相对应的,通常也会有幼儿园课程实施方案、保教计划、教研计划、项目计划、周/日活动设计、幼儿的发展记录和评价资料等,它们在很大程度上呈现了幼儿园课程的相关面貌,更重要的是,我们可以从这些可见的材料中发现幼儿园课程运行的内在逻辑、关注重点、实际成效。适宜的载体能够明晰地呈现"我们看重的是什么",对课程主体的思考和行动发挥支架的作用。相反,不适宜的载体会阻碍课程实施,甚至会抑制课程主体的主动性和创造性。幼儿园课程实施方案怎样写才能便于教师学习和理解?保教计划的编制要凸显哪些重要的关系和要点?幼儿园某类(个)具体活动的名称、要求、实施流程、评价方式与标准该如何确定?幼儿观察记录的结构和要素该如何确定才能真实反映幼儿的发展,便于教师对幼儿作出适切的评价?这些都是对载体适宜性的思考。

(三) 课程执行力

课程执行力整体指向课程主体的实践过程。课程主体基于理念和原则,积极主动地面对真实的、错综复杂的课程情境,富有创造性地推动、调整课程实施,努力落实课程目标。和课程思想力、课程设计力一样,课程执行力并不是幼儿园中所谓"执行层"和"教师"的专属,园长在课程执行力方面的思考和行动水平同样起着十分重要的作用。

1. 实施推动

实施推动主要是指给予持续的力量使得幼儿园的课程在运行中不断得到落实,获得期望的成果和效益。在一般的状态下,课程的运行通常会有一种惯性,即自身会按照已有的要求和规范运转。这种常态的背后一定有一系列的机构和部门、制度和机制的保障,确保课程运行朝向期望的方向,确保过程中的成本、效益处在合适的水平。同时,幼儿园经常会因为各种原因对课程的实施进行适当的调整,产生一些新的观念和行动要求。新的观念、规范、程序等在幼儿园中得以落实,需要持续的、富有韧劲的支撑。再美好的理念和设计,如果缺乏持续行动的支撑,也不可能成为现实。实施推动非常强调"实践的推动力度"和"实践的成效"两个方面:一方面注重力量的大小和是否合适,如是否形成有利、有效的机构和运行机制;另一方面注重对实践成效的客观检视和检验,即真实发生的一切是否和幼儿园课程目标的期望一致。

2. 专业支撑

专业支撑主要体现在幼儿园对本园教师的课程能力提供全程、全方位的有力推动和辅助。幼儿园要把握教师应该在幼儿园课程中发挥的价值和作用,明确幼儿园的课程需要怎样的教师,教师应具有哪些特质,主动对教师群体(甚至每一个教师)开展专业诊断,帮助教师不断提高自我认知,主动寻找与幼儿园课程需要相匹配的发展领域或方向,鼓励教师主动学习,学以致用。优良的专业支撑力量是一个系统,而不是"跟随风潮"和追求花样翻新,让教师疲累而无获。

3. 资源保障

资源对幼儿园课程质量的影响越来越大。当今发展条件下,幼儿园的资源意识越来越强,拥有资源的方式和条件也得到了很大的改进。资源保障成为幼儿园支撑课程持续发展的重要构成。幼儿园的资源保障主要表现在资源的开发与利用上。但是,资源保障当中若干重要的关系还没有得到正视,在资源的开发建设和运作利用上还存在一定的误区。究竟应该如何定位幼儿园课程资源?课程资源的需求该如何确定?如何让幼儿园资源物尽其用?如何把握资源开发的目标和度,以及资源开发和利用的主体权限?资源实际产生的效益如何评估?完善资源的保障要从哪些方面入手?当我们不再仅仅纠结于为幼儿园采购哪些教玩具,而是在追问这些问题时,就体现了课程领导力的提升。

（四）课程评价力

课程评价与课程评价力是有区别的。课程评价力指的是幼儿园园长和教师在课程从规划到落实的过程中表现出来的主动关注理念、目标与原则的意识水平,以及审视、判断、调控课程运行行为的倾向和表现水平。课程评价力有水平和力度的差别。虽然课程评价的例行事务,如每学期或每学年进行幼儿发展评价、教师课程实施评价,能在一定程度上体现课程评价力水平,但是课程评价力更广泛地存在于课程规划和发展、课程实施、课程评价本身等一系列课程实务之中。

1. 主体参与

主体参与主要指向每一个参与课程规划和实施的人。他们应该参与评价准则和标准的制订,实施评价,获知评价结果,并基于评价进行反思与调整。优秀的园长和教师都是主动的评价设计者和参与者。他们参照但绝不依赖外在的评价,而是会在课程设计和实施中整合进自己建立的评价系统,并通过与内、外部的沟通和对话,让整个课程运行的过程都处在自身的注意范围内,而不是被动地等待他人对自己的评价。主体参与破除了评价自上而下的束缚,解除了教师在课程实施、课程评价中的被动地位,是幼儿园课程领导力提升的重要表现。这不仅是形式上的参与,更是教师自主性的全面提升,是对教师课程自主权利的积极认可和保障。

2. 导向明确

导向明确即关注评价的导向作用,注重"评价与目标的一致性"和"评价方法的适切性"。前者主要针对幼儿园经常"忽略课程目标来设计评价体系和开展评价",结果发现很多所谓的评价都是"为完成评价任务而评价",评价并未起到应有的引导作用。后者主要针对幼儿园另一个常见的问题,即先考虑评价的形式和内容,而忽视评价的目的,导致评价方法不符合基本的原则,或者与课程的基本理念和目标相违背。例如,幼儿园通过比赛来评价各班级幼儿做操的情况,这势必造成教师过分关注比赛结果,甚至不关注幼儿的实际需要,过度训练,使幼儿的身心发展受到影响。

3. 改进有效

改进有效是课程评价力中不能忽视的方面。评价是为了诊断和改进服务,并提升"课程主体的满意度"和"课程优化机制及其运行"。持续地优化课程,让幼儿、家长、教师、社会满意,是我们的期望。因而,评价绝不能止步于简单的判定,而是要让后续的改进富有成效,让幼儿、教师的发展都受益,最终达成课程目标。幼儿园的课程主体应该围绕评价结果尝试有针对性地改进,并关注改进产生的实际成效是否符合目标。幼儿园课程的优化机制是幼儿园课程领导力的重要表现。让幼儿园拥有来自内部的力量,促使幼儿园课程自发自主地改进,甚至实现课程整体平台的升级创新,都有赖于该机制的存在和持续发挥作用。

课程领导力的各项构成之间不是互相割裂、没有联系的,而是综合存在于幼儿园的课程规划、设计、实施、评价等过程中,任何一件具体的课程事务都可能涉及不同的构成组合。这里只是出于研究和叙述的需要,而将它们特意分开,以便更好地说明和解释。

三、诊断并提升课程领导力

幼儿园课程领导力评价指标体系是课程领导力项目第二轮研究的重要内容构成。评价指标体系使课程领导力定义更为丰满和确定,能够有效帮助幼儿园掌握课程领导力的具体含义和指向,也在一定程度上呈现了本研究所处的阶段和我们对"幼儿园课程领导力"的已有认识。从本质上来看,这是建立了一个文本性的标准,其结构性的框架凸显了我们的研究对幼儿园课程领导力关键点的理解和把握,同时希望通过它引导广大幼儿园关注课程领导力,尝试去发现课程实务背后发挥重要作用的隐藏因素。

建立幼儿园课程领导力评价指标体系的目的绝不是为了造出一个外在的评价和规范来约束幼儿园,而是希望通过提供一种结构性的标准,帮助课程主体有参照性地了解、诊断和提升自身的课程领导力。我们选择从幼儿园不同层面多种多样的课程实务和场景入手,结合园长和教师经常接触和完全理解的场合,提出了评价课程领导力的信息收集方式和途径,并尝试给出有个体针对性的测试结果,激发幼儿园园长和教师了解自身课程领导力状况的意愿。11所立项幼儿园在参与评价体系的研究和建构过程中,对幼儿园课程领导力的认识不断加深,园长、教师以评价为导向,主动进行自我诊断,尝试提升自身的幼儿园课程领导力。

课程主体在学习和实践优化中提升课程领导力的过程,本质上就是对自身的课程领导力状况与水平的知觉不断加深的过程。这个过程包含两个方面:一方面是"知",即了解和明确,这可以通过学习做到。不懂、不知,就会有认识上的盲区,更谈不上有针对性地改进与提升了。另一方面是"觉",即感知与觉醒,这是建立在"知"的基础上的。这是一个相对高于"具体课程实践"的过程,是基于行动和表现的思考与判断。可以说,"知"与"觉"分别是课程主体提升课程领导力的知识准备和意识准备。

幼儿园课程领导力绝不是单纯地指解决一个具体问题的能力,而是对幼儿园课程发展与运行等过程中重要内在关系的衡量和把握,它关注的是目标与策略、思考与行动、行为与动力、成本与效益、偶发与常态持续等一系列关系的存在和优化。这些内容相对于课程发展和实践过程来说是更为隐蔽的,但也是更本质的。

案例1-5 在计划制订中体现课程领导力(青浦佳佳幼儿园 徐秀清)

我园作为立项单位之一参与研究,明确了关键词是"提升课程领导力"。那么,课程领导力到底是什么?从文字到实践的抓手又是什么?"幼儿园层面的课程领导力评价标准"让我找到了具体对照、联系、落地的载体,我们对照一项项指标结合实际地来学习,通过文本、现场观察、访谈等方式进行自省、反思。我逐渐明白了什么是基于实证来发现问题,怎样基于证据来思考和回答改进什么,为什么改进,如何改进。

在制订计划时应站在怎样的视角思考?从哪几个角度思考?思考到怎样的程度?我园对"师幼共生"的课程理念到底理解内化得怎样?对课程目标的掌握度如何?到底带着怎样的思考展开行动?这些都反映着计划制订者的"思想力"。

我们重点对照"水平等级描述",尝试采用文本审阅、现场观察和教师访谈的方式对本园的课程领导力现状进行诊断,发现了制订计划时存在的问题:

1. 缺少目标达成的评价

从园务计划到保教计划,再到班级计划等,都忽视了内容和措施的可反馈性和可评价性。作为园长,在制订园务计划的时候,虽然能够关注到本园目标与"十三五规划"的匹配,考虑策略的可行性,但是却缺少对目标达成标识的思考与设计。不同部门在制订计划时也表现出了这个弱点。

2. 忽视幼儿经验的纵向联结

各类计划的制订虽然都有落实课程目标的意识,但是在选择内容时,往往只关注内容名称的外在联系,而忽视幼儿经验的纵向联结。

3. 缺少共同商量的过程

计划制订时缺少相互影响与思想碰撞,这是由园长的意识缺乏造成的。班级计划通常由一个班级的两位教师分工完成,这学期主要由一位教师制订,下学期就主要由另一位教师制订。这样制订出来的计划往往流于形式,只是为了应付检查。园务计划的制订通常在一周之内完成,而且也没有相应的制度来保障计划制订后的探讨、调整与完善。

4. 缺失"师幼共生"的轨迹

我园的课程理念是"师幼共生",但是在制订计划的过程中却不见"师幼共生"的轨迹。我们强化对"师幼共生"理念的理解与内化,却没有将其融入计划的制订中,用"共生理念"来分析幼儿,只有在实施的时候,才会相对思考和关注理念的落地。

通过学习课程领导力的评价体系,我发现自己还有很多的缺失和不足,好在意识到了问题,也找到了症结所在,我和我的团队开始寻找对策解决问题。

本 章 思 考

1. 在我的理解中,幼儿园课程领导力是_____。
2. 我在课程实践中曾经主动协同他人,印象最深的一次是_____,

   它带给我的感受是_____

   _____。

3. 从课程领导力的视角来分析,我认为一个艺术专业技能并不很强的教师也能够培养出一群热爱艺术的幼儿,可能的原因是_____

   _____。

4. 从课程领导力的视角来分析,我认为一位优秀的教师在转型为一个优秀的园长时面临的挑战主要有_____。

5. 从课程思想力中的"文化现代"这个角度出发来审视你的课程实践,可以改善的地方或空间体现在_____。

第二章

基于证据完善幼儿园课程实施方案

幼儿园课程实施方案是各幼儿园以统筹思想为指导，按照国家和地区课程文件精神，以幼儿园实际的课程基础与资源条件为基础，对幼儿园的课程目标、课程设置与内容、课程实施、课程管理与评价等进行整体、全面的规划和设计，逐步形成的平衡、和谐、适宜、可操作的书面的课程计划。它是将国家、地方幼儿教育理念、目标、原则等园本化的结果，是幼儿园自身课程规划、实施、管理与评价的基本依据。

伴随着上海课程教学改革的进程，伴随着幼儿园课程主体地位的确立与增强，上海市教委教研室日渐关注幼儿园层面的课程规划、设计和落实问题。引导幼儿园编制本园的课程实施方案是上海学前教育课程改革中的重大举措，为提升全市幼儿园的课程意识和探索课程研究与改革开辟了一片崭新的天地，产生了广泛而深刻的积极影响。

《上海市学前教育课程指南（试行稿）》在课程实施的"总体要求"中明确提出："（幼儿园）制订具有个性化和可操作性的课程计划。幼儿园在遵循课程基本设计思想的前提下，综合考虑本园实际及办园风格，设计个性化、切实可行的幼儿园课程计划（后为区别于中小学校的课程计划，称'幼儿园课程实施方案'），创造性地实施课程。"《上海市学前教育课程指南（试行稿）》的相关精神反映了上海市教委对幼儿园作为办学主体的尊重，以及对幼儿园探索园本化课程的积极引导。在文件精神的引领下和上海市教委教研室的具体指导和推动下，幼儿园对课程实施方案的探索不断深入。

2010年4月，上海市提升中小学（幼儿园）课程领导力行动研究立项，将"编制幼儿园课程实施方案"定为幼儿园学段的必选研究项目，集中28所课改试点园的力量于2012年出版了《幼儿园课程图景——课程实施方案编制指南》一书。该书对幼儿园在编制园本化课程实施方案过程中的普遍疑惑和问题进行了有针对性的解读，提出了若干可行的改进策略，并给出了大量来自试点幼儿园的具体经验和生动案例。

幼儿园课程实施方案是幼儿园课程顶层设计的体现，是幼儿园课程领导力，尤其是课程思想力和课程设计力的重要载体。在随后立项并开展的第二轮项目研究中，幼儿园学段在第一轮研究的基础上将"基于证据完善幼儿园课程实施方案"作为必选项目，带领11所立项幼儿园共同展开研究。

第一节　以园为本完善方案,体现课程领导力提升

编制和完善幼儿园课程实施方案,提升幼儿园课程的结构性质量,增强幼儿园课程主体的课程意识,增强幼儿园对课程的全方位感知,锤炼幼儿园课程领导共同体的系统思维、逻辑思维和独立思维。掌握编制和完善课程实施方案的关键策略,有效提升幼儿园园长和教师的课程领导力。

一、编制和完善方案与提升课程领导力的关系

编制和完善幼儿园课程实施方案不仅能够以园为本落实国家和地区对幼教的基本政策,落实课程文件的精神,提升幼儿园课程的结构性质量,增强幼儿园课程主体的课程意识,还能够有效地促进教师主动探索和实践。

编制和完善课程实施方案的过程能够有效地促进"知行合一"。编制幼儿园课程实施方案的过程是促进幼儿园全方位感知自身课程的过程,也是不断锤炼幼儿园的系统思维、逻辑思维和独立思维的过程。幼儿园园长和教师要努力通过共同编制课程实施方案达成课程理念的一致,明晰行动的原则和方式,设定评价角度,从而保证不同课程主体在一定的参照体系下主动行动,有效推动课程的落实。

编制课程实施方案包括提炼课程目标、明确课程结构和内容、规范课程实施和要求等若干过程,这些过程能有效帮助园长和教师对本园课程进行思考和审视,增强对目前课程状态的感知。

编制幼儿园课程实施方案能有效激发幼儿园以园为本创造性地实施课程规划的热情。一些有研究和实践基础的幼儿园不断反思、审视、创新课程,课程日趋科学和完善,富有个性,满足了幼儿、家长和社会对多元办园的需求。编制幼儿园课程实施方案为引导幼儿园坚持"以幼儿发展为本",走出特色办园之路提供了广阔的平台。编制、完善幼儿园课程实施方案,是彰显课程领导力的重要行动,综合体现了幼儿园课程思想力、课程设计力、课程实施力和课程评价力的水平。

二、完善幼儿园课程实施方案的价值和意义

幼儿园课程实施方案的编制不是一蹴而就、一劳永逸的事,而是应随着时代的发展、幼儿园课程条件的变化、幼儿和课程发展需求的变化不断完善。幼儿园课程实施方案的完善有其积极的意义。

（一）提升课程顶层规划和设计的科学水平

课程顶层设计决定课程的逻辑性和结构化质量。幼儿园课程实施方案是一个体系化的

文本,系统阐述了"课程理念是什么""课程目标是什么""为什么有这样的目标"以及"采用怎样的路径去达成目标"等基本问题。

(二)结合实践,提升引领和指导实践的水平

课程实施方案如果不面对幼儿园的课程实践,就不会有任何问题产生,但这显然不是我们想要的。课程实施方案的价值就是对本园的课程实践产生切实、深入、广泛、持续的影响,它回答的是"具体用什么方法来实施课程""如何选择课程内容""如何保障课程的顺利运行""如何知道课程运行是否令人满意"等实践问题。

(三)提升园长和教师的课程自主性水平

课程主体完善课程实施方案的自主性体现在:能够在繁杂的日常课程实践中敏锐地感知问题和背后的影响因素;愿意反复探究,尝试系统化地解决问题,通过行动检验后将其融入新的方案中,幼儿园课程实施方案是迫于外在的要求"被动地改",还是基于幼儿园课程发展需要"主动地改",对课程产生的实际影响是大不相同的。

三、完善幼儿园课程实施方案的策略

(一)"编以致用"是动力

幼儿园课程实施方案是一个集理念阐述和实践指导为一体的幼儿园课程文本,是基于幼儿园课程需求和现状的顶层设计与架构。它既包含理念、目标对全体教师的价值引领,也包含对全体教师课程实践的具体指导。由于影响课程的因素和实际条件在不断变化,课程实施方案也必须与本园的课程实践保持联动,不断调整和优化。为了避免方案"为写而写",写后"束之高阁",幼儿园需要加强"编以致用"的意识和行动,让方案用于指导实践,并从实践中获得优化的契机。

1. 面向教师

检验课程实施方案品质的标准之一就是要能够"引领教师,贴合教师的课程实践需求"。编制幼儿园课程实施方案不是简单地撰写一份书面的文本,还应该将文本付诸实践,发挥其在幼儿园课程建设、实施和评价等方面的积极作用。

面对课程实施方案,如果教师未获得思想的启迪,未产生共鸣,认为"有没有它,知不知道它都一样",那么这个方案就没有起到任何作用;如果教师感受到了观念的引领,但是对课程实施、内容选择、课程评价等方面依然感到不清晰,无法操作,那么就说明方案尚有改进的空间;如果只有部分或者极少数教师表示理解并认同,那么就说明方案本身还无法满足广大教师的需求,或者是其产生过程缺少了教师的深度参与。

2. 面向实践

课程实施方案必须尊重幼儿园实际条件,对日常课程实施的具体操作要给出明确的规范和要求。实践是幼儿园课程实施方案生命力最主要的体现。要让课程实施方案在使用中去经受全面、动态的考察。"实践出真知",课程实施方案管不管用,能不能用,实不实用,教师愿不愿用,都要在实践中判断。

3. 面向问题

完善是对幼儿园已经形成了一份结构相对完整、内容具体的课程实施方案而言的。所

谓完善,是指对原有课程方案中不够领先、不够切实、不够准确、不能满足需要的方面加以改进。通常从以下方面进行思考:课程目标本身的先进性、引领性,课程结构对课程目标的功能达成性,课程目标、实施、评价逻辑的一致性,课程实施和课程评价的操作性等。找准问题是完善方案的基础。

(二)"以园为本"是关键

上海学前教育课程体系的设计与实施方案,要能激发教师的课程主体性和创造性,因地制宜;要让幼儿园课程的实施充满个性,"各美其美"。而真正做到以园为本对幼儿园来说是一大挑战,这既需要幼儿园改变长期以来课程主体性不强的现状,又要避免幼儿园在课程设计与实践中的主观与随意,片面追求所谓的"特色"。

1. 发现课程发展的需求

"以园为本"首先应挖掘本园课程建设和发展的需求。这要求幼儿园如实地呈现本园的课程历史和现状,结合幼儿园课程以往的发展、关注的重大问题、开展过的对课程有影响的研究等,整理和确定出本园课程发展的基本走向。发现不了本园课程发展的需求,完善也就无从谈起。当然,这需要课程领导者具备一定的课程知识与提炼能力。

2. 发现教师实践的需求

完善幼儿园课程实施方案的过程,要求幼儿园园长带领教师共同审视幼儿园课程实践的特点,客观分析课程实施的条件和资源,拨开具体课程事务的表象,寻找到背后的关键问题,找到教师群体与个体的实践需求,例如:教师的特质与幼儿园课程的要求之间的匹配程度如何?教师在课程实施中有哪些长处,哪些短处?幼儿园的课程资源和操作流程是否满足不同教师的实践水平?教师课程自主权的范围和能力的匹配度怎样?幼儿园课程制度是否能够激励教师课程创新?教师有无主动改进教学和活动的意愿和空间?

3. 发现幼儿发展和家长的需求

幼儿园的课程为了促进幼儿的发展,了解幼儿的发展需求就显得尤为重要。本园幼儿的来源和构成是怎样的?幼儿的家庭生活和父母的受教育情况如何?幼儿家长对幼儿园课程有哪些期望与特殊需求?这些都是完善幼儿园课程实施方案所必须思考的问题。教师不了解幼儿成长的过程和需求,就不可能提供有质量、有针对性的教育;不正视幼儿和家长的课程需求,而只以教育者的姿态对幼儿和家长指手画脚,这样的教育必定是低效甚至无效的。

(三)"教师参与"是保障

以"教师在学习的基础上,参与课程规划设计、实施与评价"为完善课程实施方案的基本路径,重视"全员"和"全过程"两个方面,尤其是要认同教师的主体地位,保障和落实教师参与课程的权利。

1. 参与思维和行动的全过程

已有的调查显示,教师作为课程主体在课程规划设计与课程评价中的实际参与度较低。让教师参与课程设计、实施与评价是对教师作为课程主体应有课程权利的尊重,也是幼儿园提升教师课程领导力的基本路径。

从理念、目标到实施、评价全过程的参与,而不仅仅是一些片段化的参与,才能够让教师真正对课程实施方案产生认同。

参与本研究的立项幼儿园在实践中采用多种方式让教师参与幼儿园课程实施方案的编制和完善,有效调动了教师的主动性,增强了教师思考和行动的一致性,以及自我反思的针对性。在这个过程中,教师为幼儿园课程改进提供了真实的证据和反馈,让课程实施方案的完善更切合实际。将教师深度参与而产生的问题解决方式回归到课程实施方案中,教师更能理解,也更乐于执行。

2. 接纳全员的多方式参与

完善本园的课程实施方案,在某种角度是对教师课程实践中所遇问题的回应。全员参与不是要求幼儿园中的每一个人都来改写方案,而是关注每一个教师的行动参与、意见表达,重视每一个人的不同需求,关注每一个人的疑惑。教师的疑惑可能是通过正式的书面提出来的,但更多时候是在课程运行过程中即时表现出来的,也可能是通过平日的"抱怨"体现出来的。

案例 2-1　来自教师的意见(静安区安庆幼儿园　颜小倩)

学期结束,每个班级照例提供五本幼儿成长档案供教师相互观摩。之后的讨论中,教师们各抒己见,我尤其关注职初教师小瑜、青年教师羊羊、成熟教师文静和小红的谈话内容。

小瑜说:"我发现很多班级对评价内容的完成度很高,相比之下我们班级有很大欠缺。"3年以内的职初教师们纷纷表示,他们不是故意不完成,而是对很多评价指标并不太理解,不知道怎么评。对评价指标内涵的解读和理解不到位是影响教师开展评价的绊脚石。

羊羊说:"我发现一些有经验的教师在分析幼儿方面特别到位,还有很多支持幼儿发展的好办法,这是我所欠缺的。我就只会记录,对幼儿行为的分析还不到位,支持幼儿个性化发展的有效策略也不够。"她发现只有观察内容的记录是远远不够的,幼儿到底处于发展的什么阶段还需要更专业的分析,并希望得到有经验的教师的指导。

文静、小红轻声问道:"我们发现有些班级的幼儿成长档案,家长比教师做得更多,好像不太合适吧?"家长对幼儿的观察记录内容超过教师,这说明什么问题?仅仅是因为评价内容的体量太大,所以转移给家长吗?教师的作用如何体现?教师们你一言我一语地讨论着。

我将这些写成了"课程反思故事"并提出了我自己的建议上交到幼儿园的课程部。几个月之后,我欣喜地发现,新的课程实施方案中不乏对我的建议的思考和回应。

每一个教师都具有自身的个性特质。幼儿园的课程实施方案对本园课程的界定只是一个顶层设计与操作基本规范的整理,不可能针对每一个教师去做陈述。课程实施方案的结构、内容等要能引领和指导教师,并给予教师空间。

当教师对方案有困惑时愿意主动提出来,敢于质疑,而不是选择"得过且过""随它去",这体现了幼儿园课程的民主氛围。幼儿园课程实施方案的存在不是为了捍卫已有规定,而是为了更好地支撑教师主动优化课程与实施。接纳教师的探索、疑惑、问题、需求是吸纳全员参与的基石。在这样一种情形下,任何教师,哪怕是新教师,都可以无所顾忌地提出自己对本园课程的意见、疑虑或建议,感受自己对本园课程的责任与贡献。

参与研究的各立项幼儿园在完善课程实施方案的过程中都在努力让教师参与,主动了解教师对课程实施方案的理解和体验,关注课程实施方案对教师课程实践的指导水平,根据教师的想法和观点以及表现出的实践问题来反思和调整课程实施方案。

(四)"迭代演进"是必需

幼儿园课程实施方案是基于幼儿园的具体课程需求和状况对本园课程的顶层架构。随着影响课程的因素和实际条件的不断变化,方案也应坚持以"行动调整,与时俱进"。

1. 行动和修改互为促进

幼儿园课程实施方案的编制和完善不是一蹴而就的,而是一个动态更新优化的过程。在经过必要的顶层设计产生了基本的、主要的框架之后,课程实施方案必然要经历被阅读、被使用的过程。幼儿园课程实施方案的落实是一个多因素共同作用的复杂过程,参与主体众多。在其编制的过程中不可能完美地设想和规范一切流程,更何况在实施过程中还可能面临课程政策、办学条件等方面的变化。

坚持完善方案是为了更好地引领、指导课程实践,保持幼儿园课程实施方案的与时俱进。从整体上看,新的课程发展趋势和观念是幼儿园完善课程实施方案的重要参考。例如,国家或地区重要课程文件和精神的出台一定会引发幼儿园审视自身课程,做出相应调整,并将其体现在本园的课程实施方案中。完善方案的过程重要的是养成系统思维的习惯,并在幼儿园建立长效机制,保证课程运行中遇到的各种问题能够得到及时回应和反馈,定期将形成的新策略、新机制整合到方案中,指导将来的课程实践。行动与修改是幼儿园课程实施方案优化的根本路径。

案例2-2 南西幼儿园课程实施方案优化四部曲(华东师范大学 华爱华)

南西幼儿园的课程是上海"二期课改"背景下的一种园本化范式,形成了自己的特色,并卓有成效……该园23年来围绕"以游戏为基本活动"开展课程研究,历经四轮市级大课题研究,没有偏离过游戏课程的实践探索,每一个课题解决的都是课程建设中的真问题。

第一轮研究成果是确立了游戏课程的理念,并建立起以游戏命名的各类课程内容和形式,将游戏正式作为教育的主要途径。但过程中出现了教师主导游戏的问题,为解决这个问题开展了第二轮研究。

第二轮研究成果是保障了幼儿成为游戏的主体,确立了游戏中"幼儿在前、教师在后"的师幼互动策略。但存在的问题是游戏和学习的关系脱节,为解决这个问题开展了第三轮研究。

第三轮研究成果是从游戏中生成学习的课程构建,形成了"快乐玩、有效学"的教师回应策略。但存在的问题是教师对幼儿生成活动回应时机的把握还缺乏依据,有一定的随意性,为解决这个问题又开展了第四轮研究。

在第四轮研究中,全面梳理了各年龄阶段的幼儿必须把握的核心经验,以此与教师设计的游戏和幼儿生成的游戏互为参照,即一方面将学习目标隐含在教师设计的游戏中,另一方面用学习目标去分析幼儿游戏行为中的自发学习,从而增强了教师行为的目的性,实现了真正意义上学习与游戏的融合。

四轮课题研究呈现了该园游戏课程不断深化的轨迹,体现了通过解决课程实施中真实问题而不断调整和完善起来的课程发展的过程,体现了对本园课程实践和思考的整合认知,并在本园课程实施方案的更新中得到完善。

2. 确立适宜的更新机制

要想课程实施方案与时俱进,持续发挥引领作用,就要主动对其进行完善和更新,这就需要幼儿园确立一些基本的动态调整机制。

即便拥有适宜的更新机制,也不能期望一次完善就使课程实施方案达到最好的效果,而是要采取边完善、边使用、边调整的方式,在整个过程中贯彻一种"迭代演进"的思想。

课程实施方案的改进有时是局部的,针对具体内容的;有时却是全局性的、系统性的,即实现的是对本园课程认识和实践平台的整体升级。有条件的幼儿园可以建立专门的组织机构,确立制度和机制,持续承担课程实施方案的更新工作。没有条件的幼儿园可以设置相应的人员及责任分工。

课程实施方案的更新机制是方案持续、自动获得完善的条件,它通过常态化的工作方式维护和提升课程实施方案的品质。它是幼儿园课程完善的一种心智模式,也是幼儿园课程评价力的极大体现。例如,长宁实验幼儿园在多年前就尝试构建了本园课程实施方案的完善机制,通过园内课程组织机构的调整,搭建幼儿园课程实施方案自我完善假设模型,形成了《长宁实验幼儿园课程实施方案自我完善相关制度》,对工作流程、运作条件等方面进行了设计与规范。

第二节　完善幼儿园课程实施方案的证据

发现证据的价值和类型，建立证据意识和基于证据的思考与行动模式，有助于发现幼儿园课程实施方案存在的真实问题，切近本质，有针对性地探寻化解问题的路径。

第一轮项目研究已经提出了对幼儿园课程实施方案动态的更新与完善，部分幼儿园针对性地进行了尝试，积累了初步的经验。例如，长宁实验幼儿园从教师使用课程实施方案的体验和需求上考察课程实施方案的实际效用，并围绕满足不同发展阶段教师的需求尝试调整和完善方案。

在几年的研究与实践探索中，我们发现，如何让课程实施方案以园为本、行之有效、与时俱进，是幼儿园面临的新挑战。在随后启动的第二轮项目研究中，总项目组经过分析，将重心自然延伸并转移到"基于证据完善幼儿园课程实施方案"，并带领11所幼儿园组建成新的研究团队，共同进行深入研究与实践。

按照编制好的幼儿园课程实施方案执行的过程中会发现，鲜活的课程实践与静态的课程实施方案之间总是存在一定的差异。为了保持课程实施方案对幼儿园课程的全局性引领和实践指导作用，为了增强课程主体的问题意识，基于证据来完善课程实施方案是一条必由之路。

一、寻找完善幼儿园课程实施方案的证据

证据是可作为证明的事实依据，也可以理解为"能证明情况属实的依据"。完善幼儿园课程实施方案的证据是指在实施过程中能够反映课程实施方案的状态、水平以及变化状况等的事实依据。

证据强调事实，只要是与幼儿园课程实施方案的完善相关的问题、变化、发展状态的事实，都可以作为课程实施方案完善过程中的证据。基于证据完善幼儿园课程实施方案，就是要引导幼儿园在课程实践的过程中有意识、有计划地收集、挖掘相关的证据，避免"经验主义""感觉主义"等主观性，而是以客观证据作为完善的主要依据。

（一）"问题存在的证据"和"问题解决的证据"

按照功能可以将证据分为两种。一种是"问题存在的证据"，即证明幼儿园课程实施方案可能存在问题的证据，这是完善课程实施方案的主要证据；另一种是"问题解决的证据"，即说明课程实施方案得到不断完善，方案本身的品质和其产生的影响在发展变化的证据。前者一般存在于完善课程实施方案的起始阶段，后者更多存在于修订和完善方案的过程中以及结束后。并且完善是一个循环往复的过程，即方案经过一轮的完善后，有可能会产生新的问题，继而需要有相应的证据来说明"新的问题是什么"。

（二）找到符合问题特质的针对性证据

证据要能说明和表现课程实施方案问题的本质和特征。幼儿园课程实施方案的完善可

能会遇到以下问题：

1. 从方案整体与局部构成的角度看

从这一角度来看，可能存在三个方面的问题：一是与国家、地区的基本课程政策、育人目标的一致性问题；二是方案本身的系统性、结构性、逻辑性问题；三是课程实施方案局部具体构成内涵和要求的清晰性、操作性问题。

2. 从方案对幼儿园课程实践的引领作用的角度看

从这一角度来看，可能存在方案与实践联系不紧密，不能引领和指导实践，"写归写，做归做"的问题；也可能存在课程实践走在课程实施方案的"前面"，"做得比写得好"的情况。

3. 从方案满足课程主体需求的角度看

可能存在方案忽视幼儿的发展需求，忽略教师的能力水平和课程实践需求的问题，从而导致方案对教师的课程开发、教学实践缺乏指导作用。

持续寻找到与问题相对应的证据是解决问题的第一步。这些证据可能存在于幼儿园课程规划建设的过程中，可能表现在教师的认同感和参与度上，也可能表现在幼儿及家长的满意度和意见上。

（三）幼儿园课程主体在运用证据中存在的问题

目前，幼儿园在对证据的理解和收集过程方面还存在一定的问题。

（1）证据意识较为薄弱。虽然知道需要证据，但在实践中往往忽视证据，仅凭主观感受代替客观证据。

（2）证据的来源和形态比较单一。例如，只重视外评的证据而忽视来自幼儿园内部的证据；只注重静态的文本性证据，而忽视课程运行过程中动态、变化的证据。

（3）证据零散，未建立关联。证据的收集是偶发的、片段式的，未形成较为系统的证据收集框架，也未能关注不同场合下不同表现形式的证据之间的关联。

（4）对证据的分析、判断、解读能力不足。

二、证据在完善幼儿园课程实施方案中的积极作用

（一）描述问题

证据能够将课程主体的体验、感受、问题具体化、可视化，让课程主体更为客观、明确地认识具体事实，继而思考自身的观点和后续行为的合理性。例如，园长认为幼儿园课程实施方案在教师中的知晓度不足，教师日常的课程实践并不参考课程实施方案，那么就可以采用调研了解教师在什么情况下会使用课程实施方案，不同教师在使用的方式和时机上有何区别，听取教师对课程实施方案的具体感受和建议，获取证据。证据是为说明观点、描述问题服务的。

（二）呈现变化

证据能够记录、呈现变化的过程和结果。建立在证据采集基础上的完善才更有说服力。例如，幼儿园在某一类活动的具体实施方式上尝试进行新的探索，并在过程中注意记录教师理解的变化、教师课程实施行为的变化，以及幼儿学习的变化，通过这些变化来说明新的课程实施方案的影响与价值。

（三）引发对话

幼儿园在完善课程实施方案的过程中注意有针对性地收集证据,并思考、设计如何获取合理的证据时,就已经在开始对话了。围绕证据及其产生过程,不同课程主体会提出各自的看法和观点,产生讨论。证据在多元主体间创造了更为丰富的探讨机会,让不同课程主体更为深入地参与幼儿园课程实施方案的完善。

（四）伴随完善方案的过程

完善幼儿园课程实施方案由幼儿园自身出发,循着证据寻找和确定方案可能的问题,并基于证据解决问题、完善方案。市级立项的11所幼儿园主动在这一方面进行了积极探究,并用持续的基于证据的课程变革实践演绎了"每个幼儿园经历自己的课程完善之路"。每个幼儿园都用图示的方式较为概括地呈现了各园如何基于和利用证据完善本园课程实施方案的全过程,以荷花池幼儿园为例,如图2-1所示。

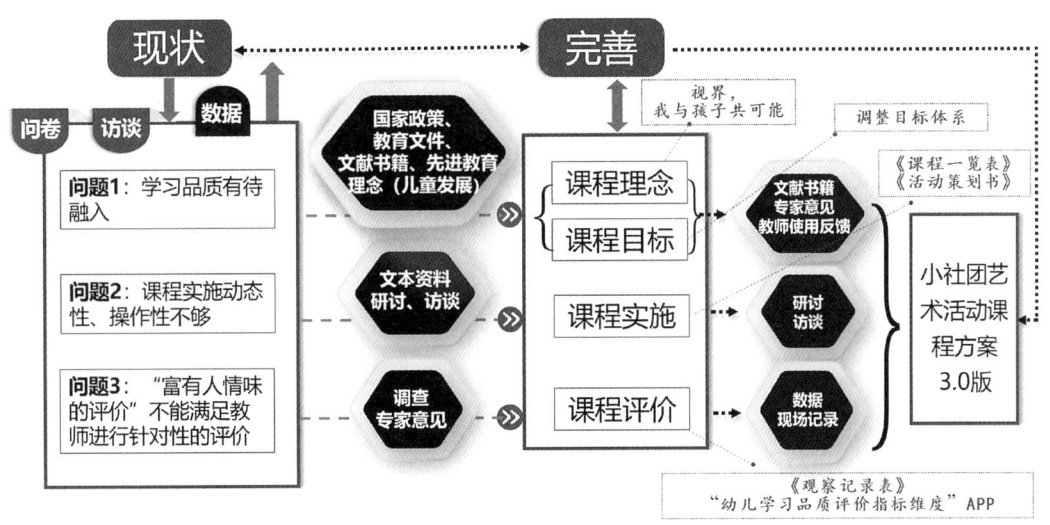

图 2-1　荷花池幼儿园小社团艺术活动课程方案优化的循证研究

三、完善幼儿园课程实施方案的证据类型

证据可以是客观的、事实表现的,如教师课程实践的具体行为;也可以是主观的思考和认识层面的,如园长、教师、专家对某个概念的理解和表述。

对于两种类型的证据,不能厚此薄彼,要尝试建立其内在联系,使其相互印证,起到增加观察视角的作用,更有利于问题的精准。例如,幼儿园班级教师的周日计划和活动设计可以被看作是教师课程实施中具体课程实践的构成,既可以采用主观经验的方式判断其总体特点和趋势,也可以通过客观地对全体教师的活动设计文本进行结构、要素和主题词的分析,采用分类数据和图表的方式来呈现证据。我们要尝试的是将两种方式有机结合起来,建立有意义的联结,共同来说明一个趋势或问题,分别以浦东新区冰厂田幼儿园(见图2-2)和静安区威海路幼儿园(见图2-3)为例。

一般来说,完善幼儿园课程实施方案的证据,主要有以下五类:

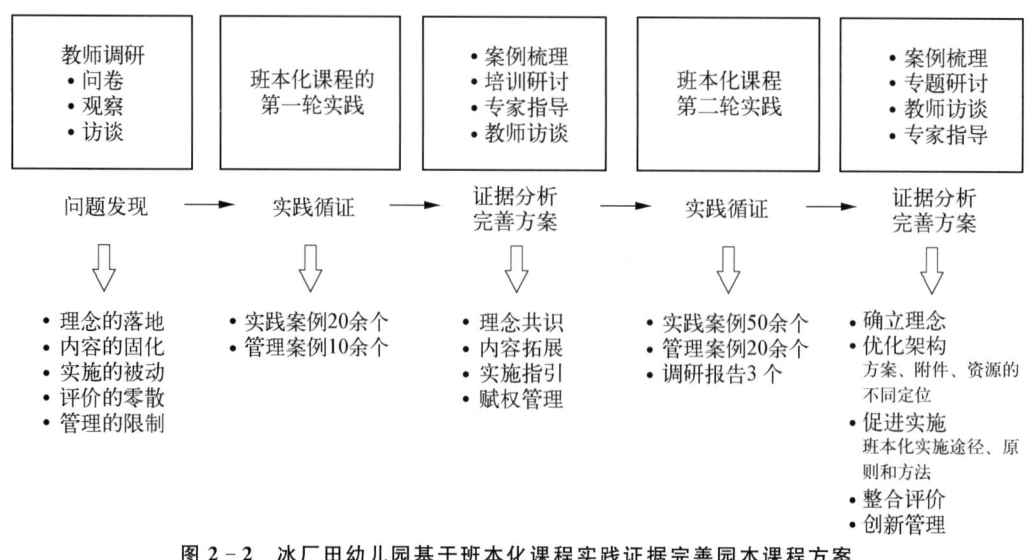

图 2-2 冰厂田幼儿园基于班本化课程实践证据完善园本课程方案

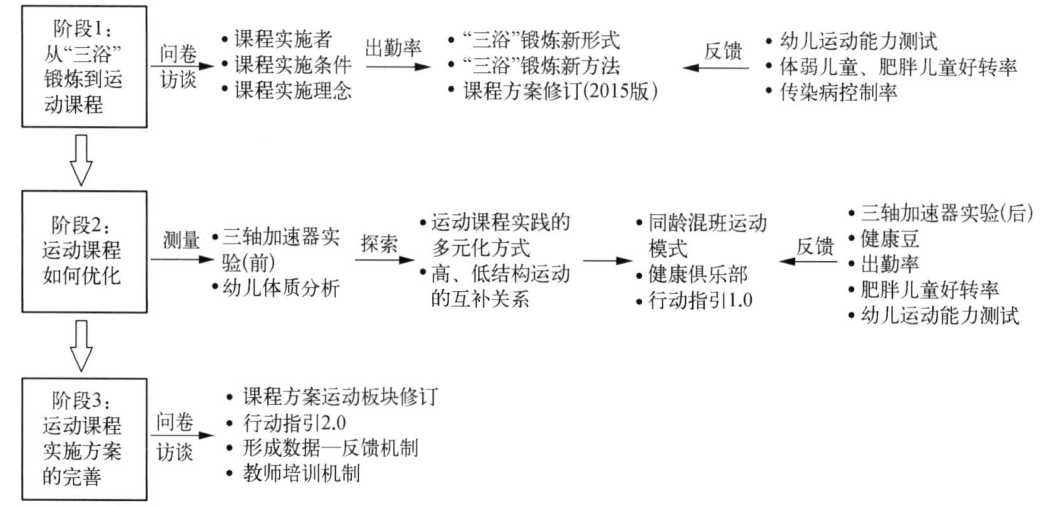

图 2-3 威海路幼儿园基于数据分析优化幼儿园运动课程实施方案的实践研究

(一) 反映把握课程政策水平的证据

课程政策是抽象的概念,但它却有具体的、制度化了的特定载体。虽然这些载体种类很多,但主要包括课程方案、课程标准和教材,它们是承载课程政策信息的有形文件,换言之,课程政策的主要精神和实施手段是通过它们来得以传达并实现的。[①] 幼儿园课程实施方案是国家和地方课程政策落实的保障,是对国家的《幼儿园教育指导纲要(试行)》《上海市学前教育课程指南(试行稿)》等文件的课程园本化实施的总体规划。

把握课程政策水平的证据主要来自课程主体对课程政策的学习、理解、讨论、思考和专业研究者的评论、意见等。当国家和地方课程政策发生一系列变化的时候,幼儿园一定会同步调整和完善课程方案、课程标准、配套教材、教参和活动材料等。

---

① 胡东芳.论课程政策的定义、本质与载体[J].教育理论与实践,2001(11):49-53.

例如,上海市颁布《上海市学前教育课程指南(试行稿)》并发布了一套课程的整体架构和与之配套的教师参考用书、幼儿活动材料之后,对上海市的幼儿园课程产生了深远的影响。在政府的主导和支持下,市、区、幼儿园都积极主动地学习新课程理念,厘清观念误区,逐步树立新的儿童观、教育观、课程观,并在原有基础上大胆尝试实践改革,将新的课程政策呈现出来。这些过程中就有大量体现课程政策变化的证据,表现出不同幼儿园理解和把握课程政策内涵的不同水平。通过采访不同园长、教师对国家课程相关政策、文件精神的学习体会,就会发现他们的认识广度和深度存在差异。这些差异表现在课程建设和实践中,就会产生不同的影响和效果。

又如,当教育部颁布了《3—6岁儿童学习与发展指南》之后,虽然组织了广泛的培训与学习,但是幼儿园对其认识和理解依然存在差异。有些幼儿园感受到它是在引导教师完整理解幼儿的学习与发展,将目光聚焦幼儿的发展,从而产生尝试完善幼儿园课程实施方案到实施、评价等的愿望和行动。但也有一些幼儿园毫无触动,感觉只是多了一个文件,可以组织教师学习,但并未思考它会对本园课程产生何种影响。

同样,当教师面对《上海市学前教育课程指南(试行稿)》的时候,认为"课程是园长的事,里面写了很多新的规定",就反映出他们对指南价值和作用的认识是有很大缺失的。

(二)体现幼儿园课程哲学的证据

幼儿园的办园理念、愿景、幼儿培养目标等集中体现在幼儿园课程实施方案中。例如:宋庆龄幼儿园多年来坚持"把最宝贵的给予儿童",宝山区红星幼儿园提出"培养大气的孩子",静安区南西幼儿园提出"建造一所游戏学校,让幼儿成为花园、乐园、家园",静安区芷江中路幼儿园提出"寻找适合每一个孩子的教育"。其背后都有相应的课程哲学与理论。

体现幼儿园课程哲学的证据主要来自幼儿园课程主体学习、吸收课程理论观念和行动更新的过程,来自文本中体现的变化,来自专家的评论与意见等。

(三)体现多元主体需求的证据

幼儿园课程实施方案在体现课程政策实施和不断优化的过程中,不仅要兼顾幼儿、家长和社会的需求,还需要了解幼儿园教师的需求。因此,幼儿园应当定期或不定期地进行有关需求的调查和分析,发现和确定课程服务对象的发展需求。

了解本地区幼儿家长对幼儿园课程的期望,不仅包括普遍性的期望,也包括特殊需求。例如,通过问卷、访谈等发现部分家庭缺乏带幼儿接触社会的机会,从而设计符合幼儿特点的社会考察实践活动,以满足幼儿和家长共同的需求。

又如,在条件许可的情况下,还可以根据发现的个别或部分幼儿和家长的需求,提供更有针对性的课程服务内容,多样的活动形态,甚至为某位幼儿"定制"活动与课程,满足幼儿发展的个性化需求。

体现多元主体需求的证据主要来自幼儿园的主动征询、诊断、思考和实践,来自有目的地、有计划地调研与深入分析,并且要结合幼儿园的课程实际条件来综合作出判断。

案例2-3 对幼儿和家长的调研(浦东新区锦绣博文幼儿园 王雯)

"田园实践活动"是我园的特色课程。在优化课程理念与目标的过程中,除了从已有文献中寻找依据，幼儿、教师、家长是最直接、最重要的信息提供者。

"我想在幼儿园钓鱼，要是可以在幼儿园钓鱼就好了，这样可以很好玩。我们可以在草地上做两个摇摇椅，在上面放一些书，这样的话，我们可以在上面看看书休息啦。在摇椅上休息一会儿，然后再去玩，休息的地方也可以变得好玩一点。"

"我喜欢大自然那样的（幼儿园），有生态系统。就比如说，我们幼儿园还可以往旁边扩展一块，买很多泥土和沙子，种点香蒲、薰衣草之类的，里面再养一些小螃蟹，然后旁边就可以成为一个钓螃蟹的地方了。这样就是生态了。"

2015年6月，坐在面前的W和J两个小朋友摇头晃脑、兴致勃勃地向我们描述着他们心目中的"田园"幼儿园。除了W和J，我们还邀请了小、中、大班共30名幼儿代表参与调研，让孩子们畅想他们心目中的"田园"。通过观察法、幼儿会议、自主摄影、摄影集制作、绘画、幼儿之旅、地图制作、投票等方式，积累了近3万字的幼儿会议记录，拍摄了700多张照片，创作了近百幅绘画作品，真正表达了他们心目中对一所田园幼儿园的设想。

"心目中的田园"征集活动带给我们来自幼儿的最有价值的田园教育活动的启示。在此前，我们总认为幼儿的视角是短浅的，思维是幼稚的、天真的。但通过此次调研，我们深刻地感受到，幼儿是有能力的个体，是自己生活中的"专家"。他们能够用自己所擅长的、多样化的表达方式讲述自己对所处生活世界的感受与理解。这些来自孩子们的心声，为我们优化田园课程的理念与目标提供了宝贵的建议和思路。

"'田园'的含义很丰富，它不仅是指自然的田园环境，也是表示尊重和发展儿童的天性，使教育回归生活、回归自然。'田园'的更深层次的意义在于，它代表一种尊重互助、多元开放的文化氛围，在这种氛围下，儿童和教师都能够积极、乐观、自由地成长。"

——一位教师对"田园"的理解

"在田园中，能让孩子在无拘无束的环境中释放天性，在大自然中去培养他们学会爱，培养他们健全的人格，做阳光、开朗、懂得分享、身心健康的孩子，而不是脱离实际的建立在金字塔上的教育。"

——一位家长对"田园"的理解

2015年10月—2016年10月，我们对全体教师以及部分家长代表进行了有关田园教育的问卷调查，并对其中50%的教师和家长展开深度访谈。我们发现每个人心目中对"田园"的理解都不尽相同：大部分的教师和家长都能从自然场域的角度来理解"田园"理念，也有一些教师和家长提到了儿童权利、自由、尊重、开放等关键词。这些微小但又闪烁着光芒的点滴智慧，也被我们吸纳到田园课程的理念与目标中。

调研的作用是找到证据，是辅助决策，而不是证实一个已经作出的决定。编制和完善课程实施方案的过程，是对理想状态和实际状态的真切感知。

（四）多样的各类课程实践的证据

体现幼儿园各类课程实践的证据主要来自幼儿园课程运行与实践行动的具体做法、要求、制度、机制，以及开展的研究和积累的经验等。这类来自真实实践的证据随时都在产生，并且反复发生。例如：园长或者幼儿园课程研究部门在开展研讨时经常强调哪些方面？园长和教师在提到本园的课程实施时,总会提及的是什么?这些与幼儿园环境中出现的办园理念或课程理念之间是否有联系?这些证据可以用来说明课程愿景和目标是否具有积极的引领作用,是否清晰具体。

广大教师日常具体的课程实施行动是最具有说服力的教师课程实践能力、课程主体性水平发挥的证据。教师对课程理念、目标和行动的一致性,课程教学与评价的实际水平,备课、上课以及各类教育活动的实施,积累下来的各种计划、总结、教研过程记录等,都可以经过梳理后成为了解课程特点、判断课程实施方案成效和影响的证据。

案例2-4 课程资源库和"备课十分钟"之忧（浦东新区冰厂田幼儿园 蒋嬿奫）

制订课程教学计划,俗称"备课",是对每一位教师的基本工作要求。幼儿园课程是以综合主题的形式呈现的,因此每一位教师的"备课"通常包括制订主题计划、周计划、日计划,这些计划除了包括每天的集体教学活动之外,还包括生活、游戏、运动、环境布置、家园合作等幼儿园一日生活的方方面面,复杂程度可见一斑。为了支撑教师开展活动,冰厂田幼儿园在过去的十几年间始终致力于开发和建设课程的"资源库"。经过逐年调整,冰厂田幼儿园的课程资源库囊括了幼儿园三个年龄段的所有主题,涉及一日活动中生活、运动、学习和游戏等各类型的活动。资源库甚至还包括亲子、社会实践、节日文化、幼小衔接等活动的背景分析、材料提供、环境创设、温馨提示等。课程资源库不仅保存和积累了冰厂田幼儿园教师在课程实践中的教育智慧,更是大大提升了教师制订课程计划的效率。

然而,一次调研数据显示,每周用2小时以上完成课程计划的教师不足4%,用1—2小时完成的约为23%,在1小时以内完成的高达73%。

这个数据引发了管理团队的担忧。通过深入了解我们发现,现实情况比调研结果更加堪忧,只需要20分钟就能完成计划制订的教师大有人在,甚至一位青年教师只需要10分钟的复制粘贴就能完成一周的课程计划。这些数字让课程管理团队大为震惊:这是我们创建课程资源库的初衷吗?

事实证明,课程资源库"双刃剑"的效果正日益凸显。教师对课程资源库的依赖性越来越大,无视自身班级幼儿的实际发展现状和需要,不顾社会生活发展的热点和趋势,按部就班、生搬硬套逐渐成为课程计划和实施的常态,致使课程资源库本身越来越趋于固化,教师也逐渐缺乏创新的激情和动力。

针对这种现状,课程管理团队也曾出台了一系列的管理制度。首先,限制提供和使用资源库内容,也就是说不再为教师开放资源库,或者仅开放一定比例,"逼迫"教师自己思考活动内容。其次,规定每位教师每周要对资源库中的活动内容进行调整修改或者增添主题的创新活动,又或者规定一段时间一定要有一个生成活动,等等。

那么,这样的"规定"效果如何呢?实施一年后,我们选取全园大班以同一个主题"我们的城市"课程计划中的集体教学活动为例进行分析发现:全园15个大班,每班4周20个集体教学活动,一共是300个集体教学活动,其中完全来自资源库的活动有180个;调整对资源库中的活动进行了调整或者由教师生成的活动有120个(规定每位教师每周需要一个活动),在这120个调整活动中,调整方案后确实优化了原有活动内容并被补充收录到资源库的约10个,仅占8%;来自网络等其他平台的教案有16个,占13%;其余94个活动基本都是对原教案进行了无关痛痒的调整,比如将导语写得长一些,问题写得复杂一些,甚至还有多位新手教师将原来园本课程中的经典活动改得"面目全非"。

显然,"硬性规定"的效果十分有限。由此可见,课程资源库所带来的负面效应并非资源库本身的问题,而是使用资源库的教师缺乏内在的课程领导动力、意识和能力。要用好这把"双刃剑",靠磨掉其中一刃,或者索性弃之不用并非最好的解决方案,而是要从"舞剑者"本身能力的提升上下功夫,才能真正从根本上解决问题。

幼儿园课程实施与运行中的证据复杂多样,为了避免"只见树木不见森林"的状况,我们建议幼儿园建立适宜的、动态的证据收集系统和机制,以定期有针对性地收集有效信息。而且,长期持续证据的收集可以帮助我们建立时间发展的纵向视角,具有这些特点的证据往往更加富有说服力。例如,幼儿园有意识地长期关注幼儿的来源及其特征,也关注幼儿毕业后的去向和发展状况,这些证据能有效地帮助幼儿园更准确地判断课程设置与课程成效的相关性。

(五)关于课程评估和评价的证据

幼儿园课程与活动质量评估和评价的证据主要来自上级教育行政、督导、教研、评估等部门对幼儿园课程与教学的质量评价意见、报告,另外也来自幼儿园主动开展的自评等。

上海市、区教研室对幼儿园形成了常规的课程与教学调研制度和机制,并且提供了相应的课程实施方案和各类保教活动的观察评价工具,在每次调研之后还会形成专门的课程与教学调研报告。上海市教育评估院受市教委的委托,也会定期对市级示范性幼儿园、一级幼儿园进行验收,在最后提供的评估报告中,会有对幼儿园课程建设与发展、保教活动、幼儿发展等方面的具体评估意见和建议。各区自行开展的督导、视导中也有类似的评估报告与意见。这些评估活动所形成的意见和建议都是非常正式的,可以作为完善幼儿园课程实施方案的证据和参考。

例如,青浦佳佳幼儿园的"课程与教学调研报告"中曾经列出的问题和结论是:"课程目标对于师幼共生理念下培养出来的幼儿的特质没有具体体现,课程实施中对各类计划的制订、实施的要求不够清晰,缺乏贯彻理念的具体可操作的措施,课程评价中对课程本身的评价指标缺失,课程管理的制度常规性尚未体现师幼共生理念下课程管理的特殊要求。"青浦佳佳幼儿园在完善课程实施方案时,将以上评价列为主要的证据。

明确完善幼儿园课程实施方案的证据有哪些类型及其主要来源有助于幼儿园发挥主动性,建立适宜的证据收集渠道,设计、选择合适的机会与条件架构符合幼儿园特点和运行方式的课程实施方案完善制度,有目的地收集幼儿园课程变革和实践中的证据,主动完善幼儿园课程实施方案。

值得一提的是,在完善幼儿园课程实施方案的过程中,通常会收集到多种不同来源的证据。如何处理这些来源各异、性质不同的证据之间的关系呢?我们要认识到,证据之间并非孤立的,它们之间往往会有相互关联。某一项证据可能同时能为课程实施方案的完善提供多方面的参考信息,而某几个证据也可能共同说明课程实施方案某一方面存在的问题。例如,幼儿在活动过程中的学习表现既可以作为幼儿园课程实施状况和水平的证据,也可以作为完善课程评价的证据;围绕课程目标的多对象的需求调研既可以作为完善课程目标的证据,也可以作为完善课程评价的证据。又如,完善课程评价可能的证据既有专家的意见,又有教师对已有的课程评价资料的分析。

在各类证据中,我们尤其要重视那些在意义上有实质联结的证据。例如,教师活动设计中体现出的"成人中心、高控制"和幼儿在活动中表现出的"被动、选择空间小"之间就可以建立联结,相互印证。这些有关联的证据,或者持续、反复出现的证据往往更能说明问题。

可以作为完善幼儿园课程实施方案证据的信息特别繁杂,需要课程主体有一定的鉴别力,主动剔除并非证据的信息。例如,某个班级的部分幼儿早晨来园时间特别晚,教师如果认为这是幼儿规则意识不强的证据,那么就会在班级计划中尝试强化班级规则的执行,如用奖励的方式吸引幼儿早些来园参加活动。但是后来教师发现效果并不理想,教师通过和家长、幼儿的沟通,经过分析与思考发现,幼儿迟到的原因有很多种,而大部分都是家长的原因,并非幼儿规则意识不强所致,那么教师选择的策略就会有所调整。这从一个侧面说明,教师选择和看待证据的角度会影响他们的行动。只有找对证据(家长的原因造成幼儿迟到),排除无关的证据(幼儿规则意识不强),才能得出正确的结论,从而在后续的调整中找对方向和策略。

四、建立有效的证据收集系统和流程

比较理想的情况是,幼儿园可以逐步建立一个结构化的完善"课程实施方案"的证据与信息收集系统,将信息收集的时间、主体、来源、要点等构建成一个体系,并使之在幼儿园常态化地持续运行,作为幼儿园课程实施方案自我完善的信息支撑基础。很多幼儿园在这些方面都可以零散地尝试,如果零散的行为能够成为一个系统化的设计与运行模式,将有效提升幼儿园的课程领导力,尤其是课程评价力。

例如,静安区安庆幼儿园多年前就尝试"设置典型观察点,开展课程实施信息收集与分析",通过整合、提升原有的经验和做法,在幼儿园架构一个结构化的课程信息收集体系,有意识地构建相应制度和机制,把信息的收集与分析分解为四个主要板块,从教师能力、幼儿发展、课程资源、家长参与等方面有目的、有计划地收集信息。

完善课程实施方案必不可少的一步是对收集来的证据进行分析,其中很重要的就是听取幼儿园中各相关主体对证据的分析和认识,了解他们从各自的立场和视角如何理解、认识这些证据,集思广益,共同形成完善课程实施方案的结论。

第三节 基于证据完善幼儿园课程实施方案

幼儿园可以从各课程要素以及要素之间的系统性出发,主动基于证据来诊断方案存在的问题,并在积极与课程实践的互动中,针对性地解决问题,切实提升课程实施方案的品质。

幼儿园的课程实施方案主要是按照课程要素来具体陈述的,总体上来说必须包含课程理念与目标、课程条件分析、课程结构与课程设置、课程实施、课程管理、课程评价等内容。当然,在此基础上,各幼儿园可以有本园个性化的表达方式。

对幼儿园课程实施方案的完善要基于来源于各方面的有关证据,有针对性地开展问题诊断和挖掘。这些问题可能来自幼儿园课程各要素本身,如课程目标、课程评价;也可能来自课程要素之间存在的逻辑性、系统性、关联性问题,如课程目标和课程评价之间缺乏逻辑一致性,又如课程实施没有对课程设置中各类活动的运行作出恰当的说明。因此,基于证据找准课程实施方案的问题所在是课程实施方案得以完善的基础。下面用图 2-4 来简略表示基于证据地完善课程实施方案的过程。

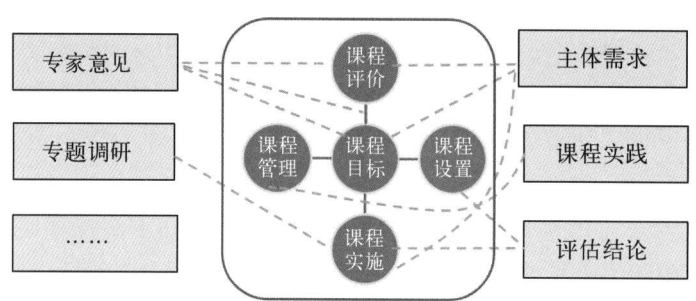

图 2-4 完善幼儿园课程实施方案与各类证据的关系

图 2-4 中,中间是幼儿园课程实施方案各课程要素及其之间的主要关系,左右两侧陈列的是完善幼儿园课程实施方案可能的证据类型,虚线表示证据和课程实施方案各要素以及要素之间关系的关联。例如,"专家意见"类的证据既可以指向课程目标、课程评价本身,也可以指向两者之间的关系;对于"课程评价"来说,可能有来自专家意见的证据,也可能有来自主体需求的证据。

提升幼儿园课程领导力项目采用"必选项目"的方式,带领 11 所立项幼儿园共同研究如何基于证据地完善幼儿园课程实施方案。本节从各课程要素入手,并结合来自立项幼儿园有效的实践经验,呈现如何通过证据寻找和诊断问题,解决问题,持续改进。

一、完善课程理念和目标

幼儿园课程理念和课程目标是课程愿景的核心构成。愿景指的是幼儿园要去向哪里,要发展成什么样子。幼儿园课程领导力的首要表现就是达成课程愿景和目标的共识,这也是幼儿园课程实施方案的首要内容。

幼儿园课程理念和课程目标是课程实施方案的灵魂，它们回答的是"培育怎样的人""怎样培养人"的问题。理念与目标首先要回应国家和地区的课程政策在育人目标上的追求与价值取向，继而体现对全体教师在课程上的导向和引领作用。可以说，课程要素的其他部分都是为落实课程理念、达成课程目标服务的。幼儿园要通过学习课程改革文件精神，结合本园课程主体的发展需求，提出导向明确的课程理念和具体的课程目标。

在项目幼儿园提升课程领导力的实践探索中，加强对国家育人目标和课程政策的掌握和学习，梳理和提炼促进幼儿发展的具有引领作用的课程目标，在思维和意识层面建立课程理念与愿景、幼儿发展的共识，使课程充分贯彻课程理念，并在幼儿园课程的建设、落实、评价等方面都积极指向幼儿发展，从幼儿发展的具体表现或状态来反观、发现课程本身值得完善的地方，是很多幼儿园的共同做法。

幼儿园课程理念、课程目标是幼儿园课程思想力的重要体现，它们在"思想前瞻、愿景认同、文化现代"等方面的表现是我们关注的重点。幼儿园课程理念与目标除了完整地呈现在幼儿园课程实施方案中，还经常体现在幼儿园环境的显著位置以及教师大量的文本记录中，不仅彰显出幼儿园的课程文化，更促进了幼儿园课程主体对理念和目标的理解和认同。

（一）增强课程理念的使命感和感召力

《上海市学前教育课程指南（试行稿）》明确提出，幼儿园课程的基本理念是"以幼儿发展为本"，它体现的是一种价值观，体现的是做事的基本方法、标准和共识。它规定了课程的发展方向、落实原则、评价归宿。这是上海市幼儿园课程最高层次的追求，期望在全市范围内的幼儿园园长和教师的思维意识层面建立一种共同的选择和认同。

不同幼儿园发展水平和研究基础不同，部分课程研究和个性化实践较好的幼儿园通过主动学习"以幼儿发展为本"的理念，结合自身幼儿园的理解和实践，对幼儿园的课程理念进行了更进一步的探索，用更为清晰、个性的方式表达了"以幼儿发展为本"在本园课程中的具体表现，不断形成属于幼儿园的课程主张，以期对本园课程及课程主体形成更为有力而准确的思想引领。这是幼儿园课程领导力极其重要的体现。课程思想力中的"思想前瞻"针对的就是教育思想在课程主体心目中的选择与确立。

园长在幼儿园课程理念形成的过程中起着很关键的作用。园长的教育哲学、价值观、课程观及其对幼儿园课程的走向和选择起着重要的引领作用。苏霍姆林斯基说："校长对学校的领导，主要是教育思想的领导。"园长在学习国家关于教育目的、方针、政策的相关文件，在学习和选择教育研究和理论等过程中，不断形成自身的理念体系，找到"自己认为正确"的认识，是确定幼儿园课程理念的基本条件。不去思索幼儿园的价值、幼儿园课程的价值、幼儿园如何实现其价值的园长是很难发挥其领导力的。

从实际表述方式上来看，幼儿园课程愿景、课程理念的表述语句要简练，同时要有感召力，并能赋予人使命感。使命感是对幼儿园为什么存在的认识。教育是一个对人的发展、社会的发展具有重要价值的领域和事业，而幼儿教育更是"根的教育"，是彰显生命成长力量的教育。用富有感召力的简短语句精炼地呈现幼儿园的课程理念，有助于个体形成高尚的责任感，形成对自身、对幼儿园课程的积极认知和期待。这种存在于课程主体内心的积极力量是推动每个人主动开展课程行动的内在动力。

这也是很多具有良好课程发展基础和发展水平的幼儿园的共同尝试。课程理念要有思想性、前瞻性,要建立在对人的发展的基本认识与未来发展的关联之上,体现较高水平的价值选择与创造能力,是体现幼儿园课程领导力的载体。

例如,静安区南西幼儿园提出创建一所游戏学校,让幼儿"快乐玩,有效学"。为了彰显"快乐玩"与"有效学"这两个过程是一个完整的整体,避免教师在理解和课程实践中将其割裂,在第二轮提升课程领导力项目研究中,他们将理念升级为"快乐玩中有效学"。青浦佳佳幼儿园在研究中不断反思,从课程实践层面夯实"师幼共生"的课程理念,促使课程理念真正落地。黄浦区荷花池幼儿园提出"我与幼儿共视界",尝试调整并找到教师与幼儿在课程中更为精准、恰当的主体地位。静安区芷江中路幼儿园从提出"寻找适合孩子的教育"走向了"寻找适合每一个孩子的教育",并进一步表述课程中要"让孩子表现自己,让教师发现孩子"。静安区南阳实验幼儿园对原有的对幼儿个性化教育的比较模糊的认识进行了深入反思与甄别后,提出了幼儿园课程要"让每一个幼儿经历自己的学习过程",明晰、简练地表述了对个性化教育的理解,实现了对教师教育思想和价值的引领。

这些语句简练而平实,不艰深晦涩,具有很强的感召力,既描绘了一个崇高的课程蓝图和愿景,指明了幼儿园课程的行动方向,又联结了教师的积极体验和内在动力,让教师感受到作为幼儿教育事业的一员可以达成的贡献和成就。

例如,浦东新区冰厂田幼儿园从多年的课程实践中提炼出"关爱身边人,关心周围事,笑对成长路",在以班级为本的课程实施中,这不仅是教师架构和实践课程的具体指导,也是教师评价和反思班级课程运行过程的准则。冰厂田幼儿园的教师们在班级课程的建设和落实过程中,积极地思考如何才能真正贯彻这一理念,涌现出大量的教师根据幼儿的发展主动提供相应的活动案例,很好地彰显了教师对本园课程理念的理解、认同和主动实践。

(二)提升课程目标的现实感和画面感

幼儿的发展是幼儿园课程存在和运行的终极目的。幼儿园课程目标是期望幼儿达到的水平或状态,因而通常是以幼儿所具有的特质来描述或呈现的。《上海市学前教育课程指南(试行稿)》中将课程目标陈述为"通过上海学前教育课程的实施,促进幼儿健康水平以及情感、态度、认知能力等各方面的发展,使幼儿成为健康活泼、好奇探究、文明乐群、亲近自然、爱护环境、勇敢自信、有初步责任感的儿童",并进一步提出了课程的六条具体目标:"初步了解并遵守共同生活所必需的规则,体验并认识人与人相互关爱与协作的重要和快乐。初步形成文明卫生的生活态度和习惯,独立自信地做力所能及的事,有初步的责任感。积极活动,增强体质,提高运动能力和行动的安全性。亲近自然,接触社会,初步了解人与环境的依存关系,有认识和探索的兴趣。初步接触多元文化,能发现和感受生活中的美,萌发审美情趣。积极地尝试运用语言及其他非语言方式表达和表现生活,具有一定的想象力和创造性。"

幼儿园课程目标的表述应具有现实感和画面感。首先,课程目标是对幼儿"要培养出什么样的孩子"的具体表述。它不仅要表达幼儿园对幼儿"全面发展"的期望,也要符合幼儿这一发展阶段的年龄特点,适度、适切,"不提前、不拔高"。其次,用简练、生动的短句来呈现目标,为教师勾画出幼儿发展的生动表现,有助于教师将抽象、模糊的概念、理念转化为有画面感的"图景",将对幼儿的期望形成"脑中画像"。具体、生动、有画面感的课程目标有助于教师理解和把握课程目标,让目标"可亲、可近",让教师感觉自己可以参与,可以有所作为,产生投身其中的意愿,并进一步产生归属感。

（三）基于证据凝练课程目标

幼儿园课程目标是幼儿园课程实施方案中最重要的内容构成。它首先来自对国家、地区课程文件中表述的育人追求的理解与认同。在深入学习、领会精神的基础上,幼儿园可以尝试用个性化的方式来表达本园对育人目标的认识与内涵。

一个真正属于幼儿园的课程目标,起自对幼儿发展的深刻认识,源自对课程理念的持续追求,来自对每一个幼儿园课程主体的意见和需求,指向对每一个人切实的指导。因而,这是一个课程共同体主动追寻和探索的过程,也是一个让"梦想落地"的过程。

调动与幼儿发展、课程建设、课程实践相关的所有人的主动性,辨别、倾听他们心中真实的追求,启动他们深入、持续地参与,投入智慧,是找寻到课程理念和目标的重要条件。这个过程不可能一蹴而就,必然是集思广益、上下互动的过程,也是不断切近本质、培育共识的过程。

园长个人的观点和主张在幼儿园课程理念和目标的方向判断上起着重要作用。从提炼目标的具体过程来看,园长的角色更重要的是通过多种方式搭建平台,带领和发动教师深入参与,共同甄别、作出选择并尝试创造性的表达。

同时,还可以邀请幼儿教育专家、课程专家参与讨论,贡献智慧。外部专业人员的研究经验和视野不仅能够有效地启发幼儿园对幼儿发展和课程的认识,而且能够帮助幼儿园澄清共同的追求,并寻找到本园理念和目标个性化表达的适宜方式。

案例 2-5　淬炼"田园魂"的三部曲（浦东新区锦绣博文幼儿园　王雯）

第一部："孵化"——自上而下提出课程理念与目标

2010年,锦绣博文幼儿园成立。如何在立稳脚跟的同时凸显特色,增加知名度?时任园长基于当时幼儿发展与园所资源两方面的考虑,提出了"田园教育"的办学理念与目标。

"田园教育"的理念：以自然教育为依托,充分体现教育的人文性、开放性、主体性和自由性,以师幼原始生命力的激活为前提,以田野（大自然、大社会）为源泉,以温暖的爱为纽带,以生活为根基,将生活带入课堂,将情感带入课堂,将创造带入课堂。

"田园教育"的目标：培养"亲自然、喜阅读、乐表达、爱探究",身心和谐发展的幼儿。

然而园长发现课程理念与目标在教师们眼中只是一段高深的理论,是写在幼儿园墙壁上的一段标语。如何让田园教育的理念与目标从"墙上"和"纸上"走入每个教师的心里,转化为幼儿园全体教工的共识?这个问题萦绕在园长的心头……

第二部：优化——基于共识完善课程理念与目标

为什么1.0版本的理念与目标不得人心?教师的参与感和认同感缺失是问题所在。于是,园长从提升"认同感"与"参与感"这两个角度出发,带领教师开始了田园课程理念与目标2.0版本的优化与完善。

（一）提升参与感——从调研中找依据

在优化课程理念与目标的过程中,幼儿、教师、家长这三类田园课程的利益相关人是最直接、最重要的信息来源。我们邀请了小、中、大班共30名幼儿代表参与调研,通过观察法、幼儿会议、自主摄影、摄影集制作、绘画、幼儿之旅、地图制作、魔法毯、幼儿投票等方式,让孩子们畅谈他们心目中的"田园"。

我们对全体教师及部分家长代表进行问卷调查,对其中50%的教师和家长开展深度访谈,发现每个人心目中对"田园"的理解都不尽相同:大部分教师和家长都能从自然场域的角度来理解"田园"理念,有教师和家长提到了儿童权利、自由、尊重、开放等关键词,也被我们吸纳到田园课程的理念与目标中。

(二)提升认同感——从自下而上研讨中找共识

"他山之石,可以攻玉。"我们向现代企业管理学习"引导技术",通过设计问题和引导讨论过程,让众人能够从自发自愿的互动讨论中交流思想、获得学习、达成共识。

2015年9月—12月,在引导员的组织与引导下,我们展开了田园理念与目标的全园大讨论,参与人员遍及各层级教师与家长,前前后后开展了不下十次的讨论,大家最终就田园课程的培养目标"成就都市中的'野'孩子"达成共识,并将幼儿培养目标调整为:成为爱自然、爱探究、爱他人、能劳作、能表达、能合作(三爱三能)的身心和谐发展的快乐儿童。虽然才几十个字,但每一个字都经过反复推敲与讨论,浸润着我们的心血与智慧。

第三步:细化——基于实践充实课程理念与目标

在2.0版本田园课程理念与目标的指导下,新的田园实践活动的设计与实施中发现了新问题:一是理念与实践有断层,课程理念中的"野孩子"只是一个抽象的概念,没有具体的描述,当教师在设计具体的田园实践活动时,具体的活动目标与"野孩子"的培养目标之间是有断层的;二是年龄段特征不明显,不同年龄段的课程目标没有区分,导致教师们在制定活动目标时没有依据,目标设置忽高忽低,脱离年龄段特征。

基于以上两个问题,我们又展开了3.0版本田园课程理念与目标的细化工作。

(一)以终为始:以评价为导向的课程理念的完善

我们参考国外课程的幼儿评价体系,拟定"野孩子"的表现性评价指标。我们从一开始试图面面俱到,到反复研讨选择放弃求全的思路,以"旺盛的探索劲""独特的表达心""持久的坚持力""生命的感恩情"为四个一级指标,梳理出了"野孩子"行为的表现性评价特征:

朝气蓬勃,不拖沓被动,具有旺盛的探索劲;
勤劳耐挫,不轻言放弃,具有持久的坚持力;
乐于表达,不胆怯趋同,具有独特的表达心;
自信乐群,不自我中心,具有生命的感恩情。

(二)以人为本:基于不同年龄段幼儿特征的课程目标细化

同样是"野孩子",但小、中、大班的幼儿需要达到的发展目标是有所区别的。基于田园教育课程的总体目标,由教研组长牵头,组织各年级教师对本年龄段的目标进行拆解细化。分年龄段目标梳理出来后,教师们结合目标重新设计田园实践活动,通过实践再次检验目标设置的合理性并及时调整修正目标。如此循环往复数次,终于将田园教育课程目标落实到了各年龄段。

如今,"成就都市中的'野'孩子"已经成为全园教工与家长的共识,大家对"田园教育"也都有了自己独到而丰富的理解。他们见证了我们的"田园魂",从一开始的虚无缥缈,经历了无数次的研讨、建构、推翻、重构,到逐渐清晰,指引着我们的前行之路。

二、完善课程设置

幼儿园课程结构是课程架构的重要内容。具体来说,幼儿园的课程结构是以达成课程目标为导向的,幼儿园要依据课程目标才能选择和确定课程的类别和活动的类型。即,为了给幼儿提供适宜的课程,具体的课程和活动必须要有实际的幼儿发展指向,并且要有具体的实施类型载体。各类课程和活动之间要形成一定的互为补充、整合协同的关系,从而共同来达成幼儿园的课程目标,实现幼儿的发展。对于一个具体的幼儿园来说,课程结构也可以直接理解为幼儿园开设哪些不同类型的教育活动,它们各自的功能、时间占比等是怎样的。

《上海市学前教育课程指南(试行稿)》提出:"课程既要确保为幼儿提供其终身发展所需的基本经验和机会,也要适应个体幼儿的特殊需要,从幼儿园课程功能维度分为共同性课程和选择性课程。共同性课程是指面向各类幼儿园和全体幼儿,体现促进幼儿基本发展的课程。它着眼于最基本的经验积累,使每个幼儿积累相应的体验和感受,获得最基本的发展。选择性课程是指因园而异、因人而异,体现尊重幼儿园和幼儿的个性化发展的课程。它着眼于幼儿经验的扩展、提升,满足幼儿的兴趣、特殊需要,尊重幼儿园的自主性以及幼儿的选择权,使之形成个性化的风格和特色。"同时还提出:"幼儿园课程主要以幼儿园一日活动的形式组织实施。将幼儿园一日活动中的主要活动归为四类,即生活活动、运动、学习活动、游戏活动,它们既综合指向课程目标与内容,又保持各自活动的特点。"

(一)彰显"幼儿活动"的本质

幼儿所处的年龄阶段决定了他们获得发展的最重要的方式是与周围的真实环境、生活世界建立直接的关联,他们最需要的是对身边事物和关系的感知,而不是系统的、逻辑的知识体系。因而,通过各类丰富的活动来获取经验成为了幼儿区别于中小学生的学习特点。幼儿的课堂就是"活动",真正的能让幼儿去伸展身体的、增强幼儿的直接体验与感受的、让幼儿全身心都"动"起来的活动。这就直接决定了幼儿园课程构成的基本形态是幼儿在园所接触的各种生活场景和参与的各类"教育活动",而不是在封闭的室内课堂通过单纯的"听讲、书本、纸笔练习"获得某些确定的知识。

从幼儿的真实生活和活动类型出发,《上海市学前教育课程指南(试行稿)》提出了要构建"共同性课程和选择性课程",构建"生活活动、运动、游戏活动、学习活动"四种课程类型,充分满足幼儿的共性和个性的发展需求,促进幼儿全面、和谐、健康发展。

首先,幼儿园要在课程实施方案中明确,在本园课程中,以上四种类型的教育活动以什么具体类别出现,分别叫作什么名称,其具体指向的幼儿发展的关键领域是什么,如运动课程中设置了律动与操节、自选器械活动、远足等。其次,幼儿园需要具体思考幼儿是怎样参与这些活动的,有哪些方式和机会,如吃饭、午睡、制作、绘画、参观、谈话等,确保幼儿在活动中真正做到生动活泼、手脑并用,并且是主动活动起来,而不是被动活动起来。明确幼儿园活动的定位,将有助于教师避免"幼儿园的活动不活动"的现象,帮助教师有意地增加幼儿活动机会,提升幼儿主动活动的品质,让幼儿充分活动起来,获得各类经验和体验。这在一定程度上也是幼儿园避免"小学化、学科化"现象的重要行动。

幼儿园可以去调查并反思以下这些问题：在本园各班级开展的活动中，有多少是教师主导下规定幼儿去参加并完成的？有多少是幼儿主动发起并自由选择的？有多少活动的形式比较雷同，偏重让幼儿被动的、静态的"听说看"而缺乏"活动性"？例如"找春天"的活动，是以幼儿指认、操作图画、记忆和背诵为主，还是让幼儿走进春天的大自然进行真实的观察、寻找、感受、采集？

调动教师参与这样基于真实课程实践的调查，收集幼儿园活动的实践证据，能有效地帮助教师理解和辨别不同活动类型的特点，反思活动实施方式的适宜性。收集这些证据的过程，就是增强教师对活动状态知觉的过程。

（二）改善课程具体设置的比例

幼儿园的课程是由各类教育活动构成的。在把握课程理念和目标的基础上，幼儿园具有设置课程类别和分配时间的权力。这体现了幼儿园课程力求"以园为本"的思想，调动了幼儿园园长和教师的课程意识，激发了他们根据幼儿发展需要和幼儿园实际条件开展幼儿园课程建设的积极性。但是，在幼儿园具体的课程设置中可能会面临以下两种情况。

一是模仿其他幼儿园课程设置的常规设置活动类型。虽然不同的幼儿园在课程设置上会有一定的相似之处，但是在课程类型和活动设置上的过度趋同是不合理的，甚至提出不同的课程目标和愿景的幼儿园在活动设置上完全一样，这说明幼儿园的课程设置没有与课程目标建立有机联系，没有以课程目标为导向，这样的课程目标是难以实现的。

二是幼儿园有意无意地放大了"特色课程"或者"课程特色"，造成了各类活动在内容指向和功能上的重复，使得幼儿活动的时间分配出现了明显的偏重。例如，有的幼儿园提出"阅读特色"，因而在幼儿的各类活动中都选择增加幼儿接触图书、获得阅读经验的机会，除了固定每周上阅读课、开展图书室活动等，甚至在幼儿来园、离园的过渡时间以及午睡前和散步的时间，都选择为幼儿提供阅读的机会。

幼儿在园的时间是一个常量。从活动实际占用幼儿的时间量来看，一部分活动占用的时间多，势必造成其他部分活动的时间减少，甚至缺失。一般来说，幼儿的游戏活动时间、生活活动时间往往最容易被挤占，使得幼儿游戏的权力受到侵犯，造成幼儿的生活品质因为时间急促而下降。

幼儿园要关注和评价课程结构中的活动类型、活动类别的设置及时间配比，甚至活动安排顺序等方面的合理性，避免课程类型和内容设计上的叠加，把控课程的平衡，把握幼儿学习与发展机会的平衡。

在当前的情况下，幼儿园尤其要通过课程结构的设计确保共同性课程的顺利开展。共同性课程提供给幼儿园所有幼儿平等的、均衡的发展经验，是幼儿健康全面发展的最重要的保障。扎实推进共同性课程，以园为本，富有创造性地规划和实施共同性课程，生动活泼、不拘一格地提供幼儿喜爱的各类活动，是幼儿园课程达成幼儿发展目标的最普遍和切实的路径。这既体现了幼儿园课程实施方案的"合规性"，即幼儿园的课程设置符合国家、地区课程的基本政策，同时也体现了科学性，是切实保障幼儿全面、均衡发展的基础。

案例2-6 "快乐15分钟"的产生和优化（静安区南西幼儿园 洪晓琴）

课程作为幼儿发展的载体,应兼具统整性和平衡性。但是园长在日常巡视中发现,幼儿园里很少听到幼儿的歌声。在教师们共同反思周日活动设计与安排的过程中发现,幼儿园实际为幼儿提供的音乐活动少,课程内容不平衡。这是幼儿园课程的结构性缺失的证据。与此同时,根据现状还发现了另外的问题:幼儿的动作与节奏协调性发展不够完善,户外活动时间虽能保证但活动并不丰富。

结合这些问题,教师们进行了思考。首先,提出了清晰的行动策略,即当务之急是对缺失的方面给予补偿,于是制订了"快乐15分"活动详尽的实施方案,尝试游戏课程户外活动的新探索。教师们通过"化零为整"的设计,利用午间校园韵律操的开展充实游戏课程中音乐活动的内容。其次,将幼儿的韵律舞时间放到每天下午,把舞蹈和户外活动结合起来。最后,教师们确立了活动的目标:多彩音乐,人人舞动,体验快乐,陶冶身心。

在韵律舞中,幼儿不仅能巩固和发展已有经验,还能获得动作节奏、空间知觉、队形变化、合作精神、表现表达、集体意识,以及游戏规则等新体验。

活动实施中贯穿着以下的原则:操舞结合、小步递进、师幼共舞、适量而行、厚积薄发。在操作方面遵循由易到难、循序渐进的规律:以音乐为媒介,以舞带操,操舞结合;幼幼互动,师幼共舞;动作设计最好4—8个一组,重复组合;要以幼儿情绪、大动作和协调性为主……活动中师生共同舞动,分段进行,注重模拟,不追究细节舞姿,采用"小步走,不停步"的滚雪球方式来累积幼儿的动作经验。最终通过变化队形来增加规则和挑战难度,提高幼儿韵律舞的表现力。

后来,教师们又发现他们对整个活动的"主导""设计"过多,幼儿在活动中的愉悦感和主动性不足,便继续加以完善……

就这样,"快乐15分钟"作为一个幼儿感受和欣赏音乐、活动身体的户外师生同乐活动在南西幼儿园扎下根来。

（三）整合优化活动的内在结构

幼儿园各种类型的活动以及它们之间的相互关系作为一个整体,共同指向达成幼儿园的课程目标。除了活动类型和时间,幼儿园的活动还有一些内在的结构需要得到考察和关注。例如:活动通常属于室外活动还是室内活动?活动属于教师预设、发起的,还是幼儿生成、发起的?如何把握高结构活动和低结构活动之间的比例?活动之间转换的合理性和流畅度如何?

如果幼儿园在课程实施方案中对这些都进行较为明确的界定,将有助于提升幼儿园课程的内在品质。而且这些内在的结构往往对教师的课程实施具有更加切实的指导,但往往也是幼儿园容易忽视的。

幼儿园一日生活皆课程,幼儿的学习经验和经历是广泛存在、随时发生的,并不以幼儿园对"课程类型和类别"的人为划分而被规定。幼儿在某个特定类型的活动中获得的实际学习经验也是多指向的。例如,幼儿园教师都知道,幼儿的学习并不仅仅发生在集体学习活动中,在生活活动和游戏活动中,幼儿也会有学习的机会和体验;运动很多时候也是幼儿充分游戏、玩耍的机会。所以,幼儿园教师要学习、区分、把握各种活动类型的特点和侧重,尝试着打破传统上对幼儿学习机会的划分,建立整合的观念,有意识地将活动的场域开放,使得幼儿的学习与发展获得更为合理、有意义的背景。这样的思维方式的整合,多种课程资源的整合,是顺应幼儿全面、和谐、生动发展的积极尝试。

案例2-7 从"我来帮你做"到"你的时间你做主"(静安区芷江中路幼儿园 王秋璐)

以前,我们的一日作息按部就班、时间统一,这样的一日活动安排适合幼儿吗?能够让幼儿自主地发展吗?观察着我们班的幼儿,慢慢地我发现了不少问题。一是幼儿能力差异较大,部分幼儿可以自主选择游戏及生活,但还有一部分幼儿需要教师的指令与要求,自主意识较弱。二是过于严格的作息,没有给予教师和幼儿环节过渡的时间以及随机调整的机会。例如,低结构活动的时间太短,无法满足幼儿尽兴操作、探索的需要。三是教师大都处于高控地位,喜欢说"我来帮你做",但是大班幼儿已经有了自我管理的能力,能够做到自主地调控部分活动。

如何通过调整一日活动作息,把幼儿的权利放大,提升他们的自主能力和自理能力?如何优化碎片化的时间?如何为支持幼儿的游戏提供更多的保障?

我在教研组会议中提出了自己的想法,没想到其他教师也发现了一日作息存在时间碎片化的问题。经过沟通和交流,我们提出了改进一日作息安排的意见和建议,希望教师不要一直说"我来帮你做",而是多说"你的时间你做主"。

尝试一:完全自主的一日作息安排

我的班级尝试让幼儿完全通过自主商量来制定一日的作息安排。问题出现了。首先,有些幼儿想游戏,有些幼儿想低结构活动,有些幼儿想运动。那么这时候如何来选择呢?教师无法兼顾每一个幼儿,不能满足所有幼儿的需要。其次,幼儿喜欢游戏胜过其他活动,一日生活中无法做到游戏、生活、运动和学习活动的平衡。

尝试二:注重选择的一日作息安排

我与幼儿、搭班教师进行讨论,开始探索固定一些时间点,比如来园点心、午睡、放学等时间,其他时间可以进行自由选择,比如可以早上选择户外活动,下午进行建构,也可以选择早上建构,下午户外活动。在这个过程中,幼儿的自由度得到更多的体现,选择权和决策权更大了。

尝试三:统筹平衡的一日作息安排

在第二种尝试进行一段时间后,幼儿更愿意自主地去选择自己喜欢的,但是逐渐又出现问题:有时候一个幼儿会选择一天都在玩低结构活动,每日2小时的户外活动无法保障,如何解决这个问题呢?教研组的教师们建议我尝试从一日生活作息平衡过渡到一周活动平衡,并且全园开始推广一日作息调整方案,进行班级间的统筹与协调。即,各班幼儿在离园前共同商量第二天一日活动的安排,由值日生把班牌贴到门口的"我今天准备玩什么"的指示牌上,既方便幼儿第二天来园时回忆头一天的安排,也方便其他班级进行调整,避免冲突。各班在班级门口设立一周安排表,方便幼儿及时进行调整,他们了解一周活动中需要做的四类活动的内容,并且能够根据每周不同的情况来选择今天缺失或者需要的安排。例如,某天在进行游戏过程中幼儿提出想要把任务完成,我顺应了幼儿的要求,但当日的分组教学活动就没有进行。我跟搭班教师商量后,她非常支持我的做法,愿意让我抽空给幼儿完成当日的集体教学活动。

我们边尝试边分享,不断地交流、实践、再交流、再实践,不断地提升经验和总结方法。例如,过渡环节通过音乐转换暗示幼儿进入接下去的活动;学习活动通过不同组别标记来无声地提醒幼儿转换过程;低结构活动中,每个区域都有对应的编码和数量,幼儿在选择时既能够知道该区域是否还有空余位置,也能够知道其他幼儿在哪些区域进行活动。幼儿在活动中的独立自主性和制订计划的观念都增强了。

放学前的五分钟我跟幼儿商量好第二天的安排,并且在一周作息平衡板上梳理每周的任务和课程,及时调整课程和活动不平衡的地方。这可以看到幼儿自主性的发展,幼儿学习合理安排时间,发展时间概念。

从一开始我帮助幼儿做事情到现在的幼儿能够自己分配时间自主选择,不得不说,作为一名一线教师,我的成就感是满满的。

三、完善课程实施

幼儿园课程实施方案的"课程实施"部分首先必须要坚持和彰显《上海市学前教育课程指南(试行稿)》(以下简称《指南》)提出的"凸现以活动、体验为特点的课程实施"。《指南》还提出:"教育内容和要求,融于幼儿生活、运动、学习、游戏等多种活动中,课程实施强调活动性和体验性。强调活动的教育价值,注重活动的过程体验,优化教与学的方式。整体地考虑活动的预期目标与活动的展开过程,使幼儿在获得经验的同时,发展认知能力,丰富情感体验。课程实施强调计划性与灵活性的统一,集体、小组与个别活动相结合,教师要充分发挥教育机智,抓住最佳教育时机,以适应幼儿个体差异。"

另外,《指南》在"课程实施部分"提出:"课程的组织与实施过程,是幼儿园、教师创造性地开展工作的过程。幼儿园、教师要根据课程的目标,从本社区、本园的条件出发,结合幼儿的实际情况,开展各种有利于幼儿发展的教育活动。课程实施分为总体要求和具体活动要求两方面。"为幼儿园"以园为本"实施课程提供了理论和实践依据。

(一)幼儿园"课程实施"中存在的问题

目前,幼儿园课程实施方案"课程实施"部分普遍存在的问题是,没有面对本园真实、具体的课程条件和资源,忽略教师、幼儿发展的具体情况,对本园各类教育活动究竟如何开展没有给出规定,甚至有的幼儿园对这一部分仅用"参照《指南》的课程实施部分执行"等语句来一笔带过,因而文本显得过于空洞、简单。

对于已经形成了比较明确、完整的"课程实施"内容的幼儿园,也存在一个基于本园课程实践与创新不断梳理以回归方案的过程。如何在适宜的高度用适切的语言提炼本园课程中各类活动运行的关键、要点和策略,逐步形成和更新本园的课程实践规范,又不因为"规定过死"而抑制班级教师课程实践的主动性和创造性,这是幼儿园要面临的两个挑战。部分立项幼儿园围绕本园的课程实施展开了基于证据的完善。

(二)从掌握幼儿活动现状中调整

幼儿园课程实施要体现活动性、体验性。从幼儿实际参与幼儿园各类活动的真实状况,实际经历的课程内容与机会的角度来考察课程的适宜性,是完善本园课程实施方案的路径和方法。对幼儿在各类活动中的真实活动状态的多方面考察就成为收集证据的必然途径。幼儿园可以有目的地通过设计、组织、安排对幼儿活动状态的考察和评价,收集证据,发现本园课程实施中可能存在的缺陷或遗漏。

了解幼儿的活动状态需要选择适宜的工具,并结合本园幼儿自然的、日常的课程活动的正常流程以获得真实的证据。同时,如果能获取越多幼儿的现实状况,证据就越有说服力。

案例2-8 从幼儿的运动数据中发现问题(静安区威海路幼儿园 符芳)

我园日常的运动从组织形式上分成集体运动和自主运动两类。集体运动以混龄编班作为自然班单位,由教师预设活动目标,选择相应的活动器材、活动场地和活动材料,以游戏为基本形式,有针对性地开展活动。在集体运动中,教师需要通过观察幼儿的运动行为来判断幼儿的运动水平,通过变化教学节奏调节幼儿的运动量。自主运动主要是以幼儿为主体的活动,幼儿可以选择自己喜欢的任意区域,自由选择材料和伙伴进行自己喜欢的活动。在自由活动中,教师只适时地支持幼儿,不干涉幼儿的个人选择。

这两种运动形式对促进幼儿身体健康所起的作用如何?是否有优化的空间?我园利用三轴加速度计来搜集幼儿日常生活中的运动时间、每小时身体的活动量、步数、消耗卡路里等数据,对幼儿体力活动数据的收集和分析能帮助我们判断幼儿所参与的运动活动是否适宜,是否有利于其身心健康发展。

专业的测试人员在测试前输入150名幼儿的出生年月、性别、身高、体重等个人信息,幼儿须连续7天(包括5个上学日、2个休息日)佩戴三轴加速度计。测试结束后,数据自动导出运动时间、每小时身体活动量、步数、消耗卡路里等数值,将每小时的身体活动分为高、中、低强度,高精度地测得幼儿一天24小时的身体活动量。

我们选取150名幼儿5天在园时间中每天1小时户外运动的情况进行集体运动和自主运动的比较。

由图2-5、图2-6可知,在幼儿园每天1小时的户外运动中,集体运动中幼儿的总能量消耗和运动平均强度都高于自主运动中的总能量消耗和运动平均强度。由图2-7可知,集体运动中幼儿总步数低于自主运动。由图2-8可知,自主运动中幼儿活动的平均强度为集体运动中的78%,能量消耗为集体运动的88%。

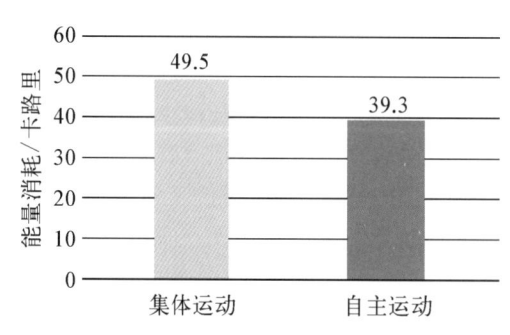

图2-5 不同形式的运动中幼儿
总能量消耗对比

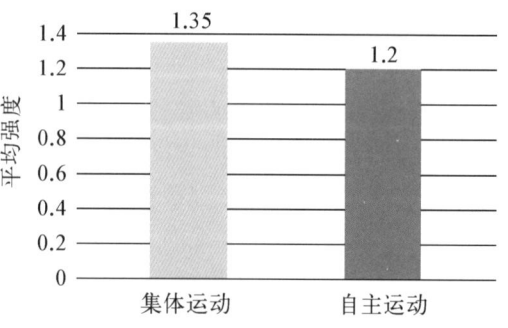

图2-6 不同形式的运动中幼儿
运动平均强度对比

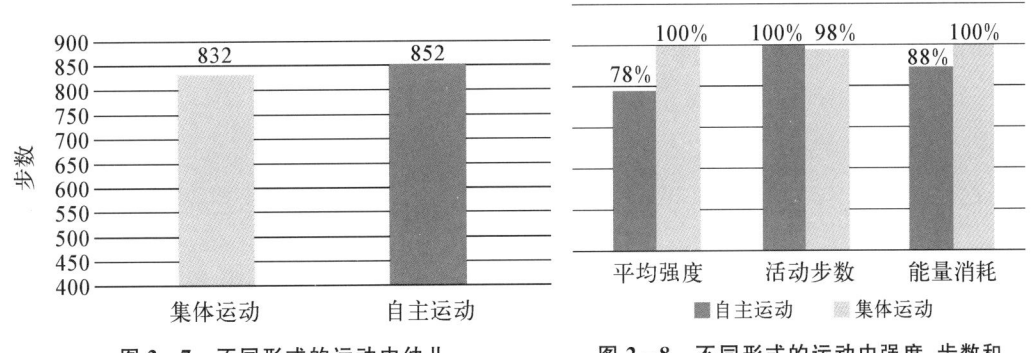

图 2-7 不同形式的运动中幼儿运动总步数对比

图 2-8 不同形式的运动中强度、步数和能量消耗的占比对比

问题1：集体运动受场地、人数的影响，幼儿移动范围小于自主运动，但前者的目标性强，教师遵循"热身—自由探索—集中活动—放松"的步骤，有意识地使运动量由低到高，再由高到低。因此，从强度和消耗来看，集体运动中幼儿活动强度更高，能量消耗更多。

问题2：自主运动因其相对自由，幼儿的跑动空间较大。假设集体运动中的活动强度和能量消耗是适宜幼儿身体发育的，那么这表明在相同的时长内，自主运动的活动强度和能量消耗相对不足，需要在自主运动中适当提高幼儿的运动量。在幼儿园的场地空间有限、时间基本固定、大型器材更换周期长、小型器材量多功能单一、活动安全风险大等情况下，自主运动如何既能尊重幼儿自主选择的权力，又能激起幼儿的运动兴趣，增加其运动强度，避免运动伤害，也是课程实施走向专业化需要突破的难题。

当数据成为教师进行反省和思考的工具时，教师的课程意识也会逐渐提高。

（三）从教师的课程有效实践中提炼

在幼儿园的课程实践中，由于班级教师自身把握课程理念、规范的水平不同，课程的实践总是存在差异。尤其是当幼儿园处于课程的创新实践过程中，教师之间因为实践动力、能力、资源等多种因素的外在影响，实际课程实践表现更是差异很大。但是，我们总是能发现那些实践成效较好，能快速获得经验的教师。他们往往是幼儿园的骨干教师，具有较强的吸收理论的能力，并有较好的将理论转化为实践的能力，能较快地在理念和自身实践之间搭建起桥梁。他们乐意通过行动反复尝试，积累和掌握新的行动方式，并形成自己的体验和经验。

幼儿园以园为本的课程实施要面向教师发展的现实水平，尝试提取这些领先教师的有效实践的经验和策略，通过归纳与梳理使之具体化、可视化、策略化，甚至上升为本园课程实施的新流程与规范。幼儿园应思考如何让这样的活动实施在本园常态化、持续地运作，确保该活动的创新实践具有长期存在并不断发展优化的可能。

案例2-9 "田园实践活动"实施五步骤（浦东新区锦绣博文幼儿园 兰璇）

教师对如何开展田园实践活动以及如何在活动中落实幼儿的权利一头雾水。这其实反映出我园特色课程的实施缺乏操作要点，为此，《导引手册》便应运而生了。我们称之为田园实践活动的"白皮书"。手册中，"三个追问""九个追求"是对田园教育理念和幼儿权利意识的诠释;"三种思维方式""三类活动实施导引"是基于田园理念和幼儿权利视角的教师行动实践的提示与要领。

在《导引手册》中,"田园实践五步骤"是对教师开展田园实践活动最有指导价值的内容,也是落实幼儿权利的重要载体。它包含了对活动开展的每个步骤中幼儿可能的行为与教师呼应的操作要点与提示:提出问题——讨论决策——计划拟定——实践探究——分享延展。

以"自行车越野赛"为例,我们的五步骤是这样实现的:

第一步,提出问题,是指活动的想法从何而来。临近大班毕业季,教师鼓励幼儿们一起讨论毕业前最想在幼儿园做的"田园事"。经过投票,"自行车越野赛"排名第一。

第二步,讨论决策,是指教师和幼儿对自行车越野赛的一些关键性问题进行商讨和确定。比如分组,教师和幼儿经过讨论,决定自由分组,共组建了4个车队,每队都起了炫酷的队名,还设计了富有个性的队标和队服。

第三步,计划拟定,是指教师和幼儿开始计划和讨论比赛场地、材料、规则等准备要素。比如,教师组织幼儿通过实地骑行,一起确定了比赛的线路,并设计了路障。教师还与家长进行沟通,添置准备自行车(后轮两侧有护轮的儿童自行车)、安全帽等骑行设备。

第四步,实践探究,是指开始正式比赛。幼儿通力合作,根据队员的能力和特长调整比赛策略。

第五步,分享延展。比如有的幼儿在比赛结束后继续讨论如何让比赛更公平,因为他们发现自行车的车型、大小、新旧不一样,都会影响比赛的公平,于是最后集体绘制了一张"自行车申购单"交给园长,申请添置四辆统一的比赛用车。还有的幼儿把自行车搬上了大班毕业典礼的表演舞台,与更多的人分享快乐与收获。

当然,"田园实践五步骤"并不是"一锤定音"的,而是经历了好几个版本的修订。首先是项目核心组提出,后又经教师的反复实践,不断改进与完善。现在的3.0版本更关注幼儿权利的落实以及教师的推动与指导。以步骤四"实践探究"的完善为例,见表2-1。

表2-1 "田园实践五步骤"之"步骤四:实践探究"的完善

1.0版	2.0版	3.0版
1. 充分保障每一个儿童亲身实践的时空(物理环境的充分打开)。 2. 充分提供每一个儿童操作的环境和材料(真实、自然、多元、安全、充足、原生态、低结构)。 3. 充分尊重每个儿童个体的探究节律,并有意识地利用差异促进生生互动。 4. 创设探究墙,记录探究过程,呈现阶段性经验回顾和分享,助推进一步探究。	1. 根据各年龄段、各班需求选择实施集体活动,并可生成班本集体活动: 环节1:幼儿活动。 环节2:幼儿活动。 …… 活动要点。 教师观察与记录。 2. 根据活动实施用简单的图文符号方式进行记录,收集幼儿原始信息和素材。 3. 创设探究墙,呈现探究过程,帮助幼儿阶段性经验回顾和分享,助推进一步探究。	1. 根据活动的环节过程展开预设: 预设活动一: (1)活动要点。 (2)幼儿活动(材料准备、操作、合作、记录等)。 (3)教师指导语助推。 预设活动二: (1)活动要点。 (2)幼儿活动(材料准备、操作、合作、记录等)。 (3)教师指导语助推。 …… 2. 根据活动实施呈现实践中的精彩片段。 幼儿的具体表现(计划的使用情况、实践中的合作、分享、成果等)。 计划的调整与优化。(有哪些调整?如何调整?由谁调整?) 教师与幼儿互动过程的花絮。 实践中的发现和收获的呈现。

在解决我园教师田园实践活动两大难题的过程中,我深深感受到基于问题解决的实践精神不可或缺。幼儿园课程设计与实施是一个不断更迭与调整的过程,我们需要及时捕捉实践中出现的问题,并基于问题思考对策,及时纠偏调整,再度付诸实践,重新检验……如此循环往复(见图2-9),才能保证课程实施既不偏离方向,又能灵活调整。

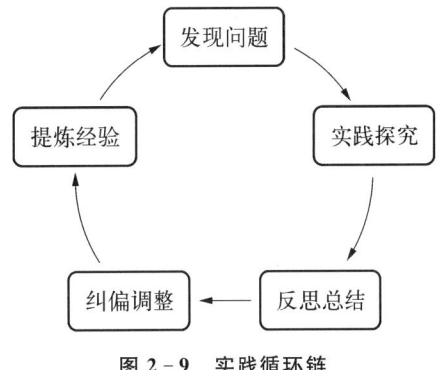

图 2-9 实践循环链

(四)相关制度、资源与课程运行同步完善

在课程实施中,还要尤其关注活动运行与相关规范、制度、资源的配合度,即,当幼儿园对某一类活动的定位作出调整,那么也要考察配套的运行制度和资源是否还能够有效支撑活动正常开展下去。一般来说,当活动本身的定位和活动方式发生变化,其运行制度、资源、保障等都必须跟随其发生变化。

例如,当幼儿园将一类活动从原来的"教师主导设计与开展"转变为"由幼儿发起,教师支持"的方式的时候,其活动内容的来源、教师思考的问题及角度、活动开展的程序、活动实施的载体、活动材料的性质、活动效果的评价等,显然都会发生相应的变化,只有这样才能真正实现该类活动的变化。

又如,对于"吃点心"这样的生活活动,原来由教师统一组织吃点心,时间、节奏、点心品种、数量等都是成人来决定的。当要转化为"幼儿自主点心"时,就必须提供给幼儿一些选择,并在时间跨度、进餐制度、点心提供方式、成人指导和帮助方式上整体做调整,才能真正实现幼儿"自主"吃点心。

案例 2-10 大班资源室活动运行方式的调整(青浦佳佳幼儿园 周三)

在第二轮项目研究中,我园将资源室活动在课程实施方案中的定位从共同性课程调整为选择性课程,其功能定位为支持幼儿的个性化发展,这些都促使团队思考:如何让资源室活动在运行方式上与幼儿个性化发展的课程愿景相吻合?原有的"教师包班,幼儿轮流进班"的定点、定内容的固定活动方式是否可以继续?在反复论证后,大班年级组打破了资源室原有活动安排,取而代之的是一种教师招募、幼儿自主报名自选内容的走班制"社团"活动方式。这种方式要解决的问题主要有两类。

一类问题是关于资源室活动如何支持和体现对幼儿个性化发展的支持。包括社团活动开展的时间多长合适,如何产生社团活动的规则等。

经历前期调研,考虑到幼儿体验的广泛性、选择性课程的配比、活动时长、活动频率等因素,我们决定:大班上学期,每周2次资源室活动,每个月选1次;大班下学期,每周1次资源室活动,每个月选1次。

社团活动的规则是共同参与到社团中的幼儿的一种契约,也是幼儿之间、幼儿与教师之间的一种约定。为此,我们并没有形成统一的、固定不变的"社团章程",而是更加鼓励教师和幼儿基于社团活动中出现的问题,生成属于他们之间的"约定"。而这些约定也是幼儿在离社活动中相互评价的重要标准。

我们原本设想尽量减少幼儿集中开展活动的实践比例,但令人惊讶的是,每间资源室都已经形成了自己独特的离别仪式:劳作室的"美食分享会",美术室的"作品义卖会",表演室的"小剧场展示会"……自此以后,我们不仅有入社活动,还有离社活动。关于这类活动可以做些什么,我们也形成了一些文本。

还有一类问题是运行方式是否有利于常态化实施。活动开展的便利性是吸引和维持不同参与主体的重要方面。繁琐低效的规定或程序将会让参与者的意愿大打折扣。因此,我们考虑实施过程中的以下问题:是否尊重满足幼儿自主性的需求?是否便于家长了解幼儿的社团活动情况?是否发挥教师的专业优势?是否能够为教师工作适当减负?是否便于管理人员了解幼儿对资源室活动的感受?等等。

实践中,我们发现每月一招募意味着每个月都需要创设招募的环境与区域,教师在每个月都要在10个班级中统计属于自己社团的成员,打印名单,同时需要跟踪记录自己班级幼儿每月的社团活动情况,人力统计费时费力。为此,研究团队借助黄浦区蓬莱路第二小学网上选课的思路,开发"玩转佳佳"线上选社平台。在规定的选社的日子里,家长和幼儿只需登录就可以在网上选择社团,后台会记录每位幼儿每月的社团活动记录,储存幼儿在社团活动中的精彩瞬间。当社团人数满员时,系统会自动提醒。线上选社平台的开发满足了每一位课程相关主体的需要。

与此同时,研究团队绘制了资源室活动招募图,完善了资源室活动的运行流程图(见图2-10),我们明确了资源室活动团队中各类人员的角色定位、具体职责与任务,形成了相关的文本制度。我们还有非正式按需教研、专题培训等机制确保资源室社团活动有效开展。活动前,教师了解资源室功能定位、环境创设;活动后,教师撰写观察记录,启动相关调整,开展资源室活动教研来持续推进。

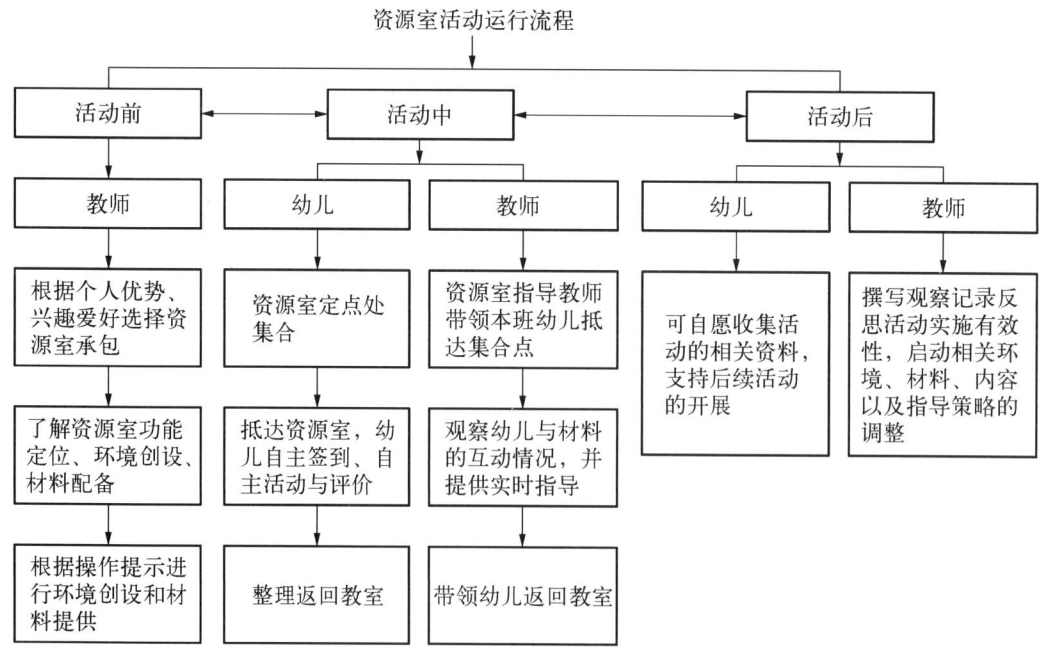

图 2-10 青浦佳佳幼儿园资源室活动运行流程图

运行方式的改变只是整个项目研究中小小的一环,但它的改变唤醒了幼儿的自主与自信。不同角色的共同卷入发挥了不同课程实施主体的作用,丰富和完善了原有的联动机制。

(五)从统一要求走向提供实践梯度选择

幼儿园课程实施方案除了要给出明确的课程或活动的实施原则、操作流程、要求等,还要直面全体教师的现状。如果忽略班级教师在课程中的实践水平和意愿等方面的差异,单方面给予统一课程实施的规定,往往会面临"推不动"的现象。因而,幼儿园要从为教师搭建课程实践的"脚手架"的角度,帮助教师发现自身的特点和所处的能力水平,给予不同发展阶段的教师一些课程实施的"有梯度"的选择。例如,多年前,长宁实验幼儿园就在本园的课程实施方案中根据教师的不同发展水平和需求改进了本园的课程实施操作规范。这是一种幼儿园主动对教师按照工作经验和职称等分类的课程实施要求。

但是有幼儿园发现,教师课程实践的实际发展水平和实践动力并不是按照教龄、职称来分布的,因此从尊重、理解、支持教师的角度提供本园课程实施的梯度要求和资源。相信教师,给教师选择,是一种"以退为进"的策略。放大空间促使教师主动找寻适合自己的发展目标,这样更能够调动教师主动实践的意愿,逐步将教师卷入实践探索中,为幼儿园整体课程实践的提升从内部奠定更有力的基础。

案例2-11 "游戏故事"如何写?(静安区南西幼儿园 杨琦)

教师的自主性从何而来?我们认为,教师如果没有专业能力,那么自主也就无从谈起,教师自主能力的提升必须从提升专业能力开始。对游戏课程来说教师最核心的专业能力是解读幼儿的游戏行为,于是我们将写"游戏故事"作为提升教师专业能力的重要途径。

第一学期,我们共收到教师撰写的学习故事1026篇,数量上基本达标,质量上却让人大跌眼镜。教师的"敷衍"引发了园长对课程管理的反思。是什么导致了这种结果?

首先,教师们不愿意动笔,不愿意总结,只愿意实践,这种现象背后的根本原因还是教师对"为什么写""写了有什么用"的认识不到位,撰写游戏故事对他们来说是一种外加负担。

其次,在教师观察分析水平不高的情况下,"一刀切"的行政指令使教师处于被动状态。教师对游戏行为看不懂,当然写不出,但又必须提交,那只能是通过"抄"和"编"来完成任务,应付考评。

基于促使不同层次的教师在其自己的水平上发展的想法,我们决定搭建"还原事件""讲故事""写故事"三个台阶,同时取消数量的规定。

松绑之后,22%的教师只选择还原事件;57%的教师在教研中说故事,有的教师拿出捕捉到的幼儿游戏视频请大家一起分析,头脑风暴,思维碰撞;21%的教师选择写故事。

这一关键事件使我们认识到,拥有自主空间是提升教师课程领导力的核心。打破控制,破除"一刀切"的行政指令,给予教师选择,才有可能让教师实现从"要我做"到"我要做"。

我们除了以教研组为单位开展每月一次的"幼儿游戏故事"研讨,还开展了8次全园性的"幼儿游戏中的学习故事"分享,并邀请华爱华、徐则民、徐苗郎、林茅等专家来园指导,通过视频重温和照片解说的方式讲幼儿的游戏故事,分析幼儿的游戏行为中蕴含的学习与发展,鼓励教师提交学习故事,而不再强行规定。

教师对研究幼儿游戏行为的兴趣日益浓厚,不少教师开始自觉撰写游戏中的学习故事。学年末,教师自主提交的游戏故事共546篇。数量虽然减少,质量却明显提高了。细读这些游戏故事就会惊喜地发现其中的变化:从模糊到清晰,故事中有关于幼儿游戏细节的生动描述;从一次性到连续性,故事中有对相同游戏情节的不同时间的跟踪;评价从笼统到具体细分,故事中对幼儿同一游戏行为的表现能从认知、情感、社会性等多角度分析;从主观评价到客观评价,对幼儿游戏行为的分析从个人经验到有科学依据,"我觉得""很有创意"之类的判断减少了,更多是以《3—6岁儿童学习与发展指南》、核心经验、儿童发展心理学等为参照依据,解读更科学、客观与具体。

2016学年结束时,一半的教师选择了写故事,人数明显增多。究其原因,一方面,教师观察、分析幼儿的专业能力提升了,不再觉得写故事很难;另一方面,部分教师尝试将撰写的"幼儿游戏故事"作为幼儿个性化成长档案的一部分,受到了家长的欢迎和肯定,一举两得。这样的"减负增效"也受到教师们内心深处的欢迎。

游戏故事为幼儿而写,为教师自身的专业更精进而写,为让家长看到幼儿的发展进步而写,唯独不是为园长而写!

四、完善课程评价

课程评价是幼儿园课程的重要构成,应该对如何评价本园的课程实践进行合理、科学的规定,让幼儿园所有与课程设计与实施相关的人都知道如何去具体开展评价,从而确保课程发展和实践的方向正确,过程合理有效。它与幼儿园课程目标要根本上逻辑一致,内涵上完整呼应。它们"一头一尾",起到引领、导向、诊断等作用。

(一)幼儿园"课程评价"部分存在的问题

1. 对课程评价具体构成的理解和掌握不足

幼儿发展评价、教师课程实施的评价、幼儿园课程本身的评价,是课程评价的三个方面。幼儿园经常将它们混为一谈,或者顾此失彼。在总原则的统领下,幼儿园课程实施方案需要对以上三个方面各自作出适宜的规定。

2. 课程评价与课程目标缺乏逻辑一致性

课程评价的具体指向和内涵缺乏与幼儿园课程目标的直接关联,即两者之间没有建立逻辑一致性。课程目标陈述了"幼儿园要培养出怎样的幼儿",课程评价就要回答"幼儿园是否培养出了这样的幼儿"。课程评价要围绕课程目标的内涵,作出更为系统化的、细节性的、可视化的评价标准和具体内容。

3. 课程评价的操作性不足

课程评价的操作性不足主要表现在缺少对如何实施课程评价上的明确说明,即对评价依据、主体、工具、流程、方法、反馈、结果使用等方面缺少具体说明,或者说明不清。因此,园长、教师对怎么具体开展评价以及评价有什么用感到很模糊。

以上表现说明幼儿园在课程评价的价值定位、原则方法、内容表述等方面还缺乏清晰的认识。这有很多方面的原因:一是幼儿园习惯于接受外面的、上级的评价与检查,以本园、教师为主体开展课程评价的意识尚未真正确立,课程运行中缺乏真正开展课程评价的动力,需要通过制度和机制的构建给予支撑;二是幼儿园缺乏架构课程评价的相关知识与能力,这些需要主动去学习与掌握。随着幼儿园办学主体性的凸显,随着园长、教师课程意识的不断增强,这个局面一定会得到改善。

提升幼儿园的课程评价力就是要大力提升幼儿园课程评价的主动意识和主动行为的水平,形成幼儿园、班级、课程主体参与课程评价的氛围、制度和机制,确保幼儿园课程的实施与幼儿的发展都围绕着课程目标,并不断优化、完善。

(二)将课程评价纳入课程运作过程

幼儿园要想进一步发挥课程主体性,完整地理解幼儿园课程落实的全过程,就必须在一定层面和阶段对幼儿园课程的实施成效、过程品质等进行评价和回顾。课程评价不是一件凭感觉嘴上说说的事,而是和"确立课程目标""组织课程实施"一样重要的环节。

中小学的课程评价是围绕学生的学业成就(绩)展开的,即通过对学生进行知识、能力的测评与测试来开展对学生学习、教师教学、学校课程建设的评价。而幼儿园显然不适合通过考试、测评来对幼儿进行发展评价,哪怕是以幼儿的发展状态和水平来评价教师的课程实施、幼儿园的课程质量,在一定程度上也是有失公允的。因为幼儿本身各方面的发展刚刚起步,有极大的发展差异性和潜能。另外,幼儿的全面发展在极大程度上有赖于幼儿的家庭提供的条件。但是,这意味着幼儿园可以忽视课程评价吗?不,而是需要我们探索出符合幼儿园课程运行特点的环节与方法。幼儿发展评价、教师课程实施评价一定要嵌入自然的课程运行过程中,而不能指望对幼儿和教师进行"期末考试"来完成评价。

例如,对幼儿发展的评价可以通过建立类似"幼儿成长记录"的方式。从了解幼儿各方面原有的发展水平开始,发现幼儿在课程影响下的关键变化,并为他们的后续发展寻找到适切的发展目标。这是一个自然嵌入幼儿园课程实施的过程,可以有阶段性的任务,但一定是一个有始有终不断循环的真实过程。

对教师课程实施的评价要结合《上海市学前教育课程指南(试行稿)》中幼儿园教师课程实施能力的重要内容,如环境创设和材料提供的质量、师幼互动的质量、活动设计与反思、优化的质量、家园合作共同实施课程的质量来开展。尤其要关注的是教师的课程实践对本园课程理念的贯彻、落实情况,将本园的课程实施原则、理念有机地渗透到教师课程实施评价中去。

也就是说,幼儿园要从三个方面,即《上海市学前教育课程指南(试行稿)》中的教师课程实施要求、本园课程理念和实施原则、本园各类活动的几条实施要求或规范中提炼和形成本园的教师课程实施评价。

案例2-12 《幼儿发展评价手册》的变化(静安区安庆幼儿园 沈玮)

幼儿园确立了用评价支持幼儿个性化发展的教育行为模式,使评价成为教师调整教育行为的依据。在实践中,教师创新运用评价工具,提高观察、分析幼儿和改进教育行为的专业能力,构成了以支持个性化教育为导向的幼儿发展评价观。

幼儿园在课程实施方案的课程评价部分形成了对应的附件——《幼儿发展评价手册》,

对教师如何开展幼儿发展评价和课程评价给出了具体指引和规定,为教师提供了观察和分析幼儿表现行为的维度,帮助教师和家长形成关于幼儿发展的完整图像。

《幼儿发展评价手册》作为一项评价工具,为一线教师提供了对幼儿三年发展过程的操作性评价实施指引。该手册对"评价前""评价中""评价后"进行了说明,同时为每一个阶段提供了评价的相关保障机制,其主体部分呈现了依据多元主体进行评价的操作要点,并为一线教师开展评价、指导家长评价幼儿、引导幼儿自我评价提供了各种方法和案例。

操作手册涵盖了"评价内容""评价主体""观察时间""观察记录要点及方法提示"四个板块。"评价内容"来源于《上海市幼儿园保教质量评价指南》幼儿发展部分的内容。"评价主体"包含教师、家长、幼儿等多元主体。"观察时间"是指在幼儿园或家庭中较适宜的采集幼儿语言或行为的时间及情境。"观察记录要点及方法提示"是指结合指标解读的关键词,提示教师怎样观察和记录才能体现幼儿个性化的发展变化过程,提供较简便的常用方法。此评价工具语言表述清晰易懂,无论是有经验的教师还是新教师,甚至家长均能使用。

在原有的课程评价规范的基础上,幼儿园形成了"幼儿评价故事"和"教师课程反思故事"两个课程评价的载体。"教师观察故事"和"幼儿成长档案(电子版)"在评价过程中共建了一个不断调整、完善课程的支持保障系统:幼儿发展评价过程中,教师、家长共同尝试观察记录,讨论并分析幼儿的个性特点与发展需求,进而作出评价。评价后,实践共同体反思并交流教育行为中未满足幼儿个性需求的地方,家园互通提供个性化支持策略。对于评价结果体现的共性问题,研究共同体思考并寻找课程设置、课程实施、课程资源中的优化途径,形成课程支持。互证互进的"课程—评价循证机制"(见图2-11)优化了课程满足幼儿发展需求及个性化教育支持的功能,提高了评价的操作性与实效性。

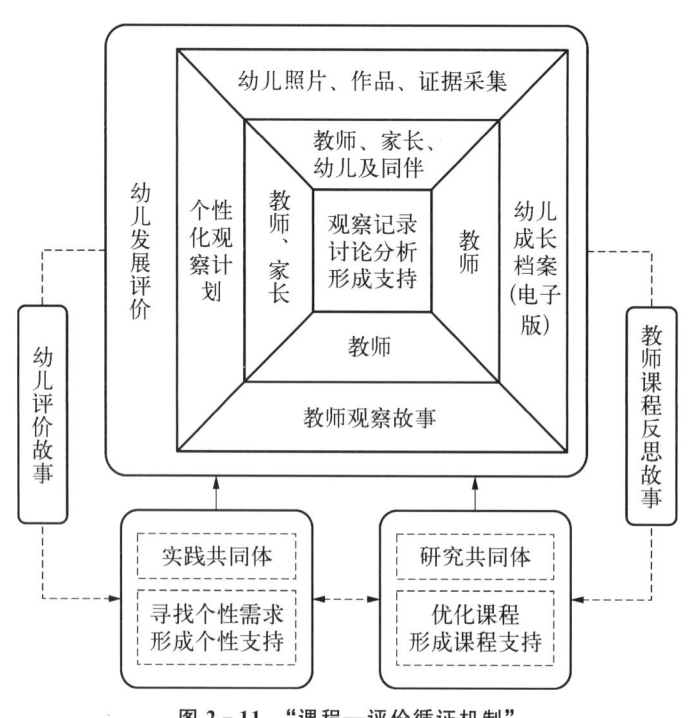

图2-11 "课程—评价循证机制"

这样的课程评价是和课程实施紧密结合的、在自然的过程中开展的,并与幼儿的发展、教师的课程思考与行动、幼儿园的课程改进合为一体,成为课程的有机构成。评价实施的过程不但提升了教师运用评价工具实施幼儿发展评价的实际操作能力,而且这个过程中形成的多种交流研讨机制不断优化评价的研发与实施,提升了幼儿园的项目管理能力。

(三) 构建导向明确的评价内容体系

幼儿园课程评价体系的构建对于任何幼儿园来说都是一个系统性的挑战,而构建导向明确的课程评价参照内容系统是其中的核心。课程评价体系的构建不是一蹴而就的过程,而是一个不断架构、实践、完善的过程。

以最重要的幼儿发展评价来说,首先要把握的是保持幼儿园课程评价和课程目标之间的逻辑一致性。园长、教师心中最重要的就是要放着"幼儿发展目标"。如果幼儿园课程总目标精练浓缩、提纲挈领,具体目标言之有物、侧重明确,那么幼儿园就可以围绕课程目标(幼儿发展目标)以及若干的具体目标来搭建课程评价的框架,充实对幼儿发展的典型阶段性的描述,逐步建立起一个纵横交错的幼儿全面发展的评价参考体系。

它不仅有利于帮助教师从幼儿发展目标来看本园幼儿的发展是从哪些方面来界定的,还能帮助教师认识幼儿在不同的阶段是如何发展的,帮助教师建立始终关注幼儿全面的、连续的发展,始终关照幼儿如何达成幼儿发展目标的意识和行为。

案例 2-13 纵横比对,呈现幼儿发展概貌(静安区安庆幼儿园 温剑青)

我们依托《3—6 岁儿童学习与发展指南》以及《上海市幼儿园办园质量评价指南》幼儿发展部分重构了园本化的幼儿发展评价体系。此时我们遇到了第一个问题:评价指标和内容体系庞大,如何通过评价描绘和发现一个完整的幼儿?我们认为,解读很重要。

我们共同设计了"纵横比对解读"的方法。纵向来看,发展水平的差异指向幼儿群体发展水平与年龄特点的变化,如表 2-2 呈现的就是对幼儿随着年龄增长的纵向评价;横向来看,一项评价内容由多个维度构成,呈现幼儿发展的不同轨迹,如表 2-3 呈现的是对幼儿在"倾听与表达"的不同维度的评价。纵横比对的解读方法让教师在精准理解评价指标和内容的基础上开展评价,努力呈现幼儿发展的全貌。解读也促进教师建立了接纳、尊重幼儿个性差异的评价观,认识到每一个幼儿都是独特的个体,并在开展评价的过程中逐渐树立起幼儿是"有个性、有能力"的信念。

表 2-2 幼儿"倾听与表达"发展水平的纵向评价

水平	水平 1	水平 2	水平 3
表现	大方地与熟悉的人打招呼,在熟悉的人面前说话。	愿意与他人交流自己感兴趣的话题。	乐于参与讨论问题,能在众人面前表达自己的想法。
纵向解读	纵向来看,评价反映的是幼儿"倾听与表达"能力的不断提高: ● "愿意"和"乐于"是反映交流态度的词语,表示幼儿意愿上递进的变化 ● "熟悉的人""他人""众人"是交流对象,表示幼儿交流对象越来越广,胆量越来越大 ● "打招呼""交流""参与讨论"是交流内容,表示幼儿使用语言的能力越来越强 ● "说话""话题""表达想法"是交流质量,表示幼儿语言能力的递增		

表 2-3　幼儿"倾听与表达"发展水平的横向评价

水平	水平 1	水平 2	水平 3
维度 1	大方地与熟悉的人打招呼，在熟悉的人面前说话。	愿意与他人交流自己感兴趣的话题。	乐于参与讨论问题，能在众人面前表达自己的想法。
维度 2	基本会说普通话及本民族或本地区的语言。	会说普通话及本民族或本地区的语言，发音较清晰。	说普通话及本民族或本地区的语言时发音正确、清晰。
维度 3	愿意用语言表达自己的需求和想法，必要时辅以简单的动作或表情。	能使用较完整的语言表达自己的经历和见闻。	能使用有序、连贯、清晰的语言讲述自己的经历和见闻。
维度 4	能念儿歌、童谣或讲述短小的故事。	能使用较连贯的语言讲述故事。	讲述时能使用形容词、同义词等，能使用表示因果、假设等相对复杂的句子，语言较生动。
横向解读	横向来看，对幼儿"倾听与表达"能力的评价由四个维度构成： ● 维度 1 反映的是交流的态度 ● 维度 2 反映的是语言的发音 ● 维度 3 反映的是表达的质量 ● 维度 4 反映的是语言的生动性		

（四）增大课程主体参与评价的可能

幼儿园课程评价是以园长和教师为主体来开展的内部发展评价，是为了追求幼儿园课程效益以及自身优化而主动进行的评价，因此，其构建、执行和实施的是以幼儿园教师为基础的园内课程主体。如何保证幼儿园课程主体对课程评价形成正确认识，激发其评价动力，使其具有开展课程评价的能力，并主动运用课程评价服务于幼儿发展和优化本园课程品质，关键是激发和维护课程评价参与者的主体性、自觉性。教师参与课程评价主体性、自觉性的发挥，极大地依赖于幼儿园的评价制度与机制是否营造了良好的支持性氛围，提供了切合教师能力的机会和工具，赋予了教师组织与参与评价的权力。因此，围绕保障和尊重教师的参与，幼儿园可以尝试从以下方面入手，增大教师参与幼儿园课程评价的可能性。

1. 赋予教师评价幼儿发展的权力

幼儿园可以提供开展评价的标准参照体系、方法、流程、工具，但是教师要成为评价幼儿发展的具体负责人。教师拥有持续和幼儿密切互动的机会，只有教师结合日常课程和活动实施，基于对幼儿的自然观察基础之上的评价才有可能是客观、全面的。有些幼儿园采用园方定时组织评价，或者通过"第三方"来实施评价，这只能作为课程管理的某些方面的参考，不能取代教师的评价职责与评价权力。要给予教师针对评价结果进行讨论的机会，重视教师的主体意识、主体价值和责任。同时，尽量避免来自外部的非常态的、应激性的"检查""评比"等，不给教师增加负担。

例如，长宁实验幼儿园原来设立了"课程监控中心"，尝试组织专人定期通过监督、检查的方式来进行"课程监控"。但是很快就发现，监控的范围和工作量分外巨大，现有的人手根本无法完成。更主要的是，这样的做法其实并不符合幼儿园多年形成的"相信教师"的文化，反而为自主性强的教师带来了精神上的困扰和束缚。因此，幼儿园立刻选择放弃简单的外在监控方式,而重新定位课程监控中心的职责和作用。

2. 提供教师参与课程评价的适宜机会

幼儿园应规划、安排课程的哪些方面需要教师参与,如何参与。幼儿园为教师提供越多、越适切的评价机会,教师的课程评价力就将获得越多的提升。例如,教师不仅负责班级幼儿发展的评价,还对幼儿园如何评价教师的课程实施有一定的话语权,甚至对幼儿园的课程目标、课程和活动设置、课程实施的具体要求都有评价的权力和具体参与评价的方式。在幼儿园课程发展的不同阶段和具体任务中,从最基层教师的实践和体验出发,获取评价信息,是幼儿园课程评价力的体现。将广大的教师作为幼儿园课程评价的主体,分析他们真实拥有的参与课程评价的机会、具体任务、贡献,以及教师自身在参与评价中获得的价值,是幼儿园真正围绕课程目标,以人为本,创造性地发挥课程民主的体现。

案例 2-14 "电池机制"中的教师自评(静安区芷江中路幼儿园 陈佳妮)

幼儿园根据低结构活动的特殊性,以"金点子"的形式向全园教师征询方案,最终构建了以个性化管理机制"电池机制"为核心的低结构活动质量监察与管理机制,研究旨在优化低结构活动,从教师、教研组和幼儿园三个层面实施自评与他评,将学习、实施、评价、改进四个环节纳入循环模式,教师自主监控,保障低结构活动的有效实施。

随着幼儿园课程结构化程度降低,幼儿的权利越来越实际化,作为管理层面需要更加系统思考和设计课程质量监察和管理机制,以保障整个课程运作机制的平稳。在顶层设计中,确立了教师作为课程质量监察主体的地位。幼儿园课程质量监察与管理分为三个层面,即教师层面、教研组层面和管理者层面。其中,教师层面是最基础、最广大的层面,而后两个层面都是服务于教师的课程监察的,为其提供支持与保障。

表 2-4 芷江中路幼儿园课程质量三层监察与管理机制

层级	定位	职责
教师	自评工具使用的主体和对象	1. 每学期初,教师参照课程操作指引进行自评。(自评不是针对某一次活动,而是针对一段时间以来的比较稳定的水平。) 2. 根据自评结果分析个人本学期可以重点发展的项目。 3. 依据个人发展计划,对照操作指引,结合幼儿园的相关培训和日常活动,随机进行小范围内的研讨(班级内两位教师互动、对话式研讨),以提升自己的专业水平。 4. 自主申报他评时间。 5. 通过自评和他评的结果与反馈,认识自己在课程实施过程中的问题并及时予以调整。
教研组	组织和协调	(略。)
管理者	支持和引导	(略。)

3. 考量评价方法和手段

课程评价中涉及的评价方法、工具和技术问题也是需要幼儿园去面对的。缺乏合适的工具和方法,课程评价便难以落实。评价工具、流程、使用规范越明确,越贴合教师的课程实践工作,就越有利于教师实际参与评价,改变"不愿做、不会做"的状况,也越能收集到更客观、真实的评价信息。

幼儿园需要建立一种持续、稳定的评价工作程序和节奏,增强教师对课程评价重要性的认识,加强对评价方法的掌握,帮助教师将评价责任、具体任务整合进课程实践中,维护教师发自内心地乐意参与评价的动力,使教师参与的课程评价成为让幼儿、教师、课程多方获益的过程。案例2-14体现了幼儿园在这些方面的努力。

五、完善课程管理

《上海市学前教育课程指南(试行稿)》明确提出:"落实以民主为原则的课程管理,要发挥幼儿园和教师在课程建设上的积极性和创造性。在强调规范要求的基础上,更突出民主性,依据新课程理念的要求,为幼儿园和教师开展个别化教育创造条件。要增强课程选择性,赋予幼儿园和教师合理的自主权,允许不同条件的幼儿园根据实际情况和本园幼儿的特点对课程进行园本化的设计。要在调动教师与幼儿积极的互动中,促进课程的生成,形成有效的课程运行机制,为引导幼儿园个性化的发展,满足幼儿与教师自我发展的需要提供相应的保障。"

可见,课程管理的发展方向从"自上而下的命令、要求、监督"逐渐走向尊重幼儿园、教师的主体性,扩大幼儿园课程建设与实施中的对话空间、权利分配空间,强调赋予幼儿园、教师权利,激发其主动性,用专业的引领和支持性的制度、机制来营造课程民主氛围,激发幼儿园和教师内部的动力,实现课程的主动发展和优化。这与提升幼儿园课程领导力的方向完全一致。可以说,提升课程领导力就是更新幼儿园课程管理理念,升级课程管理行动方式的最高体现。课程管理绝不仅仅是追求做到对幼儿园千头万绪的事务"尽在掌控"中,而是注重内在的变革,走向"专业引领、发现需求、尊重个性、激励主动"。

课程实施方案文本中的"课程管理"部分,就是要在深刻领会《上海市学前教育课程指南(试行稿)》精神的基础上,界定本园在课程管理上的价值选择、路径与策略,为支持和鼓励教师主动开展指向课程目标的实践,为幼儿园课程的运行和优化提供更适宜的平台。

(一)寻找和确定课程中的重要关系

幼儿园课程由课程目标、课程结构、课程评价等要素构成,课程又分理想的课程、正式的课程、认识的课程、体验的课程等不同层次,课程规划和实施中至少有园长、教师、幼儿三个重要的主体,影响课程的因素有幼儿园课程的沿革、园舍条件、师资等多种,这实在是个庞大的系统。而且,对于任何一个无论规模多小的幼儿园课程,也都是"麻雀虽小,五脏俱全"。

课程中的重要关系有很多指向和层次,课程管理中心首先要确立的重要关系是"幼儿发展位于课程核心"。幼儿园课程以此为出发点、归宿和考量过程品质的依据,即判断一件事情值不值得做,能不能做,做得好不好,都要看它是否有利于或者真正促进了幼儿的发展。例如,教师培训内容的选择和时间的花费,幼儿园课程环境的创设与改造,都要结合这一点才能作出大方向的判断。课程管理就是基于基本的原则、理念去不断作出判断和选择,行走在"取"与"舍"之间的过程。有时,幼儿园就是因为缺乏对这个重要关系的认识,往往作出不合时宜的"走偏"的选择,耗费了大量精力、时间、经费,却没有让教师、幼儿获得发展的益处。

在幼儿园园长和教师具体的课程实践中必然面对无数关系的考量：园长和教师的角色地位和关系，教师和幼儿的角色地位和关系，幼儿园课程与教师队伍水平的匹配度，有限的活动时间和无限的活动内容，创设的课程环境和其实际对幼儿活动产生的影响，课程资源的拥有和实际使用效益，教师工作时间精力分配和幼儿活动质量，班级预设计划与课程实际落实的成效，班级规则是为了便于教师管理还是为了给幼儿提供发展机会……基于先进的观念深入考察这些关系并作出符合追求的选择是课程领导力的重要体现，尤其彰显出园长和教师的课程思想力。

在幼儿园课程实践中，有无数个"点"都需要园长和教师作为课程主体主动作出判断和选择。不去发现和深入考量这些关系，课程的实践就容易浮于表面，难以深入。

案例 2-15　通过数据把握幼儿园课程的发展（浦东新区冰厂田幼儿园　姚健）

作为一园之长，我和所有的园长们一样，常常会走入一线教师的教室，走进教育教学活动的现场，并参与教师们的研讨等。尤其在推进班本化课程实施的过程中，这种近距离与教师们的交流总能给我惊喜和收获。然而，作为一所大规模幼儿园的园长，仅仅关注个别的教学活动或者教师，甚至仅仅关注个别园区都是远远不够的，必须要高站位，观整体，通过各种途径整体把握幼儿园的发展现状和问题，才能为自己对幼儿园发展的方向性决策增加底气。

数据分析是把握整体的一个十分有效的途径。例如，冰厂田幼儿园人才辈出，我们有许多骨干教师、学科带头人在全区甚至全市享有盛名，如果仅从这一点看，我们的师资发展决策一定是高位的，以培养名师、特级教师为主要目标。但是对教师专业发展现状的调研却显示出了另一种状态，那就是从全园师资比例来看，5年内教龄的青年教师仍然占据了冰厂田幼儿园师资队伍大半，而6—10年教龄的青年教师却正在遭遇职业发展的瓶颈，正在寻找自己的发展方向和专业特色的道路上苦苦摸索。基于此，冰厂田幼儿园在第一轮课程领导力项目研究中就创新提出了分层教研的教研机制，为不同发展阶段的教师制定了有针对性的发展目标和发展途径。

又如，在班本化课程实施过程中，作为园长我很难参与到每个班级的每个具体活动中去，但是通过对班本化活动和对教师群体的调查，我们便可获得关于班本化课程和教师课程领导力发展的核心数据，如实践体验活动的开展频次、班本生成活动的数量、幼儿表达表现的方式种类，从而为班本化课程实践中教师课程领导力提升的研究提供实证，也为我们从中提取班本化课程实践的共同经验提供了素材。

再如，过去我们始终认为冰厂田幼儿园的园本课程资源是非常完善的，内容丰富、形式多样，在提高教师课程实施效率、保障课程实施质量方面发挥了非常好的作用。但也是通过调研，我们得到了教师课程准备时间、课程思考和评价时间以及课程创新数量的相关数据，发现在丰富的园本课程资源的背后，教师自身缺少对课程的思考，缺乏对幼儿发展实际需求的关注。

正是基于这种整体发展的现实情况，我们以班本化课程实践为载体开启了第二轮教师课程领导力项目的研究。

（二）建立服务教师实践的管理平台

幼儿园课程管理是为了更好地发挥课程主体的主动性，促进课程主体对幼儿园课程目标的认同和内化，创造充足的、适宜的课程实施的内外条件，更好地服务于教师的课程实践追求。

尊重教师的主体性，为教师开展课程实践创造更适宜的平台，通过课程条件资源平台、专业发展平台、展示与激励平台的完善和优化，确保教师的课程实践有良好的外部支撑和内部动力，是课程管理的应有之义，也是园长课程领导力的重要体现。"管理即服务"，把教师看作是管理的服务对象，是园长应有的理解。

以幼儿园园长为首的课程管理团队，在课程目标和理念的指引下创造和优化支持教师主动开展课程实践的外部环境，维护教师的课程自主权利，推动教师落实课程目标，就是实现课程管理最大的价值。第三章还将围绕这些内容，从幼儿园的课程制度与机制优化、创新的角度作深入探讨。

一般来说，幼儿园课程实施方案的"课程管理"部分主要包括管理的基本原则、组织架构与职能划分、课程管理的流程与策略，同时要注意紧扣本园的实际条件和情况，寻找最优化、最适宜的方式。例如，规模较小的独立幼儿园和拥有5个园区、几十个班级的幼儿园在课程管理上就具有很大的差异性，园长要实现专业引领就要尝试寻找适合本园的路径，不能简单模仿和复制。

另外，幼儿园规模急速扩大时期的课程管理流程和方式也有别于持续稳定期。这就要求幼儿园根据具体阶段的具体特点和主要任务来进行课程管理组织和策略的选择与调整，不能固守陈规，甚至还要打破一些原有框架，实现课程管理理念和支持系统的升级。

例如，在同样面临园所规模不断扩大，新进教师增多的情况下，大部分幼儿园认为这是对幼儿园原有的优质课程资源是一种稀释，新教师被比喻成"白开水"。而在原浦东新区东方幼儿园毛美娟园长的眼里，新教师是"咖啡豆"，因为有了他们的加入，幼儿园课程好比白开水里加入了咖啡，散发出不同的咖啡香。这种对教师基本认识上的差异会影响课程管理的决策，并进一步决定幼儿园将如何为新教师的加入做好准备。前者可能采用"灌输"的方式加大对新教师的课程规范培训，后者则更可能用欣赏、信任的眼光来推动和支持新教师主动投身幼儿园课程实践，在与课程的实践互动中获得个人发展。

（三）"针对问题"和"引领发展"

方案文本中课程管理部分容易被忽视的一个方面就是"缺乏针对问题的解决思路和策略"。课程管理要面对幼儿园的课程现实，与课程实施方案中"课程的背景与条件分析"建立直接的联系。也就是说，如果"课程的背景与条件分析"部分梳理、提炼了本园课程实施、发展中面临的问题和挑战，尤其是一些关键问题，就需要在"课程管理"部分给予明确的回应，对问题形成具体的思路、策略和方式方法，提出有针对性的意见，并清晰地表述出来。

例如，如果发现教师整体缺乏解读幼儿发展表现的能力，可以设法提供这方面的培训，还可以在教研活动中以专题的形式深入、持续地讨论，更需要去调研教师在课程实践中解读幼儿发展的机会和实际投入的时间与成效，尝试针对性地调整课程运行方式。如果发现幼儿家庭普遍存在不理解、不能配合幼儿园课程开展的情况，那么分别从家长意愿、能力、参与幼儿园课程机会的种类、时间可能性、教师指导方式等多个方面,设法弄清楚背后的原因,并提出针对性的实践改进,将家园共育的课程实践方式的策略性作为改进幼儿园课程管理的一条措施。

同时,我们还要注意到,课程管理的作用不仅是服务性、补偿性地解决课程问题,它还必须具有一定的前瞻性,表现在结合本园未来的课程发展走向、发展趋势与变化特点,主动、提前地为课程的发展奠定基础。课程管理也包括对"未来课程的管理"。

例如,浦东新区冰厂田幼儿园因为集团化的办学要求,规模不断扩大,在不同地区接管和建立了若干集团下的幼儿园。但是,新增幼儿园所处社区的社会经济条件、家长和幼儿的来源等都与原来的幼儿园有很大差异。幼儿园面对差异,结合未来可能出现的需求,在移植本园课程的同时,接纳和支持不同幼儿园创造属于自己的课程运作形态,甚至课程内容的选择方式。这个过程也是打破冰厂田幼儿园原有课程体系,重新整合,实现观念、规模、内涵共同升级的过程。

又如,信息技术的迅猛发展已经在不同程度上影响幼儿园课程的实施、开发与发展。如何面对信息技术可能对幼儿园课程的影响,包括对幼儿发展的影响?未来,幼儿或许通过电子化的方式获得更多认知、技能方面的个性化指导和支持,甚至幼儿的局部经验已经超越了教师的经验,那么幼儿园课程的价值在哪里?课程中的教师要作出怎样的改变?……课程管理应对未来有前瞻性的思考,主动与社会、教育对象和技术互动,集思广益,作出更适宜的选择。

本 章 思 考

1. 我所在幼儿园的幼儿培养目标(课程目标)是_____。
   我对它的解释是_____。
   我的搭班教师对它的解释是_____。
   我对它的感受是_____。
2. 我对幼儿园课程实施方案的编制和修订的贡献是_____。
   如果让我参与,我最想了解的是_____,
   最想改变的是_____。
3. 我对幼儿园课程和活动设置的疑问是_____。
   我能找到的帮助我解决这个疑惑的合适人选是_____。
4. 幼儿园课程实施方案对我的课程实践带来的帮助有_____
   _____。
   我还存在的困扰有_____。
5. 结合自己的课程实践,我能提供的完善幼儿园课程实施方案的"证据"有_____
   _____。

第三章

优化和创新幼儿园课程制度

制度一般指要求大家共同遵守的办事规程或行动准则，也指在一定历史条件下形成的政治、经济、文化等方面的体系。不同的行业、不同的部门、不同的岗位都有其具体的做事准则，目的都是使各项工作按计划、按要求达到预计目标。

幼儿园课程制度是指为了确保幼儿园课程的顺利实施而产生的一系列规范和要求。它是为了保证幼儿园课程正常、持续地运作而产生和存在的，会因为幼儿园课程条件和环境的改变而做出相应调整，以确保课程目标的达成，保证课程实施的品质。

每一个幼儿园都有制度，基础较好的幼儿园甚至形成了比较完整的制度体系，并且随着社会发展和幼儿园的实际需要与时俱进。制度一般包括幼儿园里设置的机构、组织的职能和职责，以及不同角色的人员工作时必须遵守的规则、程序、流程等。

幼儿园的课程制度是幼儿园制度中的一类。它相对集中地反映了幼儿园对本园课程的发展、运行、管理等方面的具体要求。相应的，课程制度可能分两种指向：一种指向幼儿园课程组织的设置及其责任范围的界定，例如，"幼儿园课程领导小组的职责与工作要求""教研组建设制度"；另一种指向相关责任的承担者，一般是教师等相关人员在开展某类活动时必须遵守的规则与规范，例如，常见的"幼儿园教师备课、听课制度""幼儿园课程资源开发与管理制度""幼儿园教师专业发展制度"等。

幼儿园课程制度从表现方式上是文本的集合，但其体现的是幼儿园的课程选择，尤其是价值观的选择，反映了幼儿园对课程主体的权力、责任等方面的认识。课程制度直接影响幼儿园教师的课程相关的行为和意愿。

课程制度作为一种协商、共识之上的规则平台，为幼儿园的课程主体有理有据地开展多方面的课程实务提供了基本的运行依据。课程制度是发展的，随着社会经济和文化的发展，随着对幼儿园课程主体角色认知的变化，随着技术和手段的更新等多方面的影响，幼儿园课程制度也必须随之变化，以更好地保证课程实施过程的品质，保障课程目标的落实。不合时宜的课程制度会阻碍幼儿园课程的发展和实施。因而，需要经常结合幼儿园课程发展和运行的真实需求，来对课程制度进行适时更新与优化。

第一节 寻找幼儿园课程制度的优化角度

幼儿园的课程制度需要园长、教师来共同创造并不断优化,以助力达成幼儿园课程目标。园长是幼儿园课程制度建设和优化的关键人物,通过引导建立适宜的课程制度与机制,提供激励性、支撑性的教师课程实践平台与氛围,有效激发和维护每一位教师的课程主体性,这是园长课程领导力的重要体现。

一、幼儿园课程制度的意义和目的

课程制度是学校共同遵守的、规范课程与教学的一系列规程和行为准则,能够确保课程内容合规、程序做法合规,是学校创造性地实施国家课程计划,体现学校独特办学理念和发展目标的基本保证。

幼儿园、中小学的价值观不是提出来或写在文本中就够了,它必须能够引领教师的教育教学和学生的学习并最终转化为师生自觉主动的行为,这样才具有课程领导的意义。从幼儿园课程理念到个体行为,中间需要课程制度的支撑和保障。郭元祥认为,学校课程制度内在地包含课程价值准则系统、课程行为规则系统和课程运行保障规程系统,其核心要素是课程实施中的价值澄清、行为导引和程序文明。[①] 和学新等认为,课程制度包括学校课程规划制度、课程实施制度、课程评价制度、课程管理制度、课程资源开发制度、校本教研制度,这些课程制度具有规范功能,能为集体成员的行动提供价值标杆和行为方式,能够以普遍的约束力规范成员的行为,能够通过一系列的载体对组织成员潜移默化地发生教化作用,促进成员社会化。

二、幼儿园课程制度的一般构成

学校课程制度的重要组成部分是引导学校课程建设与管理和课程实施行为合理、有序运行的规则,即课程行为导引规则。郭元祥认为,课程行为导引规则可分为三个层次:① 以教育价值观为理念基础、以课程核心的人才培养模式的设计及其行动策略。② 学校与教师在课程实施、课程开发上合价值性、合规律性的课程实施行为方式。通过课程制度的建立,引导教师理解学生在各个课程领域发展的基本规律,把握各门课程对学生素质发展的核心价值。③ 课程开发与课程实施的行为细则,主要包括教学设计制度、教学过程制度、教学评价制度、教学管理制度等。[②] 因此,行为规范、操作规程、实施细则等是课程制度中必不可少的要素,但绝不是课程行为导引规则的全部。学校课程导引规则重在引导教师基于学校核心价值观的行为模式选择,其引导功能的实现以教师对学校课程行为导引规则反映的价值观的认同为前提。幼儿园在课程制度的建设上,也具有类似

---

①② 郭元祥.学校课程制度及其生成[J].新课程(综合版),2007(1):77-82.

的角度和做法。

三、幼儿园课程制度的优化方向

（一）在教师的课程实践中优化

如果站在提升幼儿园课程领导力的视角和高度来审视课程制度，我们不难发现，幼儿园的价值观体系、每个课程主体的价值观，归根到底体现在教师的课程实践中。幼儿园的课程制度要园长和管理团队、教师来共同建设，并不断寻找到制度建设与达成幼儿园课程目标的适宜的关系。在课程视野下，以人为本，在尊重的基础上发挥专业引领和有力支撑，激发和维护教师提升课程领导力的意愿，制定帮助教师提升课程领导力的相关制度，是我们站在这一视角下优化幼儿园课程制度的出发点和归宿。

同时我们要认识到，提升幼儿园的课程领导力乃至创造鼓励课程领导力生长的文化都是整合在具体开展的各类课程实践中的，因而，建立和优化课程制度也必定就是去寻找更适宜、更具有力量的制度来激励和增进教师的课程实践指向课程目标。

（二）园长课程领导力在课程制度优化中的作用

优化幼儿园课程制度和营造适宜的课程文化是幼儿园园长课程领导力提升和积极发挥的重要表现，它包括"共绘愿景、共定目标、共建制度、共创机制、共造文化"，将国家的育人目标的追求有效转化为教师的共同追求。

在幼儿园课程制度的优化和创新上，园长课程领导力的发挥和主动实践很重要。园长课程实践的主要指向和功能是维护和支持幼儿园课程的顺畅运行，他需要经常站在更广阔的视野上，面临多种情况思考问题。园长不是通过去做与教师相同的事务来帮助教师提升课程实践，而是通过自身的实践搭建适宜教师创造性实施课程的支持平台。

当然，这并非强调园长是制度优化和创造的唯一重要的角色，而是说这是园长必须承担的重要任务，这个角色在发挥自身课程领导力上的价值就在于激励和支撑、推动教师共同主动去探寻最优化的课程实践，达成幼儿园的课程目标。对教师课程实践意愿的激发和激励，对教师课程实践能力的扶助和支撑，是建立在敏锐地感知和把握教师群体和个体的课程需求的基础上的。关注教师，关注教师的课程实践，关注课程制度对教师课程实践的积极作用的发挥，是园长在课程制度优化和创新上的主要指向。这主要表现在两个方面：

（1）让课程制度的功能从防范、防止走向激发、激励。这主要是指从维护教师主动进行课程实践的意愿，即主动性的角度来促进课程制度的优化。这涉及较多的是探知需求，构建团队，培育信任，凝心聚力，维护和促进教师"肯思考、乐实践"。

（2）让课程制度的运行方式从判定、比较走向诊断、支撑。这主要是指从提供更多更适宜的自我感知机会、增加教师实践的自主空间、提供能力支撑的角度来促进课程制度的优化。这涉及较多的是增强知觉、辅助诊断、差异化支持、建构反思和反馈等，提升和支撑教师能实践、有成效。

任何一项针对幼儿园课程制度的优化或者创新，或许是侧重其中的一个方面，又或许在以上两个方面同时都有促进和完善。

下一节中涉及的立项幼儿园在幼儿园课程制度上的优化与创新,都不是"为了优化而优化",而是基于"制度促成课程主体主动追求课程目标"的观念的具体实践尝试,也对以上两个方面有所体现。

第二节　构建教师主动把控过程的专业研修

幼儿园教师专业发展的目的是更好地开展课程实践。满足教师课程实践需求的专业发展制度，要给予教师充足的空间开展专业发展规划、提供个性化发展支持，并始终维护教师的发展主动性。

幼儿园教师的专业发展是课程实践的关键保障。通常我们关注的是教师专业知识的提供，因而，所做的尝试多是针对专业知识的提升，或者改革教师培训的方式。这些做法在一定程度上给予了教师更多的专业学习的机会，加深了教师卷入学习的程度，但主要仍是从"我需要你知道和学习这些内容""我创造条件让你去获得我期望你获得的知识和技能"的角度出发的。

> **话语点滴**：提升课程领导力必须赋予教师发展的权力和能力。教师是能够根据自己的判断自主决定课程目标、架构、走向的。并且教师在实行自己这份权力的同时，能力也在不断地得到提高。课程领导力除了体现教师自身的特长与风格，更与幼儿园文化的开放程度、课程品质、创新精神成正比。
>
> （沈祎冰，浦东新区冰厂田幼儿园教研组长，教龄16年）

站在提升幼儿园课程领导力的角度来看，目前最需要侧重考虑的是三个角度：一是提升教师的发展与幼儿园课程发展需要的匹配度，二是加大教师在专业发展过程中的可控空间，三是提供有差异的个性化的支持和指导。通过这三者的提升来有效促进教师的专业发展。优化和创新幼儿园课程制度可以从以上三个角度来进行。

一、诊断专业发展起点

幼儿园经常组织教师参加各类培训活动，但与不断增加的学习内容和花样繁多的培训样式相比，对教师发展的起点考虑得较少。如果期望教师的专业学习和发展取得实效，首先要回答的就是：教师现有的水平和能力如何？我们说提升幼儿园教师的课程领导力，其实也是要基于明确教师的课程领导力现状和发展水平来说的，而不是想当然地就给予培训和指导。这也是我们的项目研究课程领导力评价体系和指标的初衷。

优良的专业学习始于对学习者学习基础的探知和确定。让教师了解自己在将要学习的领域和内容上究竟有怎样的储备，发现自己真实的能力水平，是激发其学习目的性的首要步骤，也是激发其学习意愿的最直接的方法。幼儿园可以在组织专业学习和培训之前，设置一个"辅助专业诊断"的步骤，或者建立专门的制度帮助教师发现自身专业水平与幼儿园课程发展需求之间的差距，明晰自己在专业发展上的方向。

这个前置的必要的"辅助专业诊断"是区别于以往的凭主观感觉判断的相对系统地、

有针对性地开展的考察。这需要有两个方面信息的来源与积累。一是幼儿园清晰地了解教师日常在课程实践中的行为和思考，明确其优势和劣势，并让教师感知到。二是借助一些相对专业的教师学习与发展能力量表、工具进行针对性的探查。例如，CLASS（课堂评价编码系统）就是一个可以为教师实践提供直接反馈的工具，教师通过它能够获得与班级幼儿互动的"情感支持、课堂组织、教育支持"等各方面的反馈，还可以参照它来持续改进。

二、共建专业发展契约

幼儿园通常都有关于教师专业发展规划的制度，也有对教师个人提出的"制订个人专业发展规划"的要求。从查阅幼儿园教师的个人发展规划文本来看，虽然在外显的结构要素（如发展目标、措施）方面大同小异，但是从提升幼儿园课程领导力的角度及发展规划的内涵品质上看，却存在着很大的水平差异。

我们倡导的是教师和幼儿园讨论、协商，在相互沟通需求的基础上，共同订立发展契约，并且奖励契约目标的达成，而不是奖励评比中的最领先者。幼儿园的教师专业发展制度的逻辑应该是"建立合理契约，奖励契约达成"。

当"建立契约并奖励契约达成"得以通过制度化的方式在幼儿园生根，在幼儿园教师的学习和发展过程中就会自然形成不断发展的"小阶梯"，不断地踏上"小阶梯"，形成较为可控的反馈，有效降低教师在专业发展上"无休、无止、无望"的体验，避免追求"最优、极致"不成而造成的心理伤害，帮助教师找到专业发展的"最近发展区"。

"契约"式的制度是幼儿园和教师两个方面各自基于自己的角度提出发展的需要，再通过协商达成从目标到结果的统一。这种形式避免了幼儿园单方面给予教师学习任务，而且保证了教师的发展选择空间；也避免了教师凭经验、感觉设定发展方向和目标，忽视幼儿园的要求。

"契约"角度的制度优化也必将带来幼儿园相关职能部门的思考和行为流程上的转变。比如，从简单地下发幼儿园发展规划让教师自行参照制定个人发展三年规划，转变为专门的部门、人员和教师静下心来个别化地商讨与确定。这对幼儿园的挑战大于对教师个人的挑战，时间、契机、准备、对话方式的把握、契约的格式和要素等都需要在原有基础上作出相应的调整。

案例 3-1 从"公约"走向"共约"（静安区南阳实验幼儿园 李文静）

"让每一个孩子经历自己的学习过程"是我园的课程愿景。愿景的实现是课程推进过程中的持续改善过程，愿景的实现必须有制度予以保障。围绕必选项目的研究，结合对课程领导力的理解，我们对幼儿园课程编制中施行的"公约计划"制度进行了反思与重构。迄今为止，在两次专项问卷调查、多个互动访谈的基础上，"公约计划"进行了三次修订，并正式更名为"共约计划"。

从"公约"到"共约"，不仅仅是形式的改变，更是一种由理念到行动的质的突破，为了使"共约计划"真正发挥制度保障的作用，达成各方对共同愿景的共识，促进园长和教师间的相互影响，我们从制度的内涵、双方的约定关系、约定内容、行动路径、对话内容与话语权分配、支持保障等方面对制度进行了重构。

表 3-1 "公约计划"制度与"共约计划"制度的比较

制度类型	公约计划	共约计划
约定关系(谁来约)	● 园长对教师。 ● 单向承诺(教师对园长)。	● 园长与教师。 ● 双向承诺(园长与教师)。
约定内容(约什么)	园长眼中的问题。	教师心中的问题、困惑与需要。
行动路径(怎么约)	过程对话(一月一次面对面交流)。	过程互动(不定期的相约现场、面对面交流)。
对话内容(约定媒介)	课程理念的引领:运用个别化教育理念来分析实践问题。	实践案例的解析:运用操作定义来比对实践,从具体问题的分析中反思理念。
话语权(权力分配)	领导、专家拥有绝对的话语权,教师接受意见和建议,听"权威"的话。	教师拥有同等的话语权,用自己的实践来解释理念与认识,说自己的话。
支持保障(如何达成约定)	接受园长类似专家坐堂门诊的分析点拨。	在源于教学现场的专业对话,基于价值引领的教学研讨中进行思想的碰撞,分享观点与智慧。

"共约计划"制度重构的过程是:① 对"共同"作出诠释的过程,"共同"即指共同愿景、共同突破、共同经历、共同改变;② 权力的再分配的过程,体现出对教师作为课程领导者角色的尊重和内在专业发展需求的尊重;③ 双向互动关系建立的过程,从行政向教师施加压力转变为行政和教师相互施加影响,使共同愿景经由实践中问题的发现与解决转化为教师行动的感悟和理解。

"共约计划"更加凸显了"课程领导共同体"行动研究的特征:

(1) 以课程研究中突破口的寻找以及课程实施中真实问题的发现与解决贯穿始终,形成在共同愿景下的行动循环。

(2) 教师作为课程开发与建设的主体主动投入理解课程的价值取向,开展行动反思。

(3) 课程多方参与者之间相互承诺和持续相互影响。

三、教师主控学习过程

(一) 发挥教师学习的主动性

在教师的专业发展过程中,除了要明确起点和形成契约,教师的学习与发展意愿等要靠学习过程中的主动性持续发挥作用。主动性的发挥是学习富有成效最重要的保障,而主动性来自教师体验到了自主把控学习过程的机会与节奏带来的成就感和愉悦感。然而,很多幼儿园实际的情况是,有计划制订的过程和文本,但是缺乏计划落实的过程,也缺乏成效判断的过程。在关注过程的时候往往也只是关注"我要你走过的过程",而忽视教师"怎么规划和走过这个过程",忽略教师在这个学习过程中的真正体验和节奏把控。

幼儿园的专业发展制度优化和创新要指向如何维护教师的学习权利和空间,赋予教师自我投入的学习效能感。关注教师学习过程中的亲身参与、主动设计与规划、自我检验学习成效,帮助教师共同诊断学习与发展方向和成效,是我们在制度优化中需要思考的方面。

案例3-2 从"三步走"到"全部走",放手教师,相信孩子(静安区南西幼儿园 洪晓琴)

专家"让角色游戏更自主"的培训让教师们深受启发:原来是我们对游戏主题的预设限制了幼儿的想象空间,应当放开游戏主题,给幼儿更大的自由空间。对此,教师有跃跃欲试者,也有犹豫不定者,还有摇头拒绝者,大部分的教师则在期待中又有点不确定:这样真的可以吗?

园长明白,只有事实才有说服力,而不是使用权威。"就带着这几个问题去试试看,静下心来看看幼儿是怎么游戏的。""暂时想不通的,可以等等,想明白了再去做,才能做到位,幼儿园不会拿这个来考评大家,不会影响绩效。"园长没有硬性要求大家一起改,也不规定哪几个班级先实验,而是鼓励有意愿的班级大胆尝试。

教师根据自己的实际情况形成了"三步走":等着走(占28.5%),即保持由教师预设班级角色游戏的现状;小步走(占43%),即尝试部分区域留白;大步走(占28.5%),即将游戏环境全开放,空间环境中没有预设的游戏主题,用游戏材料筐、日常生活材料代替教师制作的预设主题材料,以便幼儿根据自己游戏的需要去选择。

"大步走"的班级刚开始放手的一两个星期,孩子们的表现看上去各种"乱",但再接下去,孩子们游戏中的创意喷涌而出,令人目不暇接。

一学年结束后,整理汇总14个班级放手后的角色游戏内容,我们有两大发现。

一是游戏主题丰富多元。对比放手前,游戏主题的数量明显增多,各个年龄段至少增加了20个游戏主题(见图3-1)。幼儿基于自己的生活经验创设出更丰富的主题内容(见表3-2)。比如三个年龄段的幼儿都在玩航天主题的游戏,这源于近几年中国航天事业的快速发展和新闻媒体的广泛宣传,而放手前教师对此主题的预设仅限于大班幼儿。幼儿自主生成的游戏主题体现了时代背景,凸显了社会热点。

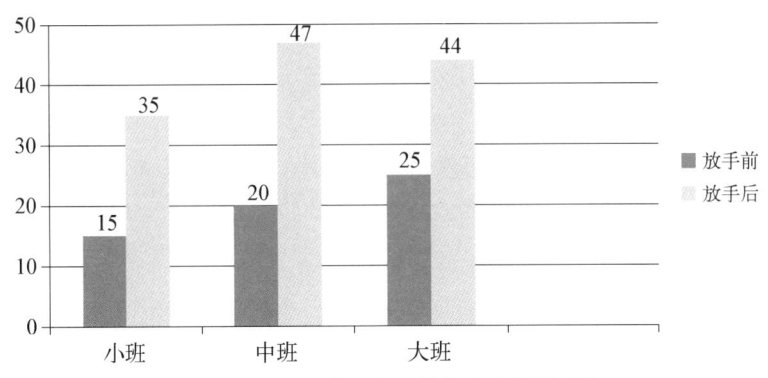

图3-1 教师放手前后游戏主题数量对比

表3-2 教师放手后各年龄段游戏主题内容

年龄段	小班	中班	大班
主题数量	35个	47个	44个
主题内容	银行、医院、舞台、地铁、消防局、警察局、宠物店、保龄球馆……	娃娃家、小舞台、幼儿园、超市、快递公司、飞机场、医院……	宾馆、游泳馆、研究所、舞蹈班、图书馆、建筑工地、花店……

二是游戏情节精彩纷呈。一些教师曾经预设的但是对幼儿来说远离实际生活的游戏受到了冷落。反观幼儿喜爱的游戏主题，不仅同时出现在三个年龄段，而且在不同的年龄段玩出了不同的精彩，如娃娃家、警察游戏。

小班幼儿在娃娃家游戏中表现出的情节较为简单，主要有烧饭、吃饭、接待客人、过生日。中班幼儿在娃娃家游戏中的情节在小班情节的基础上多了野餐、看演出、旅游、洗澡等。到了大班，娃娃家游戏中的情节更为丰富，出现了结婚、装修房子、生宝宝、小学报名、水管修理、救火等。

警察游戏中的情节也是如此，小班幼儿在游戏中仅表现出抓坏人、管交通的情节；到了中班，多了开罚单、查违章、管理开店的人等情节；大班更是表现出破案子、警察考试、驾驶员学习班等丰富的情节。

教师"放手"的步伐也愈加坚定与自信。"等着走"的班级中游戏环境有了变化，"小步走"的班级中放手给幼儿的留白区范围也在越来越大。

新学期初，幼儿园14个班级中有12个班级都选择了"大步走"，2个班级选择了"小步走"，没有班级再等待观望。教师从最初的困惑、分歧、思辨，自发形成"三步走"，到后来的"全部走"，虽然现在依然存在"有的班级领先走，有的班级慢步走"这样的真实状态，但园长始终在"放手""退后"，悦纳不同想法、不同能力的教师。

将专业学习和发展过程中节奏的把握空间赋予教师，考量的是幼儿园文化对教师学习意愿的支持，对教师主动发展倾向的信任。

（二）尊重教师间的差异性

即使幼儿园的改革和实践要求再具有领先性，我们也必须认识到教师间存在着差异，每一个教师都是不同的课程主体这样一个现实。不接纳和尊重这个现实，执拗地认为提出目标和要求，教师就都会发展，其实是不相信教师有了解自己、规划安排自己学习的能力和需求，它的结果就是幼儿园感觉"推不动"，教师觉得"因为幼儿园要求学，没有办法我才学，至于学的结果我可管不了那么多"。

教师的学习与发展和幼儿的学习与发展有很多共同之处。成人比起幼儿更有自己主观的期望和空间，也更具有规划、安排的能力，幼儿园必须认识到这一点并予以尊重。我们课程制度优化要设法让教师自己说了算，让教师按照自己的节奏和速度学习，以此支撑教师主动学习的意愿。

幼儿园在为教师提供专业的进修机会和相关资源方面也要尊重教师的不同需求和个性差异，在认真辨别核心需求的基础上，有选择地提供学习内容、资料和学习方式，满足教师主动学习的需要，便于教师主动选择学什么，如何学，从"提供给每人一份白米饭，让人人有饭吃"，走向"给每个人适合的食材和炊具，支持每个人自己去烹饪自己想吃的饭菜"。

幼儿园处在不同的发展水平和阶段，教师课程实践和专业学习资源的提供方式的区别，在一定角度上是幼儿园的课程领导力的体现。

例如，在课程与教学调研中，在三所不同的幼儿园，我们通过查看教师的工作区书桌上拥有的书籍资料，发现了幼儿园提供学习资源的三种方式：A园为教师提供的学习资源有教参、本园教师活动设计集、幼儿活动案例等;B园没有为教师提教参和活动案例,而是提供了教育发展趋势、专业知识、幼教质量标准等学习资源;C园不仅为教师提供了教参、活动设计参考等,还提供了与教师个人的研习专题相关的资料,以及引导教师进行价值判断和思考的学习材料。

深入思考可以发现,A、B、C三个园支撑教师课程实践与专业发展的方式存在比较大的区别:A园更限于满足给教师"鱼";B园在尝试给出"大鱼、好鱼"的规格和标准,引导教师自己去抓鱼;C园已经自然地在引导教师思考"我想要怎样的鱼,我手中的鱼是不是适合我吃"。

案例3-3 教师的自选自助培训（静安区南西幼儿园 郭源）

教师有不同的发展需求,出于尊重教师实际,幼儿园从不对教师的专业发展需要说不。

我园在寒暑假期间为教师提供了菜单式的培训模式,让教师可以根据自己的实际需求和兴趣爱好自己选择课程,培训涉及的费用全部由幼儿园支出。这样的培训模式极大地调动了教师培训的积极性,激发了教师培训的内驱力,让教师变被动为主动,增强了培训的实效性,也达到了学以致用的目的。菜单式培训已经成为我们幼儿园教师培训的一个重要组成部分。

迄今为止,我园教师自主参加的培训项目已近20个,包括美国常青藤、高瞻课程、幼儿数学PCK、音乐活动设计、创意美术教学等多个内容和类型。

W教师认为自身的音乐素养不足,结合自己对音乐活动的兴趣和音乐对幼儿发展的重要性等多方面的考量,她利用暑期的空余时间自主选择了《幼儿园音乐师资高级研修工作坊》。她认为,以往的传统培训只有集中的学习,教师被动的吸收,很少自问"真正学到了多少、学进了多少、是否学以致用"。而自主研修源于自我的兴趣和需求,独特的学习方式又提高了学习的兴趣,将学习的成果运用到实践中展示出来则又强化了学习的动力,有目的地自主学习让学习变得更有成效。W教师说:"在本次自主研修的过程中,我经历了"学习体验—感悟内化—运用实践—展示表达"的学习路径,通过集体的培训接受了大量音乐教育实践方面的知识信息。然后我通过一段时间的自我消化,对感兴趣和认为重要的信息再学习加工,并将学习到的内容融于教学实践,结合幼儿的实际需求和能力进行改编、再创,最后通过园本教研的平台展示出来,也让其他教师对音乐方面有更新的学习。这样的过程,从接收到输出、从自己到他人,真正体现了有效研修、学以致用。"

四、提供个性化指导和及时反馈

教师专业学习和发展的根本目的是要成为一个对幼儿园的课程实践和优化有贡献的人,成为对幼儿的成长产生积极影响的人。学习的过程因为教师的目标、原有基础、动力差异而必定千差万别。当教师拥有了与幼儿园的课程优化方向一致的个人发展规划后,幼儿园要做的就是给予教师个性化的指导和反馈,帮助教师及时感知自己学习的方向、过程特征和成效。

幼儿园要努力为教师提供个性化的指导,让教师及时获得专业发展的反馈,并使之成为制度。"师徒带教"是幼儿园普遍存在的教师专业发展方式。或许,"师徒带教"能说明的只是一种既定的关系,这种关系里有师傅、有徒弟,徒弟向师傅学习,师傅带领徒弟。但是,"师徒带教"也不必然收到"带领"和"教导"的效果,即并不一定有好的成效,这种实例不胜枚举。这与师徒带教这种既定关系的呈现有关,这里面对什么是"好""好的标准和表现"都有"师傅"这样一个预先的设定。当然,这本是"师徒带教"的应有之义,它遵循的是"成为师傅一样(或是超越师傅)的教师"的逻辑。

在这样的逻辑下,成为和师傅一样的教师,具有和师傅同样的思考角度和实践方式,就无意中成为了徒弟预设的结构框,这可能局限住徒弟的发展。师傅以自己的标准来考量徒弟,指出其问题,提出改进建议,就成为预设的行动模式。这在一定程度上可以说是实现了徒弟对师傅思维和行为"复制",但却很难做到"青出于蓝而胜于蓝"。同时,当面对社会和教育的变革,新观念和新实践的过程与结果未知时,也许师傅都不能作出适宜的行动,更不要说指导徒弟了。

"教师成为课程领导者"的视角提倡主体的需求和自主精神,这会让师徒带教中师傅的"权威"受到极大挑战。而师傅若想让这种指导和支撑真正有力量,不是靠带着"评价、考察"的眼光和视角来提供指导,而是要让指导的过程伴随倾听和对需要的解读,提供回应。即,在教师学习和专业发展的制度优化中,要从"注重外在形式与关系"转化为"注重帮助教师增强知觉,促使教师主动选择并实践",从强化外在经验的传授转化为强化教师内在认知体系的主动完善。

教师获得个性化指导的过程应该是这样的:指导者在传递经验的基础上,让被指导者的疑惑和困难在反复互动的关系中得以逐渐展现,指导者利用自身的专业见识,提供的是对被指导者的思维和行为逻辑的解读,让被指导者更清晰地面对自己的观念和思路,从而作出适合自己的选择。通过这样的辅助过程,指导者提供一面"镜子",让被指导者看见自己思考和行为的"真实模样"。有时,这一面"镜子"甚至能发挥多面镜子的作用,引导被指导者自我选择和修正,强大被指导者的"自我"。因而,被指导者学习发展的目的是成为一个富有"自我"的教师,而不是成为一个和师傅一样的教师。

案例3-4 陈老师的"门诊"故事(长宁实验幼儿园 陈青)

陈老师"门诊"1:表示温度的数字(中班)

范:这两天我们班孩子在换每日天气预报上的天气信息时,我发现他们经常把温度的数字贴错,要么是两个数字贴反,比如把24贴成42,要么就是把多个数字,比如把25贴成205,而且不是一个孩子,有好几个孩子都这样。你觉得我应该怎么指导他们呢?

陈:你给孩子提供的是什么样的数字卡片呢?

范:就是平时常用的一个一个的数字卡片呀。

陈:那你觉得孩子为什么会出现这样的情况呢?

范:他们应该是搞不清两位数的左右顺序,还有就是25读起来是"二十五",所以他们就贴一个20,再贴一个5,就变成205了。

陈:那你觉得可能有什么样的对策?

范:我就在想,是不是应该直接告诉他们正确的方式呢?这样告诉他们一次,下次他们应该就会贴了吧。但是我又拿不准,万一下次他们还是贴错,那我是不是要一次又一次地帮他们纠正,那要纠正几次他们才会贴对呢?

陈:那你帮他们纠正错误的目的只是为了他们下次能贴对吗?

范:……那……也不是,是想让他们能够理解两位数的表征方式,不过,两位数的表征对中班孩子来说是不是又太难了?

陈:两位数中的两个数字分别在个位和十位上,所表示的含义对中班孩子来说确实难以理解,而正确表征是要建立在理解的基础上的。那么既然并非要求中班孩子完全自己来表征两位数,又需要孩子每天完成对天气预报中的两位数温度的替换,有什么折中的方法呢?

范:那是否可以直接给孩子两位数的数字卡片,孩子只要辨认出来直接贴上去就可以了呢?

陈:这样的话,对中班孩子来说也许就可以做到,而且孩子在辨认的过程中还可以不断感知两位数的表征方式,为之后真正理解两位数的含义打下基础呢。

范:好的,明白了,我再去试试吧。

陈老师"门诊"2:日常如何提高幼儿的思维逻辑能力?(小班)

曹:这次大教研的数学活动在我们班试教的时候,我原以为我们班的孩子没问题,但我发现和其他班的孩子比起来,我们班的孩子在数学方面是有欠缺的,我觉得这应该与我们两个教师有很大的关系。其实,我们班也有几个孩子数学水平是很高的,但大部分孩子不行,不是说数学运算能力弱,而是在数学逻辑思维上比较弱。所以我很焦虑,我要怎么帮助孩子?是不是平时要多上一点数学活动啊?

陈:数学能力的提升和思维的发展是密不可分的,并不都只是通过数学教学活动来提升的,我觉得日常和孩子说话、交流也很重要。

曹:你是说生活中有很多"数学"可以引导孩子关注是吗?

陈:生活中的数学是要关注,但并不只是关注数学知识的积累,而是更要关注孩子的思维发展。思维不只是在数学学习中发展,还会受我们和孩子日常交流方式的影响。

曹:日常交流?谈话?如何影响?

陈:你们两位老师平时和孩子们一起交流的时候,有没有思考过"我要通过交流的过程发展孩子什么"?

曹:每次和孩子交流一定是针对某个话题的呀,比如要解决某个问题,要分享一些孩子的经验,或者说新闻,所以我一定会思考如何通过交流来解决这个问题,来帮助孩子分享个体的经验的……我想起来了,交流的过程还会发展孩子的语言表达能力、理解能力、沟通能力,这也是会自然渗透在交流过程中的。

陈:其实,交流一定会聚焦问题、话题,集体交流的方式本身就有很大的目标价值,就像你说的可以发展孩子的语言表达能力、理解能力、沟通能力等,但这些能力的培养也要通过教师组织和引导交流的技巧。

曹:这方面我倒是从来没有思考过,需要怎样的技巧呢?

陈:比如,你关注孩子的语言表达能力,那你会如何引导孩子呢?

曹:要求孩子说话清晰、完整,用词准确……这样?

陈：可以这样说。那么关注孩子的理解能力呢？

曹：这怎么引导？问孩子有没有听懂？

陈：理解能力是基于倾听的能力和习惯，先能够倾听，才能谈理解。

曹：那我们一直都要求孩子认真听讲的。

陈：教师只负责提要求吗？孩子不说话就代表在认真倾听了吗？

曹：嗯……不能完全代表吧……

陈：所以，教师还是需要有策略的。比如，教师不重复孩子的回答，而是在某个孩子表达观点后，马上问问其他孩子"他说的是什么意思？""你们能听懂吗？""有什么问题要问他吗？""你们的想法和他一样吗？""有没有不同的想法？"等。

曹：我知道了，这就是不要总是和孩子一对一地交流回应，而是让孩子习惯于听同伴的话。

陈：对。再比如，有的孩子思维很容易发散、联想，当大家就一个问题在交流时，他可能就会一下子说到其他问题去了，教师就要马上加以引导，可以问问他刚才在谈的是什么问题。

曹：是的，我也经常发现有的时候话题不容易聚焦，那么教师应该要思路清晰，不然就被孩子带着一起发散了……

陈：是呀，要让孩子形成倾听的习惯，教师就要引导孩子之间的互动，比如"大家同意他的想法吗？""你说不同意，是完全不同意他的想法，还是想补充一些你的想法？""大家觉得他们俩说的是一样的吗？哪里不一样？"等等。

曹：哇，要引导得这么细致？

陈：对呀，从小班就开始帮助孩子之间互相倾听和理解，才能慢慢让一个班级的孩子形成学习共同体，教师在中间的桥梁作用是不容小觑的。你慢慢地理解、慢慢地尝试吧，也不要过于心急。

曹：我有点明白了，会慢慢尝试去改变和孩子集体交流的方式，特别是我明年从托班开始带的话，就有机会从头开始培养孩子的这些能力了。

五、保持课程主体的活跃度

对于幼儿园的课程建设和实践来说，如果拥有一支对变革和问题敏感、思维活跃、行动敏捷的教师队伍，无疑是拥有了强大的助推力量。幼儿园园长和每一位教师思维和行动的活跃程度将决定幼儿园主动应对变革的能力与水平。幼儿园课程制度的建设与优化要为收获这样一个富有课程领导力的群体创造适宜的土壤。我们从立项幼儿园日常制度化的课程实践中总结出了几个保持课程主体活跃度的路径。

（一）主动接收新信息

通过主动吸纳和接受外界刺激，让幼儿园课程主体不断与外来的信息碰撞，打破认识和实践习惯上的平衡状态，创造出一种不断刺激、挑战思维和行为的环境，让包括园长、教师等在内的课程主体始终处在外来挑战和自我挑战的过程中。

例如,幼儿园通过优化"业务学习"的渠道,接受幼教课程和课程改革的新信息、新研究、新变化,触动教师原有经验的稳定结构。又如,通过改革幼儿园研究和课题、进修制度等,推动课程主体接受和承担不同角度、层面的课题研究,推动不同的教师深度卷入专题研究项目,按照教师个人的研究兴趣和能力支持、推动他们主持或者参与指向各不相同的研究,并通过制度保障研究时间、空间、资源和成果分享。

案例 3 - 5 从"要我做研究"到"我要做研究"(静安区南西幼儿园 王斐)

幼儿园在提高教师撰写"游戏故事"的质量上,从给教师"松绑",搭建三个台阶入手,取得了非常好的成效。面对教师"不愿做研究,不愿写课题,认为科研麻烦和无用"的现状,尝试采取"相信+放手,创设自主项目平台"的策略。对于好奇心强的教师,我们鼓励他们大胆实践,有 5 位教师申报了自主项目。学期结束后的假期培训上,这 5 位教师走上园本培训的讲台,首次作为一名实验者和实践者向全园教师分享、讲述自己开展自主项目的内容、过程和心得,最后园方还精心制作了证书以肯定她们的大胆尝试。

分享和展示鼓动了一批原本对此抱怀疑态度而观望的教师,更是打消了一批对新举措抗拒和排斥的教师的顾虑。教师们看到了项目的"内容亲民":原来平时班级里做的一些小小的尝试和改变就是一项自主项目。教师们发现了"研究门槛低":原来所谓的自主项目不需要像写课题那样,罗列出研究目标、研究内容和研究方法,而是只需要讲清楚为什么想做,自己做了什么,怎么做的。教师们相信了"结果没有高低之分":原来幼儿园是如此重视自己在班级的一次小尝试,原来自己也能站在幼儿园平台上向别人展示和分享自己的一点小小的改变。

从 2015 学年第一学期自主实践项目创立之初有 5 名教师申报,到 2017 学年第一学期达到 28 名教师申报,几乎每个班都"动"起来了。有教师担心自己能力不足,时间精力不够,还"拉帮结派",找到与自己有共同兴趣或特长的教师一同研究实践。自主实践项目的内容也越来越"接地气",范围也越来越广,从一开始只关注幼儿的学习、游戏到关注幼儿园活动的方方面面(见图 3 - 2)。无论从自主实践的数量还是质量,都呈现了一种"节节高"的态势。

自主项目的热烈开展让我们发现:教师们开始关注自己的班级,关注班级孩子的发展,会"定下心"去发现现有的一些不足和问题,然后尝试着基于自己班级和孩子的情况、自己教育教学上的兴趣和需求,积极自主地"改革",而"改革"后收获的"甜蜜果实"最直接的受益人就是孩子和教师自己。激发教师主动行动的意愿,形成正面影响并扩散到其他教师,教师们就会自己要求"动起来",从而外部的动力真正转变成了教师自己的内驱力。正如收获"荣誉证书"的一位青年教师谈到的体会:"不做一定没收获,做了一定不吃亏。"

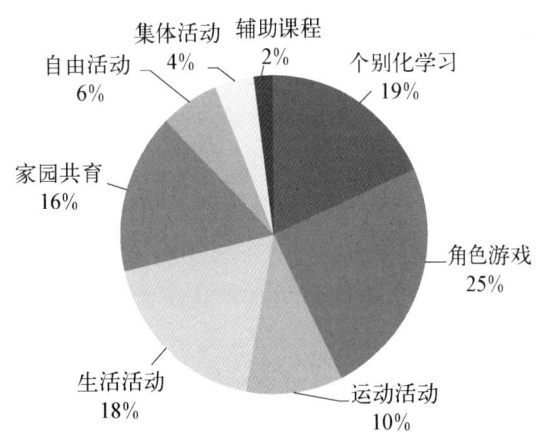

图 3 - 2 2016—2017 年教师自主实践研究项目类型与占比

自主项目是一个个"小而美"的科研试验。上学期还没结束,就有一批青年教师主动要求和科研室主任"聊聊",而聊的内容正是教师自己正在开展的自主项目。以前教师喜欢问:"你说我可以做什么课题?有没有课题名称给我一个?"而现在他们喜欢说:"我现在正在实践……我还想要……但是我的困难是……能怎么解决或进一步开展研究呢?"可见,教师们是有想法、有计划的,是出于需要开展的研究。

教师从不愿做研究、苦于写课题,到积极申报开展自主项目,最后将自主项目的内容拓展、深化为课题继续研究,我园营造的文化与制度逐步提升了教师的课程领导力。教师不再受外部的、形式的条件牵制,而是遵从孩子的发展,基于教育教学的问题和自己的需求,主动通过"科研""课题""研究"这些"利器"去尝试解决问题、改变现状、与他人分享交流,最终实现师生共同成长。

(二)提供展示与交流的平台

通过改造教研活动、交流分享、研修展示等制度,积极建造有助于课程主体展示和澄清自我观点的平台。展示和交流不仅能够传递、分享有价值的课程实践经验,而且能够满足每个课程主体自我表达的需要和"被看见"的需要。

除了特级园长、特级教师和学科带头人的声音之外,让其他所有人的声音和主张也都能被听到,这样的幼儿园课程文化和生态才是开放的,文化和氛围才是民主和现代的,课程主体的地位才是平等的,关系才是更为和谐和相互尊重的。

很多幼儿园结合教研活动和专门策划的专题交流活动,定期邀请一些在某方面深入实践、重点研究的教师来讲述自己的经验和发现。例如,南西幼儿园经常帮助教师总结和完善自己的经验,鼓励教师去不同的杂志发表文章,到幼儿教育的专业交流平台上去演讲,还帮助教师们将日常设计的活动配上成套材料去申请专利,使之成为很有专业含量的产品。这些做法让教师专业成长的价值被看见,都是鼓励教师展示、营造优质的共享、交流平台的好做法,对教师自主的专业成长是最为切实的支撑。

冰厂田幼儿园教研组长沈祎冰说:"与以往总是围绕某个问题的教研不同,我们时常可以在班本化课程的教研组研讨中看到教师们拿出鲜活的案例侃侃而谈,畅谈各自的想法和做法,彰显自己得意的地方。这份底气与自信除了来自自身真实的感受与思考之外,还与教研组为教师们的课程创新实践提供的分享平台有关。这个平台帮助教师展示自己,并通过回顾班本化课程实施过程中的'小成就'激发教师行动的愿望,提升教师自身的价值感和满足感。我们允许各种'有道理'的做法,也不去评价哪种做法是最完美的。我们可以感受到教师在努力接近自己班级幼儿的切实需要,去寻找最合适的做法。"

(三)给予课程主体实践探索的空间

"实践是检验真理的唯一标准",给予教师"学以促行、研以致用"的实践探索的空间,让课程主体的所学、所研拥有实践的空间和场所是架设"知行合一"的必需,也是园长和教师专业发展的必需。

幼儿园的课程实践中有两类未知空间值得去探索:一类是真正的没有人设想、实践过的新领域和新范围。另一类是已经为部分人所认识和探索,但是另一部分还没有被认识和探索的对象和领域。前者是绝对的,也许需要更广博的理论、见识和勇气,是一种完全的开创。后者是相对的,但是对于每一个课程主体来说,是具有普遍意义的认识和提升过程。探索后者的经验将为探索前者奠定良好的知识、能力、心理状态的基础。敢于面对未知,始终保持探究的好奇心和主动性是园长、教师成为自己的主人、追求课程理想和目标的基本条件。

幼儿园要努力建立和优化课程制度支持和帮助教师探索自己感兴趣的领域,让教师用自己的方式开展"学以促行、研以致用"的研修,帮助教师自我拓宽视野和认知水平,并在自身的课程实践中获得运用和检验。

幼儿园的课程研究和实践共同体是通过所有人共同的主动追求和探索而凝聚的。同时,对每个个体自我探索的包容和接纳是共同体所需要的滋养环境。如果每个课程主体主动的课程探索(包括试错)都能被接纳和包容,让他们感受到不断突破自己固有的认知边界是被允许和鼓励的,会增强他们对幼儿园课程共同体的信任和归属感,从而为大家共同的课程追求贡献力量。

例如,静安区南西幼儿园一位新教师感慨:"作为南西的教师真幸福,因为这里的环境允许我犯错。当我犯错时,领导和同事会陪伴着我一起来承担、一起来面对、一起来解决。在宽容看待自己的错误、反思自己的错误的过程中,我才成为更加勇敢、更加自信、更加专业的一名幼儿园教师。"

课程主体的知觉范围和深度就像一个不断扩大的球,已知越多,未知也越多。每一个教师从探究自己的未知,在课程实践中将其转化为个人的已知,到形成一种动力机制,所有人都敢于面对更多的未知,不断往复、提升。这恰恰是幼儿园课程领导力的重要体现。

第三节　支撑教师自主实践和思考

　　幼儿园课程的落实需要教师的主动创造。通过优化课程制度，实现对教师课程愿景和目标的引领，有助于教师面对真实的课程问题，客观分析和整合资源、力量，主动探索和把握标准，主动作出适合幼儿发展的课程选择。

　　制度除了在一定时期对一定范围的事项作一般性的规定，告诉人们应该做什么，如何做，在很大程度上还有一个功能就是"维护和激励"。在幼儿园里，经常有各种各样激励的做法和措施，它们往往与幼儿园的课程相关实务结合在一起，只是简单地对应考核与奖励。这样就造成了很多时候我们只注重事情的目标和过程，但却忽视维护与激发人的动力。多数时候激励措施只是作为一种点缀，或者是为了保证制度的完整性而存在的一部分比较"虚"的构成。

　　在提升幼儿园课程领导力的背景下，幼儿园课程制度的重要功能是保障课程运行朝向目标，激发主体主动开展课程实践、参与课程建设与优化的动力。

　　在对各个立项幼儿园开展课程制度建设方面的访谈时，我们提炼出了以下这些优化相关制度的关键点：要明确幼儿园课程制度为促进达成幼儿园课程目标服务，课程制度中激励因素的优化首先要发挥引导大家的注意力和动力的作用，其次要贴合教师的心理需求，贴合幼儿园课程实践的真实现场，建立激励制度与教师课程实务之间的直接关系。

　　同时，这种制度性的激励不应该针对一事一物，而是针对符合幼儿园课程追求的所有人和所有行为。它是常态的，可以预知和预想的。幼儿园所做的是想办法通过制度展示出或者发现课程主体所表现出来的这些行为和思考，并让他们获得赞赏或奖励。

　　有人说，当一些园长和教师出于自发的、自觉的意愿主动表现出追求幼儿园的课程目标时，他们并没有想过得到赞赏与回报。有时候刻意的表扬与奖励反而会降低他们的动机水平。例如，幼儿园有时将一些积极的行为列入奖金奖励的项目，教师反而认为做这些的付出与获得的奖励不匹配，不愿意为了奖励而去积极行动了。

　　从激励与课程主体需求的匹配来看，激励的方式有很多种，不同的主体的需求也是不一样的，因而激励要找到最适切的、最让被激励者满足的那些点。奖金是最简单的一种，同时也只是荣誉和赞赏的一种代表方式而已，未必能真正成为经济上"应得"的回报。职称、职务的晋升、外出学习交流的机会，甚至赋予教师一段闲暇时间，这些都是曾在幼儿园出现过的激励方式。激励不仅是方式和内容的问题，我们在激励制度的构建中要将激励的方式和具体内容与被激励者的真实需求建立关系，否则激励不但不能起到应有的作用，还会成为一种负担。

一、引导教师主动追求课程目标

　　达成幼儿园的课程愿景和课程目标是幼儿园课程研究与实践共同体存在的根本目的。

通过课程制度中激励的优化,强化大家的目标意识,鼓励有利于达成幼儿园的课程愿景和目标的行动,形成积极向上的主动追寻目标的心理环境和氛围。幼儿园可以至少在以下三个方面作出尝试。

(一)奖励指向课程目标达成的行动

在课程制度当中,用积极的态度、具体的措施来表示对幼儿园中的每个人或团体主动对课程愿景和目标的追求。激励的制度是对这种主动追求的积极正向的强化,它具有鲜明的态度,对凡是符合这种追求的个人、团体及他们的行为给予肯定的、正向的回应,认可这些个人或团体的尝试与创造、质疑与推动。最有效的肯定方式就是在正式的和非正式的各种具体场合展示他们具体的表现,例如勇于挑战两难问题,帮助他人化解课程中的困难,乐意主动投身课程研究和改革,或者在课程实践中取得了实质性的积极成果或可推广的经验。此时的展示绝不是对个人能力的单纯表扬,而是对"主动追求实现幼儿园的课程目标"意识的弘扬。

当课程主体主动地指向目标进行思考和行动的时候,制度要给予支持和奖励;当课程主体的思考和行为是受外力所推动的,但只要指向正确,也应该获得热情的鼓励与支持。

幼儿园可以创造和提供展示平台,让优秀的思考和实践能够被看见,让幼儿园引领大家实现课程目标的倾向和价值被看见。它不仅要展示被展示者想了什么,做了什么,还要展示这些"想和做"对实现幼儿园的课程追求有什么帮助和推动作用。因而,它是区别于一般性的"大家都上来讲讲自己的经验和心得"的。

(二)树立追求课程目标的榜样示范

幼儿园的课程目标和追求并非提炼出来写在墙上和教师的笔记本里就可以达成。它的实现需要多角度、多场合地反复演示和表达,产生广泛的理解和认同。不同的课程主体都要有这样的机会来表达自己对课程目标的理解和认同。这种理解和认同除了口头上的,更多的是实际行动中的。生活中无数的例子告诉我们"不要简单地听人们说了什么,而要看他们做了什么"。这样的榜样除了园长,更应该有实践中的先行者,幼儿园的课程核心人物、课程改革和实践的先行者作为生动而具体的榜样,能够发挥积极的影响作用,这也是我们树立榜样的初衷。

但是,为什么有时幼儿园大张旗鼓地树立典型却起到了"树立一个,打击一大片"或者"让积极的人自己去积极吧"这样的反面作用呢?

这大约与幼儿园选择榜样的角度有关,也与榜样的示范方式和引领角度有关。在提升幼儿园课程领导力的背景下来看这个问题,幼儿园首先要确认所树立的是通过自身实践和探索构建积极课程领导力的榜样。这样的榜样要有"思想前瞻、投身改革、协同他人、反思成效"等特质。

榜样的力量往往不在于他拥有多么特殊或高超的能力和技能,而在于他积极认同幼儿园的课程理念和目标,坚定不移、心口如一地投身实践。

具体说来,榜样是一个"也许不完美,但是很完整"的真实的课程主体。他有自己认同的主张和观点,有先进的、确定的思考问题的准则和底线,如坚持从幼儿发展的角度出发判断自己和他人行为的适宜性;他逐渐形成了稳定的课程实践风格,如总是尝试了解搭班教师、保育员、幼儿家长对课程的期望和参与并加以协同;他从不刻意显示个人在专业能力上的优越性,而是了解他人的需要,积极承担课程责任和工作;他总是将"和孩子在一起开展有意义的活动"当作最重要的事,认真研究幼儿,把主要精力都花在与幼儿建立有效、积极的互动上等。

（三）园长要成为追求课程目标的榜样

在榜样示范中尤其值得关注的是园长个人的专业素养和对幼儿园课程愿景和目标的自觉追求对全体教职工的影响。园长的角色此时不仅仅代表他个人,更是一种制度践行的表现。

园长信念坚定、知行合一地亲身示范将极大地增强教师对园长的尊重与信任,提升教师参与、投身幼儿园课程追求行动的安全感和归属感。如果园长只是得过且过,没有目标和行动,或者心口不一,夸夸其谈,只说不做,则不可能凝聚教师有效构建课程实践和研究共同体,更不能营造追求课程目标的氛围,产生向上、向前的动力。相反,只会降低教职工对园长的尊重和信任,降低教师参与幼儿园课程发展和实践的意愿和主动性。

例如,长宁实验幼儿园的郑园长不仅经常行走于各个教室,和教师、保育员随时沟通她的观察和想法,她似乎对幼儿园所有的场景都能讲出背后的原因和过程来。有一次,园长在接待一批参观的幼教同行,大家在带领下逐渐走进了将要开展研讨的会议室。此时,正好有许多幼儿结束了在走廊中的活动,在往会议室里搬运和整理活动材料。园长略带歉意地微笑着向来访者们解释,会议室辟出一块空间提供给幼儿摆放材料,大家需要稍微等一等。幼儿按照自己的节奏在做事,带班的教师似乎也从园长那里获得了肯定,没有过分催促幼儿,而是耐心地和幼儿一起整理,完全结束了才打招呼离开。来访者们在经历了不短的时间的等待后,感受到园长内心的坚定主张,尊重幼儿,从每时每刻做起。

同时值得提出的是,榜样的力量不仅可以通过榜样自身来发扬,也可以通过园长的认同和认可来发扬。很多园长就很会利用微信朋友圈向大家展示幼儿园教师的课程智慧和辛勤付出,让教师感受到被赞赏和认可,获得进一步发展的动力。这些具有更大的专业影响力的人物的赞赏和认同,能对教师的榜样力量起到积极的推进作用。

园长在很多时候不可能通过承担教师具体的课程实施的工作任务去示范,但是他的专业眼光和对教师的示范表现在对教师的探索和实践的认同上,也表现在为教师提供适宜的条件和机会帮助教师达成自我完善和课程目标上。园长用自身的思考和行动来示范如何成为一个课程领导者,这将会塑造教师的思维、行动的角度和习惯。

案例 3-6　爱追问的园长（静安区南西幼儿园　杨琦）

在游戏课程的优化实施中,教师获得了极大的自由度和自主权,但必须是"有依据的自主",否则就是自由散漫、随心所欲。

园长率领的课程领导小组不急于纠正教师的想法和做法,相信教师有能力在一步步的实践中发现问题并找到解决问题的办法。如果园长选择直接介入或是具体示范如何实施,教师在短期内或许会模仿,但时间一长势必还是会继续"走老路"。

一次教研活动中,教师围绕着开学月的观影展开了讨论。在让幼儿开心之外,有的教师提出"幼儿园的活动要对幼儿有教育的意义"。有的教师提出"影片的内容还是需要有所选择的,不同年龄段的幼儿适合的不一样,时间上也应该调整安排"。还有的教师对观影活动的意义提出了疑问:"现在家长带孩子出去看电影的机会蛮多的,为什么一定要在幼儿园看呢?"幼儿园里看电影肯定有它的道理,有不一样的地方。

"除了开心,观影活动还有其他的价值吗?"园长的追问更进一步引发了大家的思考。游戏课程不是简单地满足幼儿快乐的需求,而是要在快乐的同时促进其学习与发展。活动内容和活动设置、实施的有系统性与逻辑性以及是否符合幼儿学习和发展的需求成为了教研的重点。

"哈哈剧场"作为游戏课程的一项常规辅助活动,在群策群力中得以完善:观影场地除了四楼大厅,还有各班级教室作为小播放厅;各个场地播放不同的电影供幼儿自主选择,幼儿可以用来园时攒的奖券换取相应的电影票;放映前,班级的教师和幼儿一起做电影宣传海报,布置"影院"环境;放映中,幼儿可以自选场次和影片内容;幼儿自己做检票人员,观影幼儿排队检票,对号入座,文明观影……

作为每月一次的游戏课程娱乐教育活动,"哈哈剧场"初具雏形。但一开始针对用来园奖券兑换电影票一事在教研时引发了激烈的讨论。因为只有集满一定数量的来园奖券(按时来园)才能兑换电影票,这就意味着看电影不是"阳光普照"的奖励,而是有的幼儿可以看,有的幼儿不能看。

对此教师们形成了截然对立的两派。一派教师想方设法为幼儿争取电影票,班里有幼儿的来园奖券数量不够兑换电影票时,教师就自己向教研组长"求情";另一派教师则很有原则,坚持"自然后果法",有的幼儿没有足够奖券看不成电影那就看不成,让幼儿学习为自己的行为承担相应的后果,也培养幼儿的耐挫能力。有的教师也有另外的顾虑:有时候是家长比较在乎电影票,会问教师为什么有的孩子看到了电影,而自己的孩子没有看到。关注结果而非过程在部分教师和家长身上都有存在。想方设法为幼儿争取电影票的行为其实也是只关注了满足孩子"开心"的需求而忽视了"未满足"背后的教育价值。

教育观决定了教育行动,园长率领的课程领导小组也深刻认识到优化游戏课程实施最关键的就是转变教育观念,将课程的思想力落实到实践能力,这一点相当重要。转变并非一朝一夕的事,而要一点一点逐步实现。

"得到电影票看到自己喜欢的电影这个过程中对幼儿来说有什么发展的价值?对于没看成电影的幼儿呢?"园长依旧是抛出问题。"相信你们会对家长作出游戏课程价值追求的正确引导,如果教师认为对家长解释起来有难度,我们会在幼儿园的家长会上对这一活动作集中宣传与说明。"园方对教师们给予了支持。

经历了教研的争锋,特别是坚持"自然后果"的教师列举的对幼儿发展的价值,加上之后的研讨中教师们带来一些不同能力、不同个性幼儿的鲜活、生动的学习故事,教师们逐渐形成了共识,即"幼儿发展优先"。

"哈哈剧场"就如同一块试验田,即使有的种子迟迟不发芽,有的生长缓慢,甚至有的还遭遇"害虫侵扰",智慧的"园丁"(园长)没有催促或是斥责,而是付出时间等待,用热情与专业引领与把控,倾心于这片土壤的耕耘。

二、促进课程实践力量的聚合与协作

幼儿园的课程目标在力量实现了聚合和方向一致的情况下更容易实现。幼儿园积极倡导教师之间、不同层级之间、不同教研组之间的交流合作,尤其是在支持开展教研活动和培训上有很多形式上的探索。我们期望用制度来确保教师获得激励,产生自动、自愿的合作与协同。也许,我们可以首先走到教师的真实课程实践和参与课程优化的过程中,来考察一下实践是多么需要实践力量的聚合与协作。这涉及对幼儿园层面和班级层面的课程生态、需求的考察。

幼儿园教师的工作方式根本上是寻求合力与协作。幼儿园教师具有与一般教育者共同的特点,他们有自尊,有被尊重的需求,他们在不同的阶段和场合里要承担学习者、教育者、研究者等多重角色。这要求我们要认可他们的课程实践,尊重其价值、能力和意愿,给予他们工作的空间,鼓励他们承担与自身角色相一致的责任和义务。

与中小学教师很不相同的是,幼儿园教师的课程实践是一个长跨度单位的综合实践,教师带班时间至少以半天为单位,而且,没有特殊原因,通常会带领一个幼儿班级长达三年。可以说三年中,幼儿在园的每一天都有班级教师的陪伴和指引,每一位幼儿园教师都责无旁贷地承担"全方位育人"的职责,时空的跨度和挑战极大。而所有这些,都不是由一位教师个人实现的。

(一)帮助教师构建协作的人际互动

幼儿园通常的课程运行是以班级为单位的。通常一个班级中有几十名幼儿、两位教师、一位保育员,经常接触的还有几十名幼儿的家长。可以说,幼儿园教师的课程实践始终是处在一些重要关系中的,包括师幼关系、教师之间的关系、教师和保育员之间的关系、幼儿之间的关系、教师和幼儿家长的关系。家园共育不仅是一种希望和工作要求,而且就是幼儿园课程本身的特点之一。教师的课程实践是在若干复杂的关系中协调运行的。任何一个角色的存在、需求和作用,都有可能对幼儿园教师的课程实践产生影响。而这其中核心的关系是教师和班级幼儿之间的关系。教师的工作从另一个角度来说就是编织一个适宜幼儿成长的关系网,让这张网承载住课程主体之间的爱与信任、知识与能力的传递。

不能忽视的一个方面是班级中教师和保育员的搭配,要引导他们在相互了解的基础上形成相互尊重、互动互补的人际关系。因而,除了专业知识和技能上支撑,如何让课程实现"育人"功能,需要我们给予幼儿园教师从"关系构建和处理"角度上的帮助和支持。除了相应的学习与培训以外,从课程制度的优化角度形成有效增进教师主动协作形成合力的激励制度和机制,是我们必须要重视的问题。而这一点通常是幼儿园容易忽视的。

一般来说,幼儿园在这方面的考虑主要集中在"如何安排或调整班级搭班教师和保育员"这样的具体事情上。另外,大多是因为感受到了班级的课程运行不够顺畅,影响到活动的开展、幼儿的发展,甚至引起了更大范围的影响,如收到来自家长的意见时,才会采取较为被动的处理。

如何增强班级内教师之间的凝聚力,引导班级的课程实践朝向达成幼儿园的课程目标的方向发展,激励制度可以在其中有所作为,促使班级中的课程主体合力形成一个富有成效的班级组织,这是提升课程领导力必须研究的内容和对象。

幼儿园的课程归根到底要落到具体的班级中去开展,班级是落实幼儿园课程的基本单位。幼儿在园的每一天都是在班级中度过的,班级提供给幼儿一个全方位的成长环境。班级课程的结构性和过程性质量都是在以幼儿和教师为中心的课程运行关系中得以体现的。班级课程和活动的质量直接影响每一个幼儿的发展。

从维护幼儿园课程的最小机体的健康运行与发展来看,保证班级课程有效、科学地实施是幼儿园课程制度的重要维护性功能。课程制度的构建、优化和创新要能激励幼儿园每个班级的最小团队都发挥其最大能量。

案例3-7 新老教师的合力探索(浦东新区冰厂田幼儿园 孙瑛)

《幼儿园教育指导纲要(试行)》在教育内容与要求部分指出"要给教师设计课程内容的权力"。在我园,随着提升课程领导力项目的逐步开展,班本化课程的实施和研究更赋予了每一位教师全新的思维方式和提升专业能力的平台。

我是一名有着26年教龄的幼儿园学科带头教师,我的搭班小赵是一位24岁的新教师,教龄刚满1年。在班本化活动"果实和种子"开展初期,我发现赵老师对种子、果实、植物很了解,例如为什么香蕉没有种子,玉米颗粒并不是它真正的种子,皂荚是一种天然的洗衣液……植物方面的知识面远远超过我这个老教师。赵老师怀着对幼教工作的一份热情和激情,什么都想学一学、做一做、试一试。她会主动留意身边的信息,不断调动着资源,查找资料,加入博物微聊群,主动选购相关内容的书籍,包括绘本,并通过多媒体技术拓展课程资源。她迫切地想带领孩子们探访植物专家,寻找植物园里的果实。在她身上,我看到了青年教师和我一样,有着架构和完善课程的愿望和热情。

初秋,我和赵老师一起带着孩子们到花园里散步,边走边聊。在小桥边,孩子们发现了一株看上去很特别的植物,黑黑的颜色,暴露的果实。孩子们都很好奇:"这是什么植物?叫什么?以前它长得什么样子?为什么它这么丑呢?"之后,我们俩不约而同地说起了这件事,而且还有相似的观点,即孩子们这么热切地关注植物,这正是开展班本化活动的起点,即班本化的课程内容应该始于幼儿的最近发展区和兴趣点。

于是我们追随幼儿,与幼儿共同围绕"果实的再利用"展开最初的探究。赵老师选用皂荚为切入点,制作了皂荚洗衣液,并将其投放在个别化活动中和盥洗室里。孩子们尝试用天然皂荚清洗小毛巾,感受它丰富的泡沫。盥洗室里排起了长队,那红红的液体受到孩子们的热烈追捧,孩子们洗起手来也变得格外认真。而我在教室的一角布置了名为"觅秋"的种子和果实的环境:麻布质地的桌布,随意散落的松果和稻谷,师生共同搜集的各种果实和种子,各类和秋、果实、种子相关的绘本、书籍,和一旁供孩子们随手记录的纸张、笔,以及孩子们在课程开展过程中随时留下的活动痕迹……浓浓的秋意扑面而来,也更加吸引孩子们和教师一起加入到"果实和种子"的探究活动和共同丰富课程环境的队伍中来。在班级的自然角和幼儿园的种植园地里,我们让孩子们自主选择水培、营养泥或是暖棚栽培的种植方式,还邀请了懂得种植的爷爷向孩子们介绍春种秋收、秋种夏收这两种不同的种植方式。

就这样,我们一个新教师一个老教师相辅相成,有课程实施中的争论,有课程执行中的烦恼,但更多的是为孩子们的表现喝彩和欢笑。我们感悟到,幼儿在真正属于他们自己的环境中能更加积极主动地学习。我们都能站在不同的角度创设适宜的课程环境,让良好的课程环境来满足幼儿的发展需要。

(二)赋予教师课程自主的权利空间

制度的建立是基于"认同和相信教师可以做课程的主人,会主动学习并解决课程问题""教师有专业自主权""教师应该有属于自己的工作空间"等基本认识,应给予教师最基本,也是最重要的信任。这不仅包括在他们取得好的成效时给予赞扬和支持,更包括在他们失败时给予包容和理解。这也是课程领导力中"课程思想力"的"文化现代"的重要内涵。长宁实验幼儿园特级教师陈青说:"我觉得被认可、被支持、被包容是我能够不断前行的核心动力,就跟孩子一样,我在工作中点点滴滴的成绩,都能被我所看重的人(师傅、园长、周围的同行、领导、专家等)认可,我想做的事都会被支持,我犯了错也会被包容,那我还有什么理由停止前进呢?"

> **话语点滴**:有课程领导力的教师是知道自己可以做什么的教师,心里很清楚标准。教师的课程领导力源于他在课程中被信任,有自由的心理空间,可以试探"不确定",不为一些潜在的限制(显性的检查制度"被查"、隐形的原有经验等)所限。在触摸、试探中扩大、加深对幼儿的理解与认知,以及行动与反思。
>
> (郭源,静安区南西幼儿园,教龄28年,负责幼儿园师干训工作)

为了促进幼儿的全面素质启蒙,班级教师需要在相互尊重和了解的基础上互相配合,发挥优势,共同承担责任。那么,幼儿园的课程制度就要在这方面作出推动的努力。我们认为,要调动和发挥每个幼儿园班级的课程能量,可以从以下几个过程和角度同时考虑:班级课程或活动目标是否符合幼儿园的整体目标和方向?班级课程的运行常规是如何建立起来的?班级中课程人际氛围和环境怎样?班级中成人是否建立了相互了解、相互信任的关系,形成了顺畅沟通的机制?班级课程运行的过程和成效是否经过了班级团队的自我检视和反思?

(三)支撑班级团队全方位课程实践

给予教师充分的负责班级课程从规划到落实的机会和条件,让教师共同真正负责运行班级的课程计划,承担各种课程和活动实务。心理学上认为,任何一个个体,不管他多么普通,他都需要一个"说了算"的空间,否则他的创造力和热情就难以发挥,能力也难以获得提升。

好的幼儿园会为教师、班级提供空间保证教师的权力,例如班级教师有资源配置、时间、精力、具体活动安排与实施的决定权。只有这样的"赋权"才能解放教师,引导教师做她们认为有意义的事。同时,真实的课程实践责任承担过程能高度调动教师、保育员等共同构成的班级课程小团队面对问题的行动解决能力、反思调整的能力等。教师在课程实践中获得的点滴成就将极大扩展教师的心理容量,促使教师全方位把握班级课程的走向并不断追求课程目标。

案例3-8 "如果我是一本书……"（浦东新区冰厂田幼儿园 邵怡）

班本化课程实施并非局限于集体教学活动，其形式可以是多元化的。我们要打破固有思维，在"一切以孩子为本""一日活动皆课程"的课程理念下设计活动。教师只有观察孩子的行为才能获悉他们需要什么，从而生成适合他们的活动。这是一个经验积累的过程，也是一个不断前进的创造性的过程。

一次偶然的机会，我遇到了绘本《如果我是一本书》，它的画面简洁，富有想象力，语句优美，富有节奏感。我们班的小书虫们说："这真是一本有趣的书！"

中班下学期的孩子已经积累了一定的读图经验，他们能够根据简单的图画来理解文章的内容。孩子们被绘本中富含想象力的画面和内容所吸引，沉浸其中。在这个基础上，我设计了一节集体学习活动。在"表达与分享"的环节中，孩子们的想象力和表达力更是让我感到惊讶，他们已然能够将自己生活中的一些点滴经验与绘本中的知识联系起来，并模仿绘本中的语句来表达，每个孩子都像小诗人般享受着创作与表达的乐趣。活动结束后，孩子们仍意犹未尽，在角色游戏中表演起《如果我是一本书》，并且还用绘画的方式制作了道具。

也许他们天生就是诗人和画家，每个孩子想象的世界都与众不同。我们不由地惊叹孩子们的语言是如此充满童趣，想法是如此丰富多彩，他们以独特的视角诉说着对生活的感悟和对世界的认识。

记录着孩子们的童言稚语，收集着孩子们一张张最稚朴的画作，一个念头涌上心头：如果把这些编辑在一起，不就是一本最精彩的书了吗？于是，我想把孩子们的作品编辑制作成他们自己的《如果我是一本书》。家委会成员认为这是一件非常有意义的事情。经过他们的讨论、策划，制作图书的想法终于得以落实，孩子们有了一本真正的属于他们自己的《如果我是一本书》。后来还相继产生了爱心义卖、诵读会、图书捐赠、翻译叔叔讲故事、晨会表演、联谊活动"暖"等活动，每次都是孩子隆重登场，他们真正成为活动的主角。

如图3-3所示，在班本化课程"如果我是一本书"的生成和实施过程中，我们根据幼儿的兴趣和能力，为他们创造了很多机会。作为教师，我是孩子们身后最直接的支持者，支持

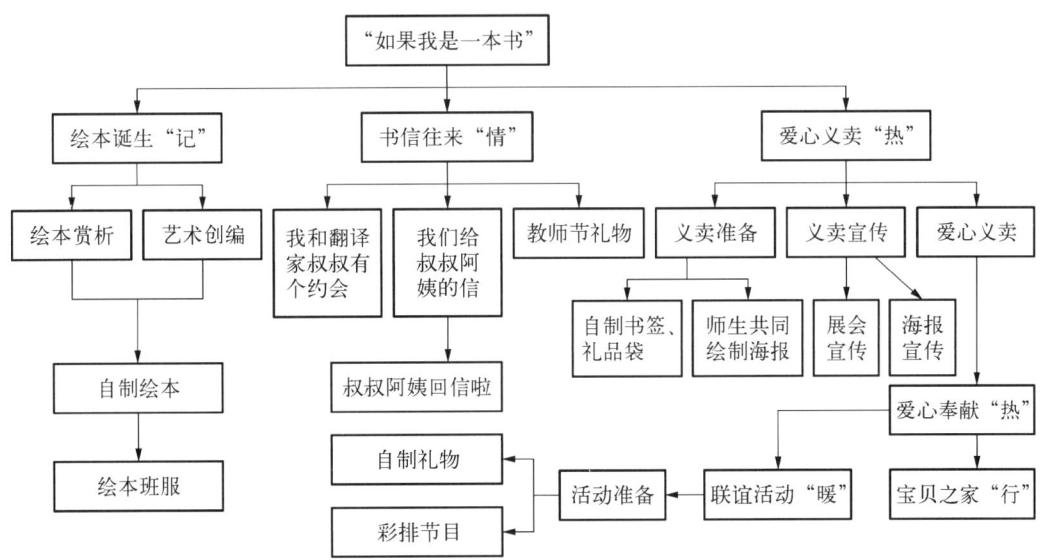

图3-3 班本化课程"如果我是一本书"框架结构

孩子的想法并为其搭建平台。而活动的顺利开展离不开多方资源的支持：幼儿园拨出资金添置了《如果我是一本书》的绘本；家委会在其中也是强劲的推手，拟定出书方案，设计图书封面、排版、印刷，共同策划爱心义卖活动等；我们还请来了《如果我是一本书》的译者和孩子们说说关于"一本书"的故事，和孩子们进行现场互动。多方资源的整合参与共同推进我们班本化活动的顺利开展。

我们欣喜地发现，孩子们进步了，成长了，活动中他们始终不变的是兴趣和热情。"如果我是一本书"是一次关于班本化课程生成和开发的实践与努力，不但带动、激励了班内的师生和家长，园内的师生和家长，甚至感染、带动了一部分社会人士。"举全村之力"，全村亦获益。"如果我是一本书"的班本化课程成为了我们班的一种文化象征，具有文化特有的感染力和传播性。它唤醒了孩子们内心的种子，渗透在孩子们的一日活动中，并悄然形成一种文化风潮，正影响、感染着身边的每个人。行进在这条路上，也许不会一帆风顺，但我坚信，只要我们用心观察，用心思考，用爱坚持，精彩必定在不远处等待着我们。

梳理这些具体的问题时，建议在课程制度优化上主要将"课程自主空间"和"课程责任承担"两个方面结合起来考虑。即赋予班级课程运行的自主权利空间，同时让班级承担课程运行实务成效监督和考察的义务，然后通过评价班级团队的课程成效来评价班级中的个人。

在这个过程中尤其值得注意的是要保障班级团队作出的课程决定和实践不被干扰，克服随意和简单化的"评价和判断"，即通过维护一个"善意"的环境为班级课程的运行提供安全、稳定、支持的氛围，并在班级团队需要时给予必要的帮助和支撑。这样既能够培育教师的专业自觉、提升专业的实践能力，促使教师主动解决课程问题，又能通过独立和合作的贡献形成一个有效的班级组织，为实现班级的课程目标——幼儿发展而努力。

（四）用评价来凝聚班级团队

在班级教师拥有了"说了算"的空间并主动开展课程实践之外，幼儿园的课程制度必须形成基本的质量保障机制，对班级的课程实践形成外部评价。我们提倡用评价班级团队整体来代替评价个人从而凝聚班级团队。这样的针对班级课程团队的评价在认可和尊重每一个人在课程运作中的贡献的同时，强调主动的互补、协同和协作，强化共同承担班级课程的责任、压力和成就，有效地增强班级团队的凝聚力和成员的归属感。

当以上四点都在制度层面得到认同时，由班级教师（包括保育员）合力来按照幼儿的发展需求共同构建适宜的课程和活动才能获得积极的保障，班级教师也才能够"心往一处想，劲往一处使"，并主动开展过程和成效的评价与反思，为未来的课程规划构建新的基础。

案例3-9　基于班本化课程实施的制度改革例举（浦东新区冰厂田幼儿园　皇甫敏华）

当课程决策权力回归班级，对教师团队之间团结协作、民主商议并共同建构课程的要求也相应提高，尤其是使一个班级的两位班主任之间在班级课程实践方面的联系也更加紧密。这种紧密关系的建立一方面是出于教师的自发需求，因为搭班教师合作是班本化课程得以实现的基础，也是质量的重要保障；另一方面是课程管理机制的相应变化也能从外在促进教师之间的合作。基于此，幼儿园实行两种评价机制。

一是共同课程审议机制。除了教师之间自发的各类非正规的对课程的讨论,幼儿园要求教师在课程决策阶段、课程设计与实施阶段、课程评价阶段结合《班本化课程实践指引》进行至少三次的正式课程审议,记录课程审议的过程,并完成基于《班本化课程实践指引》的自我评价。

二是团队教师评价机制。我园对教师的专业考核机制也进行了改革。原来,教师专业考核多将教师各自的日常表现和专项考核相结合给出相应评价,同一个班级的两位教师之间无论是在考核内容还是评价结果上基本是独立的,彼此间不会产生很大的影响。

然而,班本化课程实践背景下,这种考核方式会产生一定的问题,例如,班本化课程通常来源于两位教师的共同智慧,很难说一位教师的优秀活动中没有另一位教师的贡献。另外,教师为了自己的考核互不沟通,不利于班级课程的发展,违背了我们班本化课程实践的初衷。因此,我们的教师专业考核开始从个人评价走向团队共同评价。例如,在评价的过程中,一位教师可能主要负责开展现场活动,另一位教师主要介绍背后两人共同的思考和行动,考评团队会综合两位教师的表现以及这个班级的课程实际质量和幼儿发展情况给予综合评价。也就是说,两位教师必须为班本化课程的高质量的开展共同做出努力,并通过不同的方式展示自身的课程领导智慧。

三、教师参与制订标准,主动把握标准

幼儿园的课程运行一定会有许多配套的要求、规范和标准,这些内容通常以文本和实践行为的方式出现,并对幼儿园的具体课程运行起着非常具体的操作指导作用。这种类型的课程文本一般是园长、幼儿园的保教骨干团队等根据幼儿园课程实施的具体需求来制订的。这也在一定程度上造成了一些矛盾,例如,编制、制订者通常是相对成熟的教师,他们的思考和实践水平是这些"标准"的主体依据,因而,另一些教师会不适应、不理解,因而选择忽略这些"标准"继续按照自己的想法和习惯做事。通常,这些"标准类"的文本还会被转化为评价教师课程实践质量的依据或标准,此时就会有教师认为不合理、不可行。甚至有教师还会质疑要求或标准的必要性。的确,不适宜的标准时常会束缚教师的头脑,绑住教师的手脚。这样的"标准"在一定程度和范围上体现了一部分有发言权的教师的意志和水平,但是一部分没有足够发言权的教师就处在了被动的学习、执行的地位。

幼儿园的课程是以园为本来实施的,幼儿园的课程实施之路也是教师共同走出来的。参与实施的每一个课程主体都有权力表达自己对"标准"的想法和观点。幼儿园的课程落实方式决定了课程制度要保障教师的这项权利和义务。教师执行的课程规范应该共同来制订与遵守。基于教师的课程实践真实需求的规范能有力地承载课程的理念和实施原则,而"为定而定"的标准往往会误导教师实践。

(一)教师参与规范和标准的全过程

如果要让幼儿园与课程相关的要求、规范、操作手册等标准发挥其应有的作用,有效的做法就是让教师全程参与其产生的过程,即"询—研—学—用—思—改"的全过程。具体来说就是:征询教师是否需要这项规范,和教师共同研讨规范的指向和内容,与教师互动学习

达成共识,教师通过自身的实践去检验规范的可行性,反思规范的调整方向,参与新一轮的调整。幼儿园的课程优化制度和机制中要对此给予保障。在课程实施规范等标准的编制上坚持"教师主动第一",而不是园长或者骨干教师"说了算"。

以往,我们也许会在课程相关实践的规范编制过程中的某些环节去征询教师的意见,但是这种片段式参与给予教师的理解和表达空间是有限的。理解和表达受限会影响判断的出发点,影响判断的可靠性,也影响规范的可操作性。例如,当我们拿着一张骨干教师拟定的"幼儿园班级自然角建设要求"请一些教师提意见时,很多教师会受已有框架和内容的影响,直接针对具体的内容来提意见,但由于对该要求存在的意义缺乏了解和思考,其建议容易受局限,不会去考察自然角与班级课程之间的关系,忽视自然角与幼儿的互动方式等。而缺乏对这些问题的审视,规范对教师课程实践的影响也会大打折扣。

案例3-10 共建平台,让课程在教师的手上"活"起来(黄浦区思南路幼儿园 毛尼娜)

教师课程领导力指教师对课程系统的认识及课程行为的自觉程度,体现在教师对课程设计、实施、观察评价和改进这四个过程的系统思考和整体把握。我园"保教活动观测改进支持平台"成为教师课程实施中的好助手。教师在参与构建和优化平台的过程中既表达了日常课程实践的需要,也增进了教师对幼儿园课程自主实施的把握。

- 一张可以让课程理念落地的表——从课程理念到"我"的课程意识

"保教质量管理平台"中有一张幼儿园的课程实施统整建议,其中包括"课程目标""基本经验"和"基本经验形成行为",点开"基本经验"能看到课程实施详细的内容与要求。有了这张表,我可以清晰地看到从"课程目标"到"幼儿基本经验",再到更为具体、可操作的"内容与要求"的整体脉络。这样我就能清楚地知道在某一条课程目标下我需要做什么,幼儿发展什么,活动中我观察什么。有了这样的理解和内化过程让我对从课程理念到活动设计与实施有了更为系统的思考。

- 一份让教师按需选择的菜单——在课程行为中体现"我"的选择

教师的课程领导力体现在教师是否能够将课程用"活"。所谓"活",在我的理解上是教师所设计和实施的教育活动既应该符合园所课程理念和课程要求,又要充分体现自己对课程的思考以及对班级幼儿发展需要的考量。所以每一位教师的教育行为及其所开展的保教活动是不尽相同的,是蕴含着不同的教育智慧和个人教育风格的。这样的一种对课程的把控是教师课程行为自觉程度的体现,它不是一蹴而就的,而是在教师被给予充分的专业自主的条件下慢慢形成的。

我园对教师在课程设计与实施中的专业自主给予了充分的尊重,在课程实施过程中给教师一份可按需选择的菜单,通过专家评判法,从原有的幼儿基本经验形成行为观察指标中筛选出最典型的行为作为教师观察的必选指标,同时也保留部分指标可供教师自由按"需"选择,所谓"需",既包括作为教师的专业发展基础和需求,也包括班级班情以及幼儿发展需要。作为教师的我,在使用这份"自选+必选"的个性化菜单时,真正体验到了教师的权利,我可以整合幼儿、班级、自我专业发展等多项因素"量身定制"课程。

- 一套动态变化的图表——课程评价中我的"理"和"据"

在课程实施的过程中,教师对保教活动效果的反思直接关系到教育质量能否持续提升,作为教师的我在对活动进行评价时常会遇到"怎么看活动有没有效果""怎么评才是科学的"这样的疑惑。教师的课程评价力是教师课程领导力的一部分,包含对保教活动质量、对自己教育行为的评价。评什么?课程评价应着眼于幼儿的发展,所以评价活动质量的出发点是幼儿在活动中的表现、幼儿基本经验的形成等。怎么评?这就涉及教师在评价中基于的证据是怎样的,只有基于实证的分析和评价才具有说服力。

我园平台上就专门设有"数据统计分析"功能,在教师输入原始数据后,平台就会自动生成一套图表,包括柱状图、雷达图和曲线图等。这些图表有的指向幼儿个体,有的指向班级整体,有的针对每周或每月的发展趋势,有的是针对整个学期的情况汇总。雷达图可以帮助教师了解本班幼儿每月、每学期的发展趋势。当我想要评价幼儿发展和活动效果时,这套图表为我省去了大量的原始数据的处理过程。和家长交流时,我会有意识地打开图表,图表直观地反映出幼儿在不同经验领域的发展情况,这些实证依据让我的话语更有说服力,也更体现出作为教师的专业性。

● 一个自我完善的脑库——课程智慧"你我他"

在课程实施过程中教师会不断地积累教学经验和教育智慧,形成一些"好点子""妙方法"。但当教师在教育实践中遇到困惑想要寻求同伴支招时通常会有以下疑问:这个问题该去请教谁?用什么方式可以快速地询问到同伴呢?

我园平台中有这样一个"脑库",教师通过便捷的方式直接将活动效果和改进策略上传到平台中,而平台会自动检索教师改进策略中的关键词,对每一条改进策略赋予关键词的标签,比如"位置调整""同伴影响""激励方式",并统计出高频词进行排序,教师点击后就能看到包含此高频词的改进方法。一个个鲜活简练的案例让我迅速了解这些策略该怎么选怎么用。我也可以在平台分享我对案例的修改和补充。"脑库"让每个教师的教育智慧得以不断积累、完善和更新。

(二)从等待他评走向主动自评

对幼儿园课程的规划和建设、课程实践运行、课程实施成效等的评价是幼儿园课程评价的主要方面,分别指向幼儿园课程本身、教师的课程实践,幼儿的发展,共同构成"幼儿园课程实施方案"中课程评价部分的具体内涵。

《上海市学前教育课程指南(试行稿)》(以下简称《指南》)中明确提出:"实施以发展为导向的课程评价。充分发挥课程评价的反馈调节功能,多渠道收集有关幼儿发展状况、教师教育行为及幼儿园课程建设的信息和意见,并与改进措施相衔接,逐步形成通过评价促进幼儿发展、教师发展和幼儿园发展的有效机制……要建立教师发展性评价的体系,重视教师评价内容的全面性,强调教师对自己的教育理念、教育态度、教育行为和教育效果的分析与反思,建立以教师自评为主,多方参与的评价制度。"

《指南》的这些具体内容和精神反映了上海学前教育课程对教师课程实践评价的定位,即将教师放在了课程评价主体的位置上。这与我们提升幼儿园课程领导力,提升教师的课程领导力的取向完全一致。尽管很早以前就有这样的精神引领,但是在幼儿园课程实践中发现教师在课程评价方面仍然处于被动的地位。在市教研室对各区县的幼儿园教师开展的无记名问卷中我们发现,幼儿园评价教师的主要方式有:① 幼儿园组织进入班级观摩活动以评估班级教师的活动质量;② 通过发放家长问卷了解教师的保教活动质量;③ 通过专题活动或者开放大活动等所呈现的质量来评估教师的工作。问卷中仅有30%的教师提到幼儿园"采用由幼儿园提供的评价标准由教师开展自评"。数据反映的是教师作为被评者的实际地位。

教师难道不需要评价自己班级的保教质量吗?教师没有发言权吗?教师不会开展自评吗?可能深层的原因还是"评价是权力",是上级对下级实施监管和控制的手段这样的旧思维和旧习惯在作怪。

在提升幼儿园课程领导力的视野下,应如何通过制度的优化和创新创造一种引领教师自我评价、自我调整和发展的机制呢?教师作为课程领导者如何发挥课程评价力,做到导向明确、主体多元、改进有效呢?

通过立项幼儿园的若干实践探索,我们认为,幼儿园应在课程制度上保障教师拥有"内部驱动的自我评价"的权力和机会,承认课程实践的过程和成果要依靠教师,尊重教师的自我认识和自我发展,引导教师认同、内化幼儿园课程目标和实施原则等,并积极赋予教师开展自评的权力,即支持教师用确定的事实来说明班级幼儿发展的情况,幼儿园和自己班级的课程运行状态怎样,它们与目标的方向是否一致,别人和自己的评价是否有差异,等等。始终支持教师自发对自身课程运行状态的审视,同时帮助教师增强感知和自我判断,促使教师基于幼儿园的课程目标,基于班级幼儿的发展,作出合理的、不断优化的课程实践的具体选择。

在这个过程中要提供一些适当结构化的工具和方法作为教师开展自我评价的依托。通过自评引导教师增强对本班级课程运行状态的感知,增强对自身课程的思考,让教师"看见"自己产生主动调整课程实践的意愿和相应的行为,让自评工具和方法成为帮助教师自我诊断的"第三只眼"。

案例3-11　引导教师开展自主自发的课程质量监控(静安区安庆幼儿园　温剑青)

多年前幼儿园就开始研究如何引导教师开展保教质量自我监控。自我监控即幼儿教师在主、客观条件的作用下,通过对自身课程规划和实施过程与结果进行经常化、结构化的反思与自评,不断调节和控制自己的行为活动,以提高保教质量的行为。研究提出园长要想方设法让教师主动对班级课程与活动负责,对自己的工作状态和工作结果进行规划、管理和监控,这是新课程赋予教师的责任,同时也是给予教师的发展新空间。单纯外在的、自上而下的监督与调控往往是被动的、滞后的。教师自主的、由内而外的自我监控才是主动的、积极的,也才可能持续下去成为常态。

研究在保教质量监控方面逐步形成了两条思路:一是把保教质量落在思考和行动的前端,二是把保教质量落实在每个人的自主规划与行动中。沿着这两条思路逐步形成了两种基本方法:一是引导教师形成保教质量的自我监控意识,形成积极的心理准备;二是给予教师获取保教质量信息的途径与方法,提供可行可信的操作。同时,还为教师提供了较为结构化的"教师保教质量自我监控提示"(包括板块、内容、时间、对象、方法等)作为班级保教质量的监控工具和教师审视课程实施状态的辅助体系。同时鼓励教师根据自己的需要,采用内评与外评相结合的方式定期通过专题的形式进行自我诊断,预防可能的偏差,实现主动调控能力的生长。鼓励教师坚持客观地收集自我保教质量的信息,尝试判断与分析,反思矛盾与问题,作为改进工作的基础。

这个结构化的监控过程是引导教师走向自主监控的过渡阶段。责任感是教师自我监控意识的核心。幼儿园希望通过这套监控表的使用能够培育教师发自内心的质量监控需求,使教师即使摆脱幼儿园提供的工具也有意愿与能力进行自主的质量监控。

在此基础上,安庆幼儿园在第二轮的项目研究中提出构建更为结构化的"我做我评价"自评体系来支持教师的专业成长,这套评价与教师日常教育行为并行,并有课程小组从教师专业需求、资源保障、问题聚焦等方面提供帮助,为教师的课程执行与反思提供支撑。

例如,"我做我评价"体系中具体可操作的内容将原本的课程方案内原则性的、理念性的工作目标做了"行动化"的转变,分为"课程设计与反思""环境创设与资源利用""专业素养与研究"三个板块,分别涵盖一日活动环节执行、备课反思、听课评课、个别化学习、资源利用、个别化环境、班级环境、师幼互动、家园协同、教研组活动等多条标准。除此之外,还有一个板块是对以上内容进行课程实施自我监控的反思。

(三)推动教师开展课程实践反思

《指南》提出,"要强调教师对自己的教育思想、教育态度和教育教学行为及效果的分析与反思"。"教师要成为课程领导者"是我们的追求,它与"教师要成为反思型实践者"可以说是教师角色的"一体两面"。前者是从正向领导上的表达和指向,后者是从反向反思上的表达和指向。课程领导者与非课程领导者的关键区分就在于他们是否有明确的课程主体意识和主动行为。反思是课程主体的最核心的存在方式。

> **话语点滴**:我不断与自己对话,将反思性对话纳入实践中。这个过程不是复制和套用别人研究所提出的实践准则,而是真正以指导性的目标和价值为中心,全面参与思考的过程。我以开放、全心全意地投入的心态与同事、同行展开交流,不再把反思的基本内容限制在技术问题上,而是不断地努力理解自己的教学,理解孩子的想法,并且努力从多个角度去看待各种情境,逐渐实现了从"技术熟练者"到"反思性实践家"这一专业形象的转变。
>
> (徐嘉,黄浦区荷花池幼儿园教师,教龄10年)

上海市教委教研室开展的"提升幼儿园教师课程实践反思能力的实践研究"发现,反思是广大教师的重要工作内容。很多幼儿园采取结合周日计划与记录、活动观察与分析、幼儿观察个案,以及教养笔记等方式,鼓励教师积极反思自身的教育过程和效果。

2017年5月,上海市教委教研室在对全市16个区各级幼儿园教师的抽样调查中发现,部分幼儿园和教师认同反思对改善自身课程实践水平有一定的积极作用,但是作为一项全员教师必做的工作程序和内容,其有效性还是具有很大的上升空间。调查显示,幼儿园教师在开展反思中仍然面临以下几方面的问题。

1. 反思的关注面较窄

这个"窄"反映在教师反思的内容指向上。幼儿园教师主要的反思内容是各类教育活动的设计、实施过程与结果,将反思局限在活动本身。活动的设计、实施和结果受很多因素的共同影响,包括教师的理念、价值观、个人能力与意愿、现实条件、幼儿情况、活动与其他活动的关系等若干方面,并且相互交织形成若干关系,缺失对这些方面的分析和追寻,只就活动反思活动,很难促进活动的提升和教师的发展。同时,幼儿园"一日生活皆课程",幼儿园教师往往更重视对教师组织和主导的集体教育活动的反思,而忽视幼儿一日生活中的其他活动与环节,如师幼互动、幼儿活动环境的创设与管理、家园合作实施课程、教师自身的课程观和儿童观、态度,而这些恰恰是幼儿在园接受教育的分外重要的品质构成。我们需要引导幼儿园教师扩展反思的广度。

2. 反思不深入

这与前一方面有类似的原因,但更强调的是幼儿园教师在开展反思时容易浅尝辄止,凭主观经验判断,并容易满足于自己的简单分析,对问题或现象的背后原因、影响因素、本质等缺乏深度的思考,往往简单罗列原因给出解决办法就宣告结束,对自身的判断和形成的调整思路也并没有认真对待,更不会去验证。

3. 缺乏反思的对话支撑

幼儿园教师进行反思的方式主要是撰写文本,或个人在脑海中思考。这两种方式在很大程度上都是独自进行的,而且反思过程的内隐性为教师造成了一定的认知壁垒。即知道的永远是知道的,认为正确的永远是认为正确的,教师很难再从其他视角获得更为有价值的收获。调研发现,市级骨干教师更倾向于从观察幼儿表现、与他人沟通等方面来进行反思。另外,教师普遍期望在反思方面获得专业引领和参考。

4. 反思的价值与利用率不高

幼儿园教师为何要反思?反思究竟为谁所用?反思对教师的内心获得和课程优化有何实质的促进?这些问题是对幼儿园教师反思目的和价值的探寻。如果教师反思是因为这是规定不得不写(想)的工作任务,而并非其出于主动探寻而产生的行动,教师缺乏认同感和获得感,其成效就会打折扣。调研显示,幼儿园教师对撰写规定格式、字数的反思存在较强的倦怠感,普遍表示期望在反思上拥有更多的自由度、专业对话和指导。

从优化幼儿园课程制度的角度,我们认为,制度要能够有效增强幼儿园教师的反思意愿和主动行为。反思是一种有目的的意识过程,是教师作为课程主体对课程质量承担责任,不断进行专业追求的过程,因而是非常个人化、个性化的过程。任何将反思的初衷引向外在原因的做法都会破坏教师的主体性和内部驱动。要维护和发挥反思的作用,就要在相关课程制度的建设和优化上注重三个方面。

(1) 提供充分的时间和学习、对话条件,帮助教师感知自身课程实践状况。例如有人和教师讨论他们关心的问题,让他们知道自己正在做什么,正在想什么。帮助教师从对问题的简单分析到本质的思考,引导教师在工具反思的基础上,增大价值反思的比例。帮助教师建立有效互动,从个体反思到开展协同反思,营造更为宽松、支持的反思氛围。这些都可以与我们日常的教研制度整合起来考虑。

(2) 营造可选择的空间,尊重教师在反思过程、反思内容、反思方式等方面的主动选择和把控程度。幼儿园教师作为课程具体规划和实施的主体,具有主动思考的权力和自由。教师的反思在很多场合下都会产生,但是对教师个体产生积极的作用的是教师感受到反思所带来的优化实践上的成效或者对问题形成新认识的愉悦。只有教师感受到自己的思考带来价值,感受到反思带来的对自身思考能力的认可和成就感时,才会成为乐于反思、积极行动的课程实践优化者。增大教师在反思上"说了算"的空间,就是对教师反思最直接的激励。

(3) 鼓励教师充分保存反思并反复阅读和使用。例如,教师采用日志、博客等方式记录反思,并经常阅读自己的反思,不断提醒自己曾经遭遇过什么问题,是如何成功解决的,他人的想法对自己有什么影响,重新思考以前的问题现在又有什么崭新的认识和化解思路。相反,如果幼儿园硬性规定教师"必须围绕某个主题用书面的方式撰写规定字数的反思",或者要求教师必须在规定时间内上交一定数量的反思供管理者检查,然后束之高阁,都是会折损教师主动性的简单粗暴的制度,给教师造成精神负担和无谓的精力消耗。

从以上角度尝试调整课程制度,使得反思过程和反思的载体都能够促进教师积极地关注自身的课程状态和课程认识。

案例 3-12　努力做一个反思型实践者(徐汇区乌南幼儿园　殷佳妮)

课程实践是一个教师专业成长的出发点和归宿,而反思使我们的专业成长更积极。我愿意一直努力做一名反思型课程实践者。

一、学习并坚守"一日生活皆课程",扩展反思的宽度

一项研究发现,教师们较少尝试从"班级文化和氛围、资源利用和配置、课程评价"等视角进行思考。这引发了我对自身课程实践的关注和研究。我刻意地增加了"一日课程"中观察与思考的频率。当我发现孩子们排队取点心拥挤时,以前我会思考如何才能引导孩子们学会谦让、等待,并尝试强调或者调整规则。而现在我会想:孩子们取点心时的拥挤现象是不是我期望的?这说明了什么?这与我们班级幼儿的发展目标有矛盾吗?可能是哪些原因造成的?从我期望形成的班级文化和氛围的角度,我可以做哪些事?等等。当我观察到在游戏中有孩子将材料加工区的工具随手乱扔时,我又会思考:这是一个个别的、偶发的现象,还是孩子普遍的现象?我该选择什么样的时机如何去和孩子互动?是把孩子们召集在一起来讨论这个行为呢,还是对出现这些行为的孩子进行个别指导?我开始考虑教育方法的适切性、投入和效益的问题。

反思的关注面广了,我有了更多的机会去考察我的思考和实践调整对孩子们的发展究竟管用不管用,并深入思考我作为教师的价值和作用。

二、在多种关系中连续、深入地思考,挖掘反思的深度

在日常的课程实践中,作为教师,我总是要面临大大小小的选择。而进行选择首先必须要有能够说服自己的理由。我发现,尝试将自己的思考放在一些重要的关系中进行考察往往能帮助我进行选择,作出适宜的判断。

比如我在实施《为小动物造房子》的活动时,活动的导入部分是孩子们为自己最喜欢的小动物造一幢特别的房子。分享交流时,一个孩子指着她的房子介绍道:"我为大象造了一个有滑滑梯的房子。"我可以这样回应:"你的房子真有趣,大象一定很喜欢。"我也可以这样回应:"三角形积木有一条斜斜的边,它能变成滑滑梯,真是太有意思了!"

当把这两个不同的回应放在与活动目标的关系中进行反思时,显而易见,后者更能指向我的活动目标"进一步感知图形积木的特征"。我发现,保持对一些现象和问题的持续反思能帮助我更好地形成自己的课程意识和逻辑。

我最喜欢观察孩子的游戏。我发现孩子们在分享后仍然要"扑"到我面前,告诉我他们还没有讲过自己的游戏。这一现象引发了我的思考:什么样的讲评能让更多的孩子有机会表达呢?为什么我想讲的和孩子们想讲的时常不一样呢?怎样才能捕捉到孩子感兴趣的话题呢?

这样的思考,始终伴随着我的尝试和调整,让我关注班级里正在发生着什么,我该如何去看待,从哪些角度去认识和分析。

三、自我反思和同伴互助反思,发现思考的乐趣

你们一定会问:总是写,总是想,你累不累?你哪儿来那么多时间?而我认为,比起从反思中得到的收获、反思的过程带给我的乐趣和自身成长的快乐,这些累又算什么呢?

- 看电影和看视频

我喜欢在业余时间看电影,尤其是经典的教育题材电影,如《死亡诗社》《摔跤吧!爸爸》《神秘巨星》,它们不经意间就道破了教育的真谛,让我重新审视自己的教育行为。我还经常看身边的优秀教师和自己的视频,不仅发现自己在实践中容易忽视的问题,也努力拉近自己和优秀教师的距离。

- "追星"和"追新"

我追自己喜欢的"大咖",听她们的讲座,读她们的著作,比如龚敏园长的博客、应彩云老师《云淡风轻》和《上海托幼》里的名师专栏。读她们的思考会让你的眼睛变得更亮,耳朵变得更灵敏。我追最新的教育资讯,追一些权威的幼儿教育微信公众号等,帮助我有目的、有依据的观察和思考。我追前沿的教育理念类书籍,如《和儿童一起学习》《儿童的一百种语言》等,它们帮我获知新教育观念,建构属于我个人的课程实践参照体系,让我的思考逐渐从工具反思走向价值反思。

- 聊天

聊天就是对话。对话也是一种反思的方式。在我们幼儿园有班组、大小教研组、项目组等多种小组,让我有机会与不同的教师进行专业思维碰撞。我也经常有机会和国外幼教同行进行交流,以此来审视自己的思考。幼儿园还经常有其他社会领域的工作者来访,让我有机会不断尝试和他们开展跨界对话。当然,对话的对象还包括我班级的幼儿和家长。这些都是帮助我反思的有效途径。我发现,我们作为教师所做的一切,在他们的眼里跟我们自己认识的完全不一样,而我总是能从其中收获惊喜。

第四节 优化服务于教师课程实践需求的组织与功能

幼儿园课程组织和部门的建立要以幼儿园课程发展和运行的需求为中心,从"精准服务课程需求"的角度,通过优化课程组织的结构、流程等来确保其功能的实现。创新与幼儿园课程发展相匹配的组织及功能,考察和提升它们的实效。

幼儿园的课程实践离不开围绕幼儿园的课程建设和实践的需求而建立起来的各个部门组织。这些部门可以有不同的分工指向,有针对性有重点地为幼儿园课程的运行提供相关的服务和保障,是各自相对独立的,例如,幼儿园负责课程编制与发展的课程研发部门(小组)、资源保障部、师资培训部。

这些部门有具体的任务内容、工作的基本规范和流程,以实现其各自的管理和服务功能。同时,这些部门之间的工作又是相互协调的。除了少数有条件的幼儿园为专门的部门配备专职的人员以外,在一般的幼儿园,这些部门里的人员都是由幼儿园的有一定能力的教师兼任,甚至有的部门只有一位教师,由他按照工作的要求和流程组织教师们共同来开展部门的工作,实现部门的功能。

幼儿园中常见的部门组织有幼儿园层面的,如课程研发中心、幼儿园家委会等;也有年级组层面的,如教研组;还有围绕一定的阶段任务按照一定主题建立起来的项目组等。随着幼儿园课程主体意识的增强,幼儿园课程实务的责任承担范围的扩大,和幼儿园课程具体实施时各类需求的不断涌现,幼儿园出现了越来越多的用以满足课程实践需求的组织和部门。

幼儿园课程组织和部门的建立要以幼儿园课程发展和运行的需求为中心,要通过明确其工作责任和工作流程来确保其实现功能。但是组织和部门也并非越多越好,要避免为了"赶时髦"而"学样",看见别的幼儿园有,就在自己幼儿园也设一个。

我们要站在"精准服务课程需求"的角度审视部门和组织存在的实际作用,做到精简部门和组织的同时提升效率。同时,还要考察这些部门在开展工作的过程、方法和流程等方面是否符合幼儿园追求的课程理念和基本原则。一个提倡赋予教师课程自主权的幼儿园一般会反对设立对教师的课程实施进行严格管控和评价的部门,相反,它可能会设立了解教师课程实践需求并设法满足的部门。在提升幼儿园课程领导力的背景之下来看幼儿园在课程组织、机构、部门的设置与优化,不仅针对这些实体的构建,也针对它们在运行方式、指向功能上的优化。

一、改进教研活动,找到并解决"真问题"

教研组是幼儿园最常见的课程组织,也是活动最为频繁、涉及人员范围最广的一种组织。它的功能是将教师定期地组织起来开展围绕一定主题的研究和讨论,研究幼儿园中真实发生的课程问题,寻找解决方案和方法,并且通过组织一定的活动促进教师的思考和实践探索,实现教师的发展。

我国的幼儿园历来重视组织教师集体开展学习与讨论,教研组作为一种常态化的组织在幼儿园持续存在,关于教研组本身的组织结构、人员设定、形式设定、主题选择、研究过程的成效等,已有很多研究。在教研组的建设和运行上我们还可以做以下三个方面的努力。

(一)发现和化解幼儿园课程中的真实问题

幼儿园建立教研组不是要研究大学里学者研究的东西,而是要解决幼儿园自己面临的课程规划与实施方面的挑战和问题。开展教研活动最主要的目的是,围绕本幼儿园的课程与教学相关的问题和教师教育现场发生的问题,有针对性地寻找适宜的解决方法和途径,最终使问题获得化解。

教研活动的话题必须与本幼儿园的真实需求背景紧密联系,教研最大的"有效"是"单刀直入"地回应幼儿园真实的课程和教学当中的问题,而这个问题最好也是"能且只能"通过教研活动才能更贴合实际地得到化解。当我们认为这个问题没有办法在已有的研究或者知识体系中找到答案,又是本园课程与教学的需求,要立足本园教师已有的基础、思考和实践探索才能够化解,那么我们就采用教研活动。幼儿园在课程和教学中面临的真实问题和需求是非常个性化的,所以幼儿园一定要明白自己"要"的究竟是什么。也就是必须首先找准那些"真"的问题。

只有明确本园课程和教学的真实问题和需求,然后在此基础上来甄别和确定面对的状况,才有可能有效分析和化解问题。否则,找寻出来的那些所谓"共识"只是"看看都对,拿来无用"的东西。比如,有一次教研活动,教师们在讨论户外游戏中高、低结构材料提供的比例问题。他们统计了现有的户外材料的种类、数量,以及观察到的幼儿活动的情况。但是,如果问一句"然后呢",教师们在做了这些事情以后接下来不知道该干什么了,他们不知道该作怎么样的判断,朝什么方向去判断。之所以会这样,也许就是因为没有搞清楚为什么要研究这些问题。幼儿园的教研活动通常都太"急",在还没有分析和明确自己真实的想法和问题时就已经在解决问题了。就这个例子来说,在开始具体的分析和研究之前,教师可以先问这样几个问题:在我们幼儿园为什么要开展户外游戏?户外游戏材料与室内游戏材料本质上应该怎么不一样?我们幼儿园的户外游戏材料的现状是怎么样的?如果比例不合理,有哪些具体的表现?如何调整是合理的?我们如何考察调整以后的适宜性?等等。

所以,结合所在幼儿园在课程和教学方面的基础和发展需求,分析并找准想解决的问题,再通过教研活动来解决问题,才是教研活动的一般逻辑。如果教研组的建立与运行不能贴合幼儿园的实际需求,甚至只是重复教师已有的经验,教师的获得感就会很弱,久而久之,教师参与教研活动的主动性就会降低。

1. 找到"真问题"的基础是诊断教师的经验

教研活动的主体是教师,因此我们要把对教师在什么背景和条件下开展什么目的的教研作为基础来进行诊断,即认真地鉴别出教师的已有经验和未知经验。教师已有的经验是开展教研活动的基础,不需要作为教研活动的主题来讨论。教研的目的是发现和解决问题,仅仅呈现教师的已有经验或教师通过自学获得的经验,这样的教研活动是相当表浅的,没有价值。比如,很多幼儿园几乎每年都把新生入园适应这个内容作为研讨的主题,不同的教研组作过多次的研讨,其实,关于幼儿园新生入园适应问题的研究也数不胜数,教师们完全可以通过自己的学习获得这些知识,不需要在教研活动中一次次地讨论。要做的反而是对不同教师对新生入园适应的胜任能力的一种诊断。新教师可能没有经历过新生入园,有过相关经历的教师缺少的是对经验的梳理,非常成熟的教师缺少的可能是对以往经验有效性的判断和审思。只有对教师们的真实疑惑有了清晰的把握,才能够找到那些真正需要在教研活动中化解的问题,确定好教研活动的适切主题。

甄别出教师的已有经验后,紧接着就是鉴别教师自己可以获得的经验和适合通过教研活动来获得的经验,也就是让教师通过教研活动的开展,"跳一跳就够得着"的经验。值得提出的是,教师自己可以获得的经验,包括通过书本资料的学习、询问他人等方式能够获得的经验,这一类可以不在教研活动中涉及,或者只简单讨论即可。适合通过教研活动来获得的经验主要是指针对本园或者本班级的具体需求,必须要通过与同伴的反复讨论并在实践中多次尝试等过程才能获得的经验。

比如,幼儿园因为某种原因,想要尝试一种新的新生入园适应办法,让家长开学后的一周内,每天都在班级里陪伴幼儿半日。对于这样一种尝试,教师有一定的心理准备和知识基础,即家长在场有助于缓解幼儿和家长的焦虑,帮助幼儿适应环境。但同时家长在场也会对教师的活动组织产生影响,大家对这种尝试都不太确定,那么就可以将此作为一个教研的主题。也许这时候需要教师共同在教研活动中讨论的有以下的问题:家长在这半天里面承担什么样的角色?不同发展水平的教师如何看待这件事,有什么担忧?在新的活动中究竟准备做哪些事,设计时要遵循哪些做事的规则和程序?哪些事情有助于幼儿的适应?我们如何判断幼儿、家长和教师在其中是否获益,是否取得预期的成效?影响成效的关键是什么?如何通过这个过程加强信息对等,增加教师和幼儿家长的相互信任?这个新方法比以前的做法究竟好在哪里?可以代替以前的方法吗?

结合不同教师的已有经验和需求,判断他们在教研中的需求和可能的贡献,然后再设计教研过程和期望的成果,保证不同教师都有收获同时,对幼儿园课程的运行产生积极的影响。

2. 升级教研话题,支撑教师探索实践

随着幼儿园课程改革和实践的触角不断向更大范围、更新领域、更深层次的延伸,幼儿园教研组不能仅满足于寻找到新鲜的话题来尝试和讨论,而是要结合课程实践的推进过程,实现研讨话题的"内涵升级"。不仅要研讨"是什么,可以怎么做",更要关注"教师对这个问题的看法,他们课程实践需要和思考的变化,需要教研组做点什么",以回应教师的主动探索,从而真正地实现教研促进教师"思行合一"的专业提升。

例如,当幼儿的运动从"教师带领和组织幼儿完成锻炼任务"逐渐转向"幼儿自主选择活动区域和材料主动运动"的时候,教师原有的设计运动内容和组织过程的"武功"没有了发挥的余地,教师们有些不知所措,只是简单地知道和认为"应该观察"。此时,教研组根据教师的疑惑和被动,也许可以围绕"观察幼儿自主运动,我们需要什么?如何去开展观察?幼儿自主运动中的指导如何开展?教师组织的体育游戏还需要吗?为什么?"等问题展开教研的话题,将教师的思维引向更新的指向、更高的层次,既呼应了幼儿园课程实践改革的需要,又贴合教师的需求。

教研活动就是要发现并组织教师共同化解真实的问题,为幼儿园的课程优化助力。教师是否愿意提出课程相关的问题,是否愿意主动参与课程问题的化解过程,教师关心的课程问题能否被幼儿园发现,能否被接纳并有针对性地化解,是幼儿园课程领导的体现。

案例3-13　围绕班本化课程实施的教研话题(浦东新区冰厂田幼儿园　皇甫敏华)

在幼儿园推进"以班级为本实施课程"的研究和行动中,教师们一边尝试一边思考,在各教研组开展了不同的教研专题研讨。教研的话题有:

- 在主题进行前如何了解幼儿的已有经验?
- 如何让家长有效地参与到班本化活动中来,充分利用家长资源和社区资源?
- 梅园部教室空间有限,因此班级自主开展户外游戏活动,那么在材料提供、情境创设上,教师需要做哪些工作?户外游戏和室内游戏的区别是什么?
- 对主题中涉及的幼儿经验的解读,尤其是如何运用各种资源助力课程的开展?
- 主题开展过程中,如何了解班级幼儿的兴趣,推进以班级为基点的园本课程实施?
- 班级内开展相同或相似的主题,不同班级课程建设的架构有什么异同?
- 每个班级在建构自己班本化课程的过程中经常会遇到困难,年级组在这个过程中给予了什么帮助和支持,提供了哪些有益的建议支持教师的课程建设?
- 如何建立幼儿园和班级对各种资源的敏感性?
- 探讨主题中的重要经验、架构及资料包中原素材点的适宜性,交流如何根据班级情况进行班本化的调整和活动尝试。
- 在游戏的观察指导中是如何体现"幼儿在心,课程随行"的课程理念的?
- 在生活环节中渗透班本化课程实施意识的案例分享及反思。
- "以班级幼儿为本"的课程意识是如何融入幼儿的一日生活中的?
- 班本化课程建构过程中内容筛选时你是如何思考的?
- 以具体的班本化课程设计与实施为例,反思怎样做一个有准备的教师。
- 儿童视角下的主题墙的创设是如何推进和实施的?其中如何体现教师的策略?

(二)扩展教研视角,发现缺席的VIP

幼儿园的教研组是由若干教师共同构成的,教研活动开展的形式是教师之间的有组织的讨论。教研活动是一个教师研讨的时空,除了需要教研的主持人或者负责人,还要有若干参与教研活动的教师,有时候也会有园长、专家或者根据某个主题的研究需要而特别邀请的人员,例如家长、社区代表等。

教研活动的参与者通常都是代表自己或自己所属群体的人来发言,表达自己的想法、观点和提出意见的。我们发现,不同的参与者有各自不同的角度,使得教研活动能集思广益,拓展思维,在分享观点和做法的时候相互学习,挖掘出更深、更本质的问题和原因,彰显教研存在的价值。但是,幼儿园却怎么也没有想到过在教研活动参与名单中被我们列入课程的VIP级的核心人物——幼儿。

肯定有人会说孩子太小,能力有限,不能参加教研。幼儿为什么不能参与教研?幼儿在怎么样的条件下就可以参与教研了？我们有没有想过把幼儿以及幼儿的意见纳入教研？毕竟，从幼儿的角度获取的信息可能是课程发展和实施最重要的信息。

在商业研讨中有一个很有意义的做法，就是在会议室中放一把颜色区别于其他座位的"空椅子"，用它来代表不能来参与讨论的"客户"。对于企业来说，客户是核心利益的代表，所有的讨论都需要站在客户的角度和利益上予以考虑。一把"空椅子"的存在时刻提醒参与研讨的人，那才是真正重要的人。即使他不在场，他的利益和想法仍旧需要被放在最高级别给予优先考虑。这种方法放在幼儿园的教研情形中应该也有相似的效果。如果我们为幼儿保留一把"空椅子"，相信我们在讨论和思考问题的时候就不会忽略幼儿，会主动去考虑他们的视角、他们的想法、他们可能的表现和意见。这有利于破除"教师中心"，的确是一种引导教师研讨注意分配的很好的方法，值得坚持。受"聚焦幼儿发展"观念的积极影响，幼儿园现在的教研中，教师们已经越来越关注幼儿在课程实施中的表现，也会经常选择通过录像、视频等重现幼儿的活动场景来对幼儿、对问题进行分析。

案例 3-14 和孩子一起设计玩具（静安区芷江中路幼儿园　陈佳妮）

我园的低结构活动是以幼儿主导的活动，教师给幼儿足够的自由发挥与探索的空间，凸显幼儿的主体地位，非常强调让幼儿表现自己，让教师发现幼儿。多年来，我们创新了幼儿的材料，研究与开发了系列玩具，如龙门阵组合式迷宫、镜子城堡、猜猜我是谁、万花筒、镜子迷宫、创意夹夹乐、粘来粘去、百变扭扭管、宝宝洗刷刷……这些玩具获得了全国奖项，其中很多还申请了国家专利，在全国推广。

低结构玩具的开发与研制要充分考虑将幼儿的玩与有意义的学融合。尤其是将低结构活动的隐性目标客体化于环境材料与玩具之中，使幼儿在玩中学、操作中学、体验中学，这个要求确实给我们教师的专业素养与水平提出了很大的挑战。我们在总结上面的研发经验的基础上，进一步探索低结构玩具的研发路径。

现实活动中存在的问题有：一是为了达到教育目的，教师制作了自己认为是幼儿喜欢的玩具，但这往往会变成控制幼儿的新工具；二是教师为了制作玩具花费了大量的工夫，但是幼儿却不买账，不想玩；三是玩具的开发与实施分离。教师为了开发玩具，力图将教育的隐性目标体现在玩具中，但是在实施中却发现，玩具的规定性玩法抑制了幼儿的多样玩法。

我们认为，低结构活动的理念应渗透到玩具的研发与实施中，在幼儿使用玩具的过程中充分体现幼儿的主体性。我们形成了研发低结构玩具的两条路径。

一、"幼儿玩与教师研——共生共长"

一个有价值的低结构玩具必须考虑两个方面，一是让幼儿爱不释手，二是能够让幼儿玩得有意义且有挑战性。于是我们在开发研制中必须要兼顾这两点。也就是既要探索玩具的某种特征对幼儿某方面的行为及发展的影响，也要思考幼儿个体也许会超越玩具的特定功能以满足个体探索的需要。因此我们必须关注幼儿的"玩"。

教师研制玩具遵循"幼儿玩的表现—教师反思与研讨—研制玩具—幼儿再玩—再完善"这样一个反复循环的研制路径，这样的研制路径有效提升了教师的专业素养，教师用专业的眼光认识幼儿，关注玩具与幼儿活动行为的作用与反作用的关系，开发了一系列经典的玩具，促进了幼儿的发展。

二、建立"玩中研"的教研制度

教师群体共同玩孩子的玩具,在玩中研制与开发玩具。每周的园本教研就是教师群体共同玩孩子的玩具的时间,共同研究已成为一种制度:讲孩子的故事、对话式的教研、深入讨论,并进行专题的"关于低结构的玩具开发与实施的研究"。这一研究将玩具的开发从关注教师赋予玩具规定的玩法到关注孩子的玩,玩什么、怎么玩、玩多久、玩的价值,再到关注玩具开发与孩子玩的共生共长。

"玩中研"的途径有两条:一是教研组中教师群体玩幼儿的玩具,共同研究,将目标与内容转化为有效的幼儿活动;二是与幼儿共同玩,共同开发幼儿喜欢的玩具。

现在,教师与幼儿一起玩玩具已成习惯,在玩中研制与开发真正属于幼儿的玩具,让玩具发挥潜在教育功能。"放手""信任""玩的权力"是开发玩具的关键词,同时站在幼儿的角度想还有哪些功能幼儿会开发。研制的玩具灵不灵让幼儿来说话。开发玩具的角度由教师转向幼儿无疑是一大惊喜。

有了认识教师才会有自觉的行为,在教研组活动中纷纷探讨:怎样的玩具材料可能会形成幼儿怎样的活动与经验,从中养成什么行为习惯等。教师将对幼儿的认识融入开发玩具的具体过程中,于是得出开发玩具要关注的要点:① 关注幼儿怎么玩。② 关注玩具有哪些发展功能,在幼儿手里还可以开发的功能。③ 注意玩具的安全性。

在观察幼儿玩玩具的行为过程中,我们寻找到低结构玩具的开发关键是幼儿。教师群体玩幼儿的玩具、教师与幼儿一起玩无疑是研发低结构玩具的又一条有效路径。

通过观察和接纳幼儿与玩具的互动,教师在玩具设计中顺应幼儿,实现了从"环境控制幼儿"到"幼儿主导环境"的根本转变。玩具在幼儿的手里得到充分的开发,"万花筒"玩具可以打开的后盖便于幼儿自己投放材料进行探索就是一个典型的例子。

幼儿是推动玩具改进的重要力量。教师在投放玩具的最初阶段是基于对幼儿活动需要的初步把握,即预设;而在活动进行中,经过幼儿与玩具的互动,幼儿会产生新的需要和兴趣,即生成。玩具需要随着活动的推进和幼儿兴趣与探究欲望的改变而改进。低结构玩具就是教师根据幼儿的需要将玩具进行调整,深度开发,将幼儿从一个观察者转变为活动的发起者、探索者、发现者。

无论我们采取的具体方法是什么,目的就是打破教研中全盘的教师视角,增加来自不同课程主体、不同角度的信息和观点,以起到拓展思维、维护幼儿主体地位及权益的作用,从根本上让课程实施与优化不断指向幼儿发展。

幼儿是教研的VIP,但是教研的目的不止于此。教研中对类似于"重新发现儿童"的研读应该是属于教师们对幼儿心理学、教育学等基础知识的学习,因此它出现在教师们真正关注幼儿发展的教研早期是比较正常的,但是如果这种研读比例持续在教研活动中过高也是不合适的。

幼儿园很多的教研活动以"研幼儿"为中心以展示教师对幼儿的理解,总令人觉得很"不解渴"。因为教师们表现的是他们对幼儿的已有的经验,而并不是对自身课程实践或者幼儿园课程问题的思考,导致教研活动失去了它本来应该有的方向。教师全面、客观地理解和看待幼儿,有助于他们对课程或者教育问题的讨论。了解幼儿和呈现幼儿的状态只是开展教研活动的基础而已。在教研活动中脱离本园课程和教师自身教育问题来单纯研究幼儿意义并不大。教研活动研究的问题要与本园以及教师自身课程与教学改进需求相匹配。

(三)教研组长要示范"做课程领导者"

教研组长是教研组的中心人物,他们本身通常是幼儿园的骨干教师,各方面都相对成熟。但是,教研组长面临的挑战比普通教师更大。教研组长在本质上仍然是教师,他们承担着和普通教师同样的课程实施规划和实施的责任。但同时,他还要引导、组织一个教研组的各项研讨工作,以及教研组内其他教师的日常指导和帮助。

在教研活动中,针对问题进行专业的研讨当然是正事,但是如何把正事做好却不是一件简单的事。因为这是一个教师群体不断深入的持续的研讨活动,因此它必然受到相当多因素的影响。认识到教研活动的复杂性,知道它的若干影响因素,并学会去控制它们,是教研组长必须要面对的挑战。除了幼教本身的专业,教研活动是调动人的艺术。教研组长除了要对幼儿园的核心理念、课程目标、阶段重点工作有深入的理解,还要有主动地引领他人共同行动和思考的技能。

不够好的教研活动往往缺乏方向,缺乏对教师的吸引力,导致大家的注意力很分散,东拉西扯,没有效果。教研组长不一定是每一次教研活动的主持人,但是他要对教研活动的走向有着积极的规划。他要依靠对幼儿园课程理念的深刻理解捕捉教研活动中产生的有价值的信息;要靠对组里每一位组员的需求和能力的了解,积极发挥每个人的长处,激发组员探索的愿望,支持组员的主动探索行为;要靠着对群体心理学基础知识和技能的把握,善于激发互动,引发争论和合作,整合全组的力量,分配研究任务,把握教研活动的进程;要善于利用现有的专业支持资源为教研注入"活水",挑动大家的思维,还要系统总结梳理、提炼大家的观点和成果。我们对教研组长有引领的要求,但是缺乏相应的支撑。

从提升课程领导力的角度来看,对教研组长这样一个"研究共同体"中的领导者,我们也许不应该苛求他们始终能做专业的"权威"或"指导者",或者现成经验的传递者,因为他们可能与广大教师一样也面对一些未知的领域和疑问。但是,我们应该期望并支撑他们成为课程实践改革的带头探索者,他们要成为"愿意主动探索并带领大家一起探索"的人。当面对困惑和班级中的课程问题时,教研组长不是被动等待,而是"主动出击",愿意做"第一个吃螃蟹的人",积极带着大家一起面对挑战,正视未知,并率先实践,为组员和其他班级的教师作出研究和实践行动的表率。

案例3-15 从"独跑者"到"陪跑者"(浦东新区锦绣博文幼儿园 姚萍)

2015年,我园以特色课程"田园实践活动"为切入点正式开展课程领导力项目研究,它深深颠覆了我对课程与教学的原有认知,我的职业生涯也仿佛重新"归零",不知不觉中,我踏上了一段独特而难忘的课程领导力成长之旅。

研究一开始,大家对什么是田园实践活动没有概念。作为骨干教师,我第一个承担了田园实践活动的开发和研究,从内容的选择、活动形式的拟定到活动过程的实施,我成为幼儿园第一个"吃螃蟹"的人。

2015年6月,雨水很多,连续下了好几天大雨,校园的操场上积起了水,孩子们看到了一条蚯蚓,于是我们带上各种工具来到了树林、草地、菜园挖蚯蚓,我们挖呀挖呀,终于挖到了蚯蚓。我们边回忆边记录,边观察边记录,边讨论边记录,每个人都有了自己的蚯蚓日记,我们还开展了一次"蚯蚓日记"的讲述活动……这次看似简单的活动,却让我这名成熟教师经历了课程教学观念的大转变。

孩子在我们的天地里不够"自由"。作为一个成熟教师,教学活动对我来说并不算难事。一开始,我在设计好一场活动,实施活动前心中总是充满期待:孩子们应该知道我在问什么,该回答什么,我们的配合天衣无缝,我做好充分的准备工作,为的就是一次完美的合作。但是,当我力求完美地展示时,孩子们收获了什么?他们"自由"吗?

在我的天地里给孩子"自由"。我一次次回到田园理念的原点思考,我感受到了课程实施需要追随孩子。慢慢地,我在师幼互动中找到了突破口,双向平等的"对话"是师幼互动的基础。我树立和孩子平等对话的意识,营造宽松的心理环境,这些转变让我感觉我好像能给孩子"自由"了。但是虽然课堂的现场有了改变,孩子们的思维和表达却还是在教师预设的范围内,孩子得到的只是形式上的自由,并非真正需求的自由。

在孩子的天地里我寻找自由。经过我在不断调整过程中的挑战和摸索,试教过程中的挫败和改进,活动顺利后的反思和重审,我发现当我给孩子充分的时间和空间,课堂中和孩子一起玩起来,支持孩子大胆的想法和做法,孩子们自主了,而我终于也"自由"了。

第一个"吃螃蟹"的经历让我成为幼儿园的一个"独跑者"。"独跑"的过程中我感受颇深,我在摸索的过程中初步积累了一点点田园实践活动的想法和经验,也慢慢尝试着更主动地、更开放地去思考活动。

随着项目实施的推进,我们以田园实践活动为抓手的研究也全面推进和深入开展。这个时期,我逐渐从"独跑者"开始转变为陪伴教师共同探索与实践的"陪跑者"。

例如,在田园实践活动实践研究过程中,教师们愿意大胆创新,可是大家没有方向,常常会发出"不知道做什么"的感叹。我们从课程开发的角度梳理开展过的优秀案例,通过调研孩子们和教师们感兴趣的主题内容,然后形成了田园实践活动30事的课程内容,解决了教师们"做什么"的困惑。作为课程开发小组的组长,在田园课程实施过程中我思考的范围更大了,我不仅思考自己,我还会思考教师们需要的是什么。

在研究中大家对于过程中如何去把握田园理念,如何基于儿童权利开展活动等还是有困惑的,教师们经常说"不知道怎么做"。于是,为了确保课程研究中田园理念的渗透,保障课程实施的质量,我和课程组的教师们一起,通过对优秀案例的梳理,开发了田园实践课程五步骤模板作为教师课程实施过程中的操作导引,确保儿童权利的落实,教师们能够基于儿童需求开展课程,从而真正促进儿童的发展。

大班年级组开展了田园实践节庆活动"舞龙"。我作为"陪跑者"和大家一起做,对内容的确定、计划的拟定、内容的实施进行了交流和梳理。通过团队的协作,我们的活动开展得非常顺利,团队的课程实施得到了提升。通过这次团队的研究,教师们也有了深入的思考:自己是不是有时候替孩子作了决定?自己是不是有时候会定势地看待孩子的能力?是不是有时候会单纯为了结果加快脚步?敞开心、放开手后我可以为孩子做点什么?过程中的敏感度怎样提高?是不是活动本身的价值也许可以更大?活动结束后,教师们还会继续探索,并在以后的活动中去践行。

我也通过一对一地指导支持教师去尝试实施田园实践活动。一对一的"陪跑"达到了经验分享的目的,更多的"火种"被传承下去。通过这几年的实践研究,我们有很多骨干教师、青年教师都在课程实施中有了自己的收获和心得,队伍中有更多的"陪跑者"涌现出来,这也体现了我园教师的课程领导力正在不断提升。

从实施到开发的过程中,我从拿着任务照着做转变为挖掘主题自主实践,从一个执行者变成一个开发者,从格局上、思维上都在不断地成长。渐渐地,我比教师们想得多一点,看得更多一点,思考得更多一点,总结得也多一点。我也开始关注把这些"多一点"分享给教师们,给大家一些借鉴和启发。过程中,我鼓励教师大胆尝试,不要怕做错,以包容开放的视角去看待课程实施的过程,以团队协作的形式鼓励大家不要单干,我园逐渐形成了良好的团队合作氛围。

二、创建课程资源中心保障教师课程运行

随着幼儿园课程主体意识的增强,伴随着课程实践探索的深入,课程资源越来越成为课程内涵品质的重要体现。幼儿园拥有的课程资源的丰富程度、课程资源与课程的匹配程度越来越受到幼儿园的关注。在社会经济条件不断提升、办学经费不断增加的情况下,幼儿园拥有越来越多的更新和优化课程资源的可能性。

幼儿园的课程资源主要是指围绕幼儿园的课程实践和落实,满足幼儿园各类教育活动的开展,满足幼儿的活动经历和体验的各类园内、园外的环境和材料。课程资源除了有形的物质资源,还包括人力、时间、精力等无形资源。

为了加强对幼儿园课程资源的整合,提升资源的开发和利用效益,幼儿园多建立了与幼儿园资源管理和保障相关的部门,并制定了相应制度,由专职或者兼职人员来统筹运作。幼儿园通常都有的"资源保障部""后勤资源部"等,即使没有专门的部门和机构,也会有人员承担相应的职能。

幼儿园的课程实施方案中会有关于课程资源与开发的相关原则的阐述,幼儿园实际的课程运行过程中也一定有相关职能部门或人员参与资源创设与管理。但是,面对丰富繁杂的资源开发和管理过程,幼儿园仍旧存在着"资源写在文本中而实际不用""追求数量多""追求高大上""追求别人有的我们也要有"等现象。这在一定程度上说明幼儿园在资源开发和利用上还存在着很多的认识盲区,尚未形成稳定、科学的认识。

从提升幼儿园课程领导力的角度来看,课程执行力中的"资源保障"指标,也即课程资源的配置、开发与利用是课程执行力的重要体现。从指标及其表现水平来看,研究强调除了资源的数量、品种的选择性,更看重资源与课程实施的匹配度,对课程主体需求的满足度,课程主体对课程资源的掌控权,以及资源开发中的效益等方面。我们希望用适宜的资源成本和方式提供优质的课程服务。

因而,幼儿园课程资源的建设与利用是否围绕满足幼儿园课程主体(主要是幼儿和教师)的需求,是否真正实现了对教师和幼儿"友好",成为"让教师和幼儿便利地使用"的资源,是判断课程资源价值及其相关运行部门成效的工作重心。因而,转变资源管理和使用的方式,转变相关部门的工作视角和重心,实现从"集中的自上而下的管理资源"到"灵活地支持

课程主体使用和开发资源"。

或许可以用下面一个过程来描述幼儿园课程资源开发和利用的一般规律：堆砌、积累—系列化、序列化、系统化—精选与匹配—考虑使用者的需求和使用火候—激发课程主体的敏感性和自主权。我们可以按照这样的提升脉络促使幼儿园的资源保障部门走向越来越高级的服务水平。

我们的研究重点从幼儿园课程资源相关部门的工作中心和方法等角度提出了以下四个方面的优化指向。

（一）深入分析课程资源的构成和使用效益

幼儿园建立相关的课程资源部门，这些部门除了采购、整理、分发资源以外，其首要的工作是考察幼儿园现有课程资源的使用和开发的总体特点，站在课程资源与课程需求的角度作出合理分析和适宜的判断。这样的分析可以从很多不同的角度来展开获取信息，但根本上还是考察幼儿园的课程资源是否能有效满足课程实施的需求，如：采购或开发的是不是需要的？资源提供的类别与教师的使用情况如何？幼儿实际使用教玩具、设备的机会、时间是怎样的？幼儿园专用活动室的使用和维护成本如何？每一个教师、幼儿是否有公平合理的机会使用资源？现有的活动空间和材料、设备、工具等是否物尽其用？有没有被浪费或闲置？

在真实的课程运行过程中，开展类似的调研不仅可以帮助幼儿园把握资源配置和使用的实际状况，还可以向教师传递"资源为教育所用，需要考察适宜性"等观念和意识，对教师是一种积极的引导。

课程领导的视野下强调主体的需要和作为，那么幼儿园的资源创设、管理与使用（如幼儿园定期或不定期添置的教具、玩具、图书、用品，甚至电子化的软硬件和APP）该由谁来决定？需要从哪些方面考虑？比如，幼儿园是否需要开发或者购买一套教学软件？它对教师工作、幼儿活动将产生或者实际产生了什么影响？教师使用它们的态度和效率是怎样的？幼儿园不仅需要考察可能的资源本身的特点与成本，更要创造一种"满足需要，适宜性考察"的制度和氛围。

幼儿园要认真研究并利用好社会上适宜幼儿的各种资源，在教师有意识地规划和设计下，使其有效地为教师所用，让幼儿切实受益。

案例 3-16 教师主动发掘和创造课程资源（长宁实验幼儿园 郑慧敏）

中班"交通工具"主题开展的第二周，孩子们围绕各种交通工具提出了丰富的问题。教师们认为很有必要带孩子去实地观察，我欣然同意，并建议带孩子去之前教师需要先实地考察一下。

经过一周的时间，教师们陆续地进行了信息反馈：

"我们去了机场，但是到不了停机坪，无法看到飞机的外形构造。如果让家长带孩子去坐一趟飞机，成本大不说，也不能长时间地在停机坪上停留。"

"我们有家长是空姐，可以帮忙联系去机场。但也只能在安检之外，看到的是换登机牌、托运行李。且集体出行还有安全问题。"

"我们找了铁路博物馆。但铁路博物馆是介绍火车的发展史,以文字为多,对孩子们来说太深奥,离孩子们的经验太远。"

"我们可以让孩子们了解乘坐地铁的规则和程序,体验乘坐的乐趣。但还是亲子活动更适宜,过程中成人可以不断解答孩子的提问并引导孩子们的进一步观察。"

现在的关键是要寻找到适合的公共资源,这也是我们的难点。在大家的群策群力下,我们终于选定了上海工程技术大学作为中班"交通工具"主题延展时的公共资源。因为那里有航空学院、汽车学院、轨道交通学院,每个学院都有实验室和仿真的体验室。

我们敲开了工程技术大学校务办公室的门,接待老师听了我们的意图之后,一脸迷茫地说:这里是大学,是大学生读书的地方,你们幼儿园的孩子来参观是不是太早了点?很多原理对他们来说真的还不懂啊!"

我们说:"孩子们的学习是在他与周围事物不断接触中积累的。孩子们不需要深奥的原理解答,他们需要的是经历,是感受,逐渐形成他们的经验,这就是他们的学习。孩子们对交通工具发生了极大的兴趣,教师就应该创设机会支持孩子们的进一步探究,在探究中解答自己的困惑与问题,并用自己的方式表达出来。"

负责接待的教师终于明白了,提出可以先带我们参观一下各学院中的实验室和体验室,在边看边聊的过程中,我们共同来协商了给孩子们看什么,说什么。

经过多次的联系,我们确定了出发的时间、各班要去的学院,到了学院后要去体验的项目,以及安全方面的注意事项和需配备的学生志愿者等,最终完成了一份完整的实施方案。

2018年3月22日,孩子们带着主题中的项目,项目中的问题,和老师们一起踏进了上海工程技术大学,开始了真正的、有意义的社会实践活动。

孩子们来到航空学院,坐在大草坪上认真地画起了飞机,飞机的外形、飞机的细节都表现得淋漓尽致。孩子们来到实验室,第一次近距离观看飞机引擎,有点像电风扇;第一次看起落架收起,很是神奇;当孩子们来到了1:1的模拟机舱,找着自己的座位,翻下小桌板,体验了一把服务与被服务的感受;当"危险"来临时,拉下氧气面罩,穿上救生衣,找到逃生出口,从逃生滑梯迅速撤离。孩子们最开心的是进入模拟驾驶舱,他们发现飞机驾驶盘与他们想象的完全不一样,每个孩子兴奋地驾驶着"飞机"滑行、升空、降落。

在这过程中,孩子们能近距离看到飞机的构造,不明白的地方可以询问大学生哥哥姐姐。在这个过程中,孩子们能慢慢地感受,把最真实的感受说出来、画出来。在这个过程中,引发了孩子们进一步探究的愿望,种下了长大后要成为工程师、飞行员的梦想。

(二)围绕课程需求的变化升级服务方式

课程资源是用来服务课程的。幼儿园课程资源管理部门本身也可能因为幼儿园的课程改革而更新自己的功能、具体的任务、工作方式和流程。其目的就是为了使该部门的结构和运转更好地支撑幼儿园课程的变化,提升回应来自保教活动现场中的需求的速度和效率,努力不让教师和幼儿的活动因为资源缺乏或节奏跟不上而放弃或者降低效果。这需要幼儿园课程资源管理部门充分熟悉日常的课程实践动态变化的可能性,根据一般的需求提前储备资源或者采用优化过的资源分配流程。这个角度的改变体现了幼儿园从制度、机制上提升幼儿园课程领导力的水平，反映了资源为教师服务、为课程服务，为幼儿发展服务的根本追求。

案例 3-17 "课程服务单"的故事（长宁实验幼儿园　张建红）

长宁实验幼儿园几年前成立"课程四中心"，其中的"后勤保障中心"的主要职责就是为课程实施提供后勤保障。

为了使主题活动能够顺利开展，教师们反复与后勤部门沟通，而后勤部门不得不奔波于商店、超市、菜场购买物品，奔波于教室、食堂反复确认要求，又要忙于烹饪、分发，恨不得脚上能穿上溜冰鞋。这边还没结束，教师们带着孩子们去菜场买菜，后勤部门又安排人员做好安全护卫工作……即使如此忙碌，还是会发生这样那样的问题。

我们召集教研组长、后勤组长、后勤采购人员等共同商讨分析现状，发现后勤部门不认为自己和课程实施这件事情有什么大关系，通常都是等待教研组提出需求，要求买啥就买啥，不会给予一些建议，处于被动接受任务的状态，缺乏主动服务的意识。平时对课程实施需要的常规物品采购的信息没有积累，比较匮乏，导致有些物品无从采购或采购时间长，造成工作效率低容易出错。同时，教师的课程实施物品需求缺乏计划性，需求信息不全，教师对物品采购、外出活动的需求比较大，并且随机性也较大，这同样给后保中心带来很大的压力。同时，各教研组教师与后保中心人员双方沟通不够，所需物品的品种与要求不清晰，沟通随机性强，口头说的多，记录的少，有时会靠经验办事，规范性不够，需要多个部门协调合作的就会经常出错。

项目组积极开展研究挖掘我园的管理经验，从"会务单"制度得到了启发。小小一张会务单可将开会的时间、地点、位置、媒体、茶歇等多种需求填在其中，后保中心依此安排相应部门落实，既方便又高效。何不也设计一份"课程服务单"，让课程资源的服务也能方便高效起来。

在编制"课程实施服务单"（见图 3-4）过程中，我们反复听取教研组长及广大教师的意见，多次调整表格内容，尽可能方便教师们填写所有需求。通过使用再次进行调整，课程服务单逐渐完善，并细化为两类"课程实施服务单"，一类是关于物品采购与食品加工，"课程实施服务单"方面，一类是关于大活动、外出活动方面。服务单一出来便深受教师的欢迎，教师们在活动前一周填写服务单，将需要的物品或人员详细地填写在表格中，后保中心负责相关部门进行落实。教师们逐渐养成全面思考在课程实施过程中所需物品的习惯，计划性和课程实施能力大大提升，后勤老师也大大提高了工作效率，为课程实施提供了更好的服务。

在使用"课程服务单"的过程中，我们不断梳理，形成规范的流程，使原本复杂的过程规范化，后保中心依据服务单安排工作也更有序高效。

如何进一步提升服务质量，凸显服务的主动性？后保中心又开始新的思考。每年，大多数的教师都会换年级，幼儿园的课程资源库给予教师们许多课程实施的建议，于是后保中心开始着手建立"课程服务资源库"。

先从幼儿园的"学习用品篇"开始，将每学期各年龄段的幼儿所需的蜡笔、水笔、固体胶、剪刀、手工纸等用品进行汇总，包含品牌、规格、颜色、数量、供应商等信息。随后开始建立"大活动篇"，其中包含了"节日活动""春秋游""大活动"等。按照年龄划分，整理相关内容，

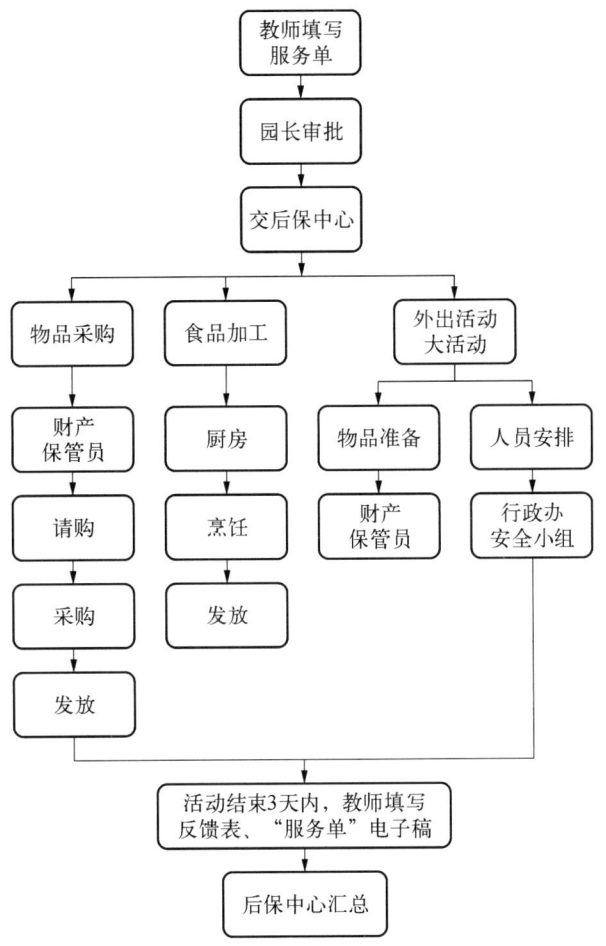

图3-4 长宁实验幼儿园"课程实施服务单"流程

将活动名称、需要的物品配备、人员配备进行汇总。"主题活动篇",由于主题活动的内容非常多,于是后保中心和研发中心齐携手,共创建。研发中心联手教研组长整理每个主题中需要的物品,后保中心将服务单中关于物品中的一些具体信息进行整理、完善,形成资源库。

课程服务资源库的建立使后保中心的后勤人员的主动服务成为现实,在活动开展之前,他们可以主动询问教师开展活动的需求,而教师只需在原来的基础上稍做修改即可,沟通起来方便易懂,大大提高了效率。

另外,还有很多升级资源中心、满足教师课程实施需求的方法。比如,熟悉幼儿园教师工作的人都知道,随时拥有便利的各种工作材料、工具、器械以及在一个宽敞的地方做教具等是多么需要的事。幼儿园班级里通常没有太多给教师工作的空间。一是因为班级里有数量众多的幼儿要活动,几乎占据了教师所有的精力和可用于做教具的空间,教师们的各种活动前的准备都是等孩子离园以后做的。二是一些工具设备进入班级也是不安全的。而教师做准备的过程中往往需要繁琐的流程和空间转换,还要受制于他人的工作节奏,例如,复印资料在园长办公室,领取材料在仓库,剪切和塑封需要找一个安全的地方,用好裁纸刀和塑封机还要归还……

考虑到幼儿园教师的实际需要，尝试为教师打造一个宽敞、舒适、便利的自助工作中心是一个很好的整合资源、服务教师的好办法。在这个专属于教师共同工作的空间里，分区、分类、开放式地储存各类教师课程准备时常见的材料，打印、复印、裁剪、绘画、粘贴等教师的常见工作都可以在这里完成。还可以收集一些可循环使用的日常废旧材料储存在这里，这也是幼儿园教师的宝贝。

自助工作中心让走进这个工作室的每个人都能够自主、自助地进行工作，不管是园长、教师，还是家长志愿者。建立一般的管理和维护规则，适当辅以"使用提示"，例如提示教师将裁剪下来的纸条放在专门的盒子里，也许其他人还可以用得着。这个建立了良好运行秩序的区域，省却了管理人手，降低了维护成本，更重要的是，为教师自主、高效开展工作创造了条件。

另外，在网络等虚拟空间内建造一个共建共享的课程资源库也是很多幼儿园在尝试的。总之，为教师提供符合幼儿园课程目标与价值的、丰富的、可选择的资源，便于教师课程实施和创造是最重要的根本。

（三）赋予课程主体动态生成资源的意识和主动空间

如果说幼儿园的教师和幼儿能够感受到已有的资源"可以满足、可以选择"是对幼儿园的一条基本的要求，那么，站在提升幼儿园课程领导力的角度上，幼儿园创造和维护"教师具有对课程资源开发和利用"的自主权就是更高层次的追求。幼儿园的课程资源部门更高的境界是树立"教师都是资源开发的主体，相信教师能够按照课程发展和实施的需要主动参与资源开发"的观念。

很多幼儿园都有给予教研组、班级教师一定的经费，由其根据课程需要采购教玩具、服务等类似的做法。这是一种值得肯定的做法。如果要将其本质作更好的提升，可以进一步打开课程主体的资源开发权限，让所有人都体会到为了幼儿园课程实施开发资源是自己的权力，也是自己的责任。

在这样的机制和氛围下，与幼儿园课程相关的任何人，包括园长、教师，甚至幼儿家长，通过被赋予的掌控空间使得资源能灵活适配动态生成的、个性的需求，每一个人都可以为幼儿园的课程资源建设和有效利用作出贡献。幼儿园负责课程资源的部门要成为一个开放的部门，要积极认同教师的创造性实践，传播课程开发和实施中出现的优秀经验，积极创造鼓励多元主体共建、共享资源的氛围和机制。

案例 3-18　找到和选择适合的（长宁实验幼儿园　殷嘉雯）

随着"公共汽车"项目的深入，我们决定组织一次实地探访活动——到公共汽车停车场调查研究真实的公共汽车。这是一个我们并不了解的实地探访活动地点，势必有多辆公交车来来往往。那里有没有无车穿行的空地供教师和幼儿停留参观？有没有家长的休息区？我们需要自备椅子吗？这些都是在我们实地探访前教师心中的疑问。

同时，小班幼儿具有强烈的好奇心，看到新奇的事物会主动接近，特别喜欢操作摆弄。所以实地探究时，必定是要在安全的大前提下先给予幼儿足够的时间探索公交车的里里外外,在"看、问、摸、玩"的过程中寻找问题答案。教师如何组织所有幼儿与公交车充分互动,保证幼儿在有限的时间内寻找答案并记录下来?公交车司机是否能用幼儿听得懂的语言准确回答幼儿的疑问?公交车上的零部件能否让幼儿摆弄,满足他们的好奇心?每个细小的环节都深深影响着项目是否能继续发展,实地探访是否能成功,幼儿的疑问是否能得到解答。

为了提高项目实地探究的效率,保证项目的顺利开展,我带着以上的困惑事先前往71路中运量停车场踩点。我找到一大块无车穿行的空地,用安全线分割互动区和家长等候区。

在和工作人员沟通的过程中,发现他们原本计划带领我们参观最新的三辆71路中运量汽车。此时我立刻明确探访需求,我们的幼儿在项目活动中想要探访的是普通公共汽车,而非71路中运量,并现场电话联系了公交司机,首先告知我们的探访流程:分组与公交车里外互动→集体解决共性问题→自由写生公交车。接着提出探访需求,为满足小班幼儿喜欢摆弄的年龄特点,公交车需要熄火供幼儿摸索驾驶室的各种零部件,确保司机认同幼儿的游戏行为,保证活动的可行性。最后告知本班幼儿的已有经验和问题层次,在和公交车互动的过程中幼儿可能提出关于车灯的颜色、挡风玻璃的数量、方向盘上按钮的功能等不同层次的问题。希望公交司机能用完整、简单、易懂的语句回答幼儿的提问,帮助他们获得新经验。

在实地考察时,教师分组带领幼儿拿着"任务板"进入互动区探访,大部分的孩子都是全程非常投入地观察和探究。观察轮胎、认识车灯、摸摸雨刮器、使用公交卡、转转方向盘,孩子们从里到外、从上到下,摆弄操作他们感兴趣的事物。我们还在车上一起数座位、数拉手环,并把结果记下来反馈给爸爸妈妈。与此同时,实习教师用手机捕捉现场精彩瞬间,以照片和录像的方式记录活动过程。

回顾整个探访过程,我们发现教师全局的计划、事先的踩点、有效的沟通都为实地探究的顺利进行奠定了基础。在实地探访公共汽车后,很多幼儿越来越喜欢公共汽车,我们也在教室里的电视机中循环播放实地探究时的照片与录像。幼儿通过画面经常重温探究的经历,他们在游戏中不断重复上车、投币、报站、拉扶手等动作,并在游戏中开始建构车门、车窗等细节,甚至开始用红旗、棒棍装饰公共汽车。

在寻觅公共资源的过程中,教师们相互借鉴、相互影响、相互探讨,不断地吸纳经验、总结经验。教师们明确了为什么要选择公共资源,公共资源在幼儿的主题活动延展中的作用是什么,渐渐地会主动寻找公共资源、筛选公共资源、制订使用公共资源的方案。在制订方案时更细致、更全面,成为课程资源的主动管理者、整合者。

(四)关注时间和精力等无形的资源

如果说一般的教师对课程资源的认识停留在可见的物质材料和环境等方面,那么,能够看见和主动掌控时间、精力、机会等无形的资源是对教师工作的更高层次的要求。教师,或者说教师生命的广度和深度,是幼儿园最重要的资产和资源。也许,从幼儿园课程资源管理和开发的角度来说,这是一个"超越"的要求,这不仅涉及幼儿园需要建立强有力的师资培训制度和流程的问题,而且会引起我们对如何看待和发挥教师价值的关注。

幼儿园课程资源部门的工作可以和其他部门联手来共同关注和提升教师的时间、精力的使用效益,降低因为不适宜的资源提供方式和节奏对教师工作时间、精力的消耗。前面提到的三个方面水平的提升其实都能在一定程度上提供更好的条件,保障教师将主要精力和时间用于真正和幼儿在一起开展有意义的活动。例如,面对教师"做环境"付出的精力和时间,幼儿园是否考虑提供必要的支持,该买的就买,减少教师无谓的手工制作;不过分追求外在的美观,让教师按照幼儿的实际需求选择自己认为适宜的活动材料;对教师的工作时间(包含不带班的时间)中在各类事务上花费的精力作客观地统计,思考可以为教师减负做些什么;等等。

三、建立调研组织帮助教师发现和解决问题

调研最初是外部行政或业务主管部门出于对幼儿园了解的需要,一般是由外部人员按照一定的调研主题,设计调研框架来对幼儿园课程的某些方面进行调查和研究。例如,市、区教研室对幼儿园进行的课程与教学调研。通过调研发现幼儿园课程发展和实施中的经验与困惑,帮助主管部门思考和改进工作,为幼儿园课程改进提出适切的建议。

随着幼儿园办学主体性的不断深入确立,幼儿园的办学规模越来越大,各项与课程相关的实务越来越多,顺畅地落实课程所面临的影响因素也越来越复杂。同时,幼儿园作为一个快速变化着的社会中的学校组织,面临诸多观念和实践层面的改革创新实践,挑战来自多个方面。因而,伴随着幼儿园的发展与课程实践需求的发展,幼儿园产生了新的了解自己的需要,幼儿园的办学和课程规划、改革试验与创新、对幼儿的聚焦深入关注等催生了幼儿园的自我认知的意识。有的幼儿园也尝试过选择一些第三方提供的调研和咨询服务,寻求对幼儿园课程多方面发展的诊断和建议,但是调研开展的方法适宜性和实际成效值得考察。

(一)幼儿园课程意识的增强催生调研组织的产生

幼儿园开始有意识地开展多方面的课程信息收集,自发、主动地寻找到"调研"这样一种手段以帮助自己增强自我认知的手段,从最初零散的信息收集,逐渐走向系统化的设计与开展专项调研,甚至发展到现在,已经有幼儿园正式产生了基于调研的工作机制,有了专门负责的部门和人员。这不能不说是幼儿园课程领导力提升的重大突破,标志着幼儿园最初对课程实施和改革从"摸着石头过河"的探索,逐步走向了询证意识和方法视角下的刻意改进,说明幼儿园已经逐步形成了一定的自我完善的心智模式。

幼儿园的调研组织或者具有相关职能的部门人员通常是由幼儿园一部分具有相对较高学历的比较擅长理性思考的教师来牵头,也会根据实际的需要吸纳本园富有专业能力和成熟经验的骨干教师组成。

案例 3-19　让调研成为习惯(黄浦区荷花池幼儿园　余晓琦)

我园的"课改先行组"由两位副园长、一位保教主任、三位教研组长及四位研究生教师共同构成,并由其中一名较为成熟的研究生教师担任课改先行组组长一职。课改先行组的研究实力和实践能力都是非常雄厚的。研究生团队的加入使得科学的调查方法在课程研究中极有生命力,无论是对课程的发展还是对教师自身的发展都有着积极的促进作用。

在课程的实施中,调研成为课程改革的一种习惯,一种制度。这将变革的源头定位于教

师课程实施中的问题,从问题出发,从实践中着手,能更科学、客观地呈现、反馈幼儿园的课程状态,始终在行动中研究。这种调研制度让每次的调研都成为提供课程优化信息的平台,以便课改组、教师能大量地接受来自他人和自身反思的信息,不断调整课程策略,使幼儿、教师和课程的发展过程都成为课程优化的组成部分。

在幼儿园"视界,我与幼儿共可能"的课程理念影响下,我们的艺术小社团活动在调研的帮助下,成功实现从计划走向策划。

首先,课改先行组通过访谈与文本分析找准课程方案改进的方向,明确教师在课程实施中的困惑。我们发现"预设的计划"与"生成的内容"总是会有冲突,为此,我们从访谈和文本分析中诊断教师的需求。诊断结果表明,活动计划预设性过强,以教师主导为主,需要有能反映幼儿生成性的活动流程或方案来配合一览表使用。

其次,为了进一步了解预设活动的实际开展情况,我们通过文本分析找准教师的聚焦点。结果显示,12个社团的活动计划与实际活动内容均存在一定程度的不一致性。这说明,教师有调适预设与生成的理念,但是缺乏文本工具。

再次,在调研之后,课改组提出了改"计划"为"策划"的构想,主题式支持师幼创新生成,阶段式聚焦活动过程,并提出让部分教师先行,使用两次后,在专题教研中教师们都认可新的课程工具文本的运用。同时提出策划的提交时间放在活动之后,先让孩子体验主题内容,教师聆听活动中孩子的想法后再完成一份真正来自孩子与教师的共同策划,体现教师和孩子"共可能"的创意。

最后,当所有教师都实践过之后,我们又对活动策划的使用情况开展了专题教研。100%的教师都认为自己能较好地理解活动策划,表明策划能有效地解决教师预设与幼儿生成之间的矛盾,而且使教师的课程设计力和执行力都有所提升。

实践证明:在大家习惯于将调研作为运行方式之前,教师们的计划质量差异很大;而经过一次又一次的调研之后,教师们课程的设计力有明显提升。而且在调研的过程中,我们形成了又一标准化的课程操作文本"策划",使得课程经验可以复制、可以积累。

(二)调研组织的功能更新指向课程改进

随着幼儿园多元主体课程意识的觉醒和主动参与,调研越来越成为帮助幼儿园、教师明确自身需求、把握变化动态、辨析发展趋势、揭示改革成效的手段。这样的功能更新转变了以往单纯带有"自上而下的监控、评价"目的的调研,更倾向于幼儿园中课程主体的课程实践和改进,根据自身需要了解自己的发展,走一条清晰、明白的改革实践之路。

以黄浦区荷花池幼儿园为例,最初幼儿园没有一个专门的部门来应对幼儿园课程方面的问题,而是由幼儿园的核心团队,如园长、中层干部(包括教研组长、科研主任、后勤主任、副园长等)来随机面对。这样在课程发展的初始阶段是没有问题的,但当幼儿园的课程发展到了一定的阶段,特别是要形成自己的园本课程后,这样的状态就会出现没有针对性,什么都"一把抓"的问题,对课程的研究是没有系统性和持续性的,更不用说理论研究基础的不足了。幼儿园迫切需要一个专门的研究小组来对幼儿园的课程进行梳理、提升。之后幼儿园发现,随着这个小组开展的调研密切结合教师的课程实践,真实感触到教师的"痛点",因而越来越起到了帮助幼儿园、帮助教师感知课程状态的积极作用,而且,逐渐指向课程改进。

同样,在另一些有基础、有条件的幼儿园也在开展多样化的调研,或者实现着类似的功能。例如,闵行区莘庄幼儿园就定期开展常态调研、专项调研、活动调研、文本调研等。通过调研去除主观想象与感觉来达成对幼儿园、对教师课程实施状况客观、准确的把握。

还有一些幼儿园通过针对性的深入调研有效收集和梳理本园在课程规划、实施、管理中的优秀经验,帮助幼儿园不断明确这些好的做法中的关键点和本质,这将有助于将原本模糊的、零散的、感觉性的经验可视化,变成所有人都可以看得见、看得懂的东西,上升提炼为明确的规范和追求。例如,浦东新区冰厂田幼儿园就请有一定研究和总结能力的教师在园内采集符合本园课程理念的案例,采访能够胜任革新和创造性探索的教师,通过梳理提炼,不断完善幼儿园对课程的追求,使之具体化。

(三)用数据提升调研精准度

调研往往都是围绕一定的目的有意识地设计调研的基本框架和方案,通过多种渠道来获取尽量真实、客观的信息。增强信息真实度的最好方式就是还原信息的真实发生场景,在完整真实的课程实施过程中获取一手的信息。数据是支持幼儿园开展有效调研,作出更为准确的判断的有效手段。目前,一些有条件和研究能力的幼儿园在幼儿的多类活动中尝试通过长期积累幼儿活动的真实状况的数据来实现精准调研,辅助作出优化课程的判断。

例如,静安区威海路幼儿园的教师用携带式器具收集幼儿的运动数据,通过分析不同场景中幼儿的运动数据,来了解幼儿的运动与发展情况。

四、提供咨询和支架协助教师课程实践探索

在幼儿园中有一类比较特殊的人物,他们可能曾经是这个幼儿园最优秀的教师,是幼儿园中公认最会思考和实践的骨干力量。当幼儿园条件允许的时候,他们被认为可以在更高的层次和更大的范围发挥积极的力量,如被选拔出来承担业务副园长、保教主任、课程研究者、科研项目研究者等角色。类似这样的职位和角色在一定程度上也可以被理解为幼儿园课程的某个部门,即便有时只有一个人。

在一般的幼儿园,他们的职责主要是组织教师进行学习,进行日常的课程管理,他们比园长负责更多的具体指导班级开展课程实践的工作。因而,在一般意义上,他们是介于教师和园长之间的一种带有专业指导性的管理角色。如果从实际功能来看,这一类职务和角色需要用大量的时间走进每一个班级,观察教师的实践,和教师开展讨论、对话、直接指导等。同时,因为他们对教师的真实课程实践状态更为了解,他们也参与对教师课程质量的考评等。

但是,课程领导力水平处在不同阶段的幼儿园,这些角色的工作指向、工作方式是有很大差异的。在普通幼儿园,这样的职务和角色的管理和监督的职能比较多,可能是因为幼儿园认为教师的课程实践水平有限,需要给予规范和监督,因而他们要承担事务性的"一日三巡",为的是保障和监督教师按照幼儿园的要求做事,例如检查教师是否按照作息时间安排活动,有没有按时上交规定的文本资料。这样的角色很容易和班级教师对立起来,因为两者之间是处于监督与被监督的位置,是不平等的。这些角色带着明显的优越感,是带着一把

"标尺"走进班级去检查教师是否遵守规定的。

在倡导提升幼儿园课程领导力的背景下来审视这样的角色,他们必须要进行从角色定位到实际工作的转换,才能在幼儿园课程发展的新形势下找到适宜的作为。

通过对立项幼儿园的研究我们发现,随着教师的课程意识的觉醒,课程主体作用的积极发挥,专业发展方式需求的不断提升,幼儿园围绕引领课程行动方向和推动班级的课程实践创新和探索,不断产生着"保教主任"这样一种班级课程实践的专业支持中层结构。

(一)支持探索、发现班级实践亮点和需求

幼儿园担任保教主任的教师,他们自身对幼儿园的课程理念、课程目标有较为深入的理解和认同,具有长期积累的富有成效的实践经验,他们对发生在幼儿园班级中的具体情境非常熟悉,能够较为全面地理解教师的行为和背后的想法,并愿意去分享自己的心得,开展较为适切的实践指导,因而在心态和方式适宜的情况下,往往能收到较好的指导效果。幼儿园要通过转变保教主任等角色的定位和工作方式,营造适宜的支持教师主动开展课程实践的氛围和制度。

我们认为,愿意走进班级的课程实践现场,主动和教师开展对话,敏感地探知教师的课程实践需求并认真回应,用积极的、欣赏的眼光去发现班级做法上的经验和亮点,并积极、广泛地传播班级中与幼儿园课程追求一致的实践经验,这样的角色就是一种给开展课程实践的教师提供有力"支架"的角色。

案例 3-20 "为意外状态加分"(黄浦区荷花池幼儿园 赵妍)

十点左右正是我园一日活动中游戏、运动、个别化学习等环节的交界点,各个班级的教师们应该都在忙碌地组织孩子们进行调整休息,准备进入下一个环节的活动。我是一名保教主任,自然地夹起各类保教监控的表格,打算去幼儿园各个角落转转,看看保教常规工作,并做好记录。

"咦?大二班去哪儿啦,为什么没有按照一日作息开展自主性游戏活动呢?"带着这样的疑问,我开始了"全园搜寻"工作。操场边的小凉亭附近,一阵阵爽朗的笑声把我给吸引了过去。

只见大二班的班主任正和孩子们兴奋地满场捡落叶并向空中抛洒落叶,教师和孩子们玩在了一起,嘴里开心地叫着:"下雨啦,下起叶子雨啦……"我真不想打断这么和谐愉快而又生动的课堂,驻足看了一会儿,看孩子们玩得差不多了,然后走上前去问年轻的安安老师:"你们班级在这儿呀,玩什么呢这么开心?"

安安老师看见我拿着记录纸,有点紧张地说:"赵老师,我们在捡落叶、撒落叶、吹落叶……"

"哦,我看见了,玩得真带劲儿,可是为什么这会儿出来做这个游戏,怎么没在教室里进行自主性游戏呢?"

"我们刚才开展了音乐活动'落叶飘飘',孩子们都觉得在舞蹈之前应该亲眼看看落叶飘舞的样子,想要继续玩一会儿。"我一听,立刻判断安安老师组织的是一次主题活动的延伸。当即回应她:"可以啊,完全可以!"安安老师如释重负,带着孩子们愉快地回教室了。

我心里非常欣喜,今天的常规考评,我打算不仅不扣分,还要给大二班的安安老师一个满分。她带着孩子们进行的是高结构主题活动后的延伸教学,相信这样的活动一定是幼儿生成的,是基于幼儿需要的有意义的活动,这样的主题活动真正"活"了起来,把孩子放在首位,我为什么要刻板地认为她违反幼儿园的作息呢?安安老师已经有了对课程进行再设计的意识,抓住孩子们即兴生成的有价值的东西组织活动,这样对课程有创造力、设计力的教师,我当然给予高分的评价,我要为这个"意外"加分!

我给了安安老师很高的肯定和评价,并对她说要坚持自己对课程实施的判断,不要跟着教材走,要跟着孩子走,跟着孩子们的最近发展区走。

（二）提供专业咨询和深度对话的平台

在一些研究基础比较深厚的幼儿园,除了关注课程本身的发展,还分外关注对教师的整体支持,形成了研究课程理论和实践的专门部门,积极整合教师的力量不断深入实践,并保障教师在参与研究和实践的过程中获得专业和心理上的支持,让教师体会到主动求助是教师的权力,幼儿园努力呼应教师在改革探索中的呼声。

长宁实验幼儿园的"215 门诊间"就是一个在这方面典型的创新。这样的部门职能和角色可以由园长来承担,也可以由具有专业指导能力的教师、团队来承担。咨询和对话不是简单的"告知""传授",而是帮助教师"澄清",这将有利于培养教师从自身出发的意识,从自己与"智者"的对话中汲取自主成长的养分。

案例 3-21　为发展服务的"门诊式"指导（长宁实验幼儿园　陈青）

教师们对我所在的 215 办公室有个有趣的形容——"门诊间",意思是说经常有教师来 215 "问诊"。有时是教研组长来和我一起商讨新的主题实施;有时是教师在公开活动前来咨询活动的设计;还有时是教师就案例、反思的撰写来咨询……

28 年教龄的特级教师的身份把我推上了"导师"的位置,我从只专注于幼儿的学习和发展,转而开始关注教师的学习与成长。对于青年教师和成熟型教师,从带教或指导的方式上来说是有很大不同的。

刚开始,青年教师到我这里学习,就是拿着本子忙着记录下我带班时说的话、与孩子交流的语言、组织活动的过程等,等结束后开始沟通时,又打开本子等着我来教点什么。在这样的状态下,我不知道青年教师在想什么,她是怎么看我带活动的过程的,她能看懂什么,还有什么不了解的,等等。我也不知道要指导她什么。

我认为要知道一个人的学习能力如何,就要看他是否能发现问题、提出问题,这是作为学习者所必须具备的能力。

做老师时,我经常会被问:你为什么这样做?你到底是怎么想的?经常有机会与人辩论让我被迫进行反思,学习思辨,逐渐转变思维方式,积累理性思考的经验。我很希望青年教师学着对自己的教育言行进行反思。"孩子有一百种语言",成人又何尝不是,教师也有不同的性格、不同的家庭背景、不同的特长、不同的理念。我们可以接受孩子按照自身的不同速度、不同方式、不同风格来学习,关键是培养孩子学习的品质、思考的能力,那么对青年教师来说也是同样的。

于是我要求青年教师除了看我带班、组织活动,记录自己所看到的、想到的之外,还要在每次活动后的交流中向我提问。从青年教师的提问中,我可以清晰地了解他们的所思所想,了解青年教师能关注到什么,能理解什么,能思考到什么程度,让我与青年教师的沟通过程更有的放矢,针对性更强。

一段时间后,我再慢慢地要求青年教师在每次学习前就准备好自己的问题。问题的来源可以是自身实践过程中的困惑,也可以是多次观摩我活动后的总体思考等。带着问题来看我的活动过程,从"看、记、问"到"问、看、记、思",从无意识走向有意识,可以更有目的地观察和理解,这样做的目的是培养青年教师有目的的观察意识和能力。

青年教师要了解的不仅仅是教育机制本身,还有其背后的理念;要形成的不仅仅是工作的态度和方式,更重要的是思考的能力和习惯。这些才能让青年教师拥有持久的学习能力与应对能力,一直与时俱进。

我不会简单地评判教师行为的对与错,而是先问问教师自己的想法,发现的问题,促使其进行反思,包括对孩子的解读和对自己教育行为的反思。然后我会着重向她们介绍反思的思路。这样的做法,可以帮助青年教师自己来发现问题,有能力调整自己的教育行为。换言之,不求"知道",但求"思考",青年教师才能避免教条,拥有让自身可持续发展的能力。

成熟教师实践经验多,但会形成惯性模式。只有让成熟教师跳出事件本身,用第三者的眼光来审视事件及事件中的教师和孩子,才能真正思考过程中的教育目的。因此,通过"质疑"和"追问"来迫使成熟教师反思是我经常运用的方式。

华老师是我园的骨干教师,曾是我8年的搭班,也已有20多年的教龄,是经常会来215室找我的成熟教师之一。有时华老师会向我诉说她最近思考的一些问题,也不是真的需要我给出答案,只是需要我倾听,她说她对我说出自己思考的过程就是慢慢把问题想清楚的过程,也就是梳理自己的思路的过程。我就一边认真地倾听,一边点头,等她讲完后最多简短地表达一下自己的观点。

有时华老师又会很兴奋地来邀请我去她的班级看看,看她这个阶段做的一些课程环境和孩子们的表征,向我介绍具体的内容,诉说自己的思考。我也会认真地看和听,在必要时加入我的观点和看法,肯定她的做法,同时再帮她进一步提升到理论层面。

还有的时候,华老师会就阅读、艺术方面的课题来和我一起商讨,我其实对这两个领域研究不多,但是儿童观和教学观理念与华老师很一致,因此,在华老师向我解释这两个领域核心经验的基础上,我也给了她一些实践的建议。当她得知我即将要进行的新课题时,她甚至也给我推荐了很多与我课题关键概念相关的文本资料。我和华老师这样的成熟教师之间并非指导和被指导的关系,而更多的是碰撞与交流,是共同的学习与成长。

这样的部门和工作角色的确立体现了幼儿园对教师在课程思想和行动上的"领"和"导"的整合,彰显了外部力量和内部力量的整合协同,因而,是一种非常好的创新尝试,是幼儿园课程领导力水平极高的表现。

(三) 转换课程实践支持部门的角色意识

幼儿园的保教主任类的部门或人员要发挥出其积极的作用。一方面,他们本人对幼园的课程追求、课程实践体系要有明确的理解和认同,是其中的思想和行动的领先者,这是基本条件。另一方面,他们必须实现从"管好自己"到"服务他人"的角色意识的转换,学习如何才能积极影响、激励、帮助、支持他人,更好地完成新的工作任务。

我们经常会发现这样的情形:一名优秀的教师在走上管理岗位的时候会面临来自教师的挑战,那就是他通常毫无保留地用自己的专业经验去指导班级教师,但是别人学不会,或者不想学、不接受。他于是感到很纠结、很困惑,甚至想"自己还是去做一名教师好"。其实,这就反映了他的课程领导力水平需要提升,因为他工作的对象和范围发生了变化,如果坚持以自己为中心来设计和规划别人班级的发展,即便是出于好心和专业,也会遭到拒绝。

如果这些角色能够转换视角,站在尊重和接纳班级教师的角度和水平上来看待问题,帮助教师澄清自己的思想,诊断可能的问题,分析原因,也许在这个过程中发挥的作用就不同了。从根本上将教师看作课程主体,积极地去发现并梳理教师身上符合幼儿园根本追求的那些"亮点",让教师自己和其他人清晰地看见,那么,这些角色就是更主动地在为教师搭建发展的平台,鼓励教师展现自己的活力,为幼儿园的课程优化作出贡献。从而,这些角色的课程领导力也得到了完整的体现。

因而,幼儿园的每一个人都是课程领导者,他们在各自的位置和角色上都能发挥各自的力量。关注课程发展和实施过程中的每一个人的主体地位,发展他们的主动性,帮助他们认识角色的要求和期望,从而更有效地发挥每个人的价值,也是幼儿园课程领导力、幼儿园园长课程领导力的充分体现。

本 章 思 考

1. 我在开展课程实践中必须遵循的规范有＿＿＿＿＿＿＿＿＿＿。
   我对它们的感受是＿＿＿＿＿＿＿＿＿＿。
   我从幼儿园的课程制度中得到的激励有＿＿＿＿＿＿＿＿＿＿。
   我参与幼儿园课程制度完善的一次典型经历是＿＿＿＿＿＿＿＿＿＿
   ＿＿＿＿＿＿＿＿＿＿。
2. 我的专业发展面临的问题是＿＿＿＿＿＿＿＿＿＿。
   幼儿园提供的支撑是＿＿＿＿＿＿＿＿＿＿。
   我对这种支撑的感受是＿＿＿＿＿＿＿＿＿＿。
3. 我们最近的教研活动主要研究的是＿＿＿＿＿＿＿＿＿＿。
   我觉得它解决幼儿园问题的程度是＿＿＿＿＿＿＿＿＿＿。
   教研解决我遇到的课程问题的程度是＿＿＿＿＿＿＿＿＿＿。
4. 我对幼儿园课程资源的了解和使用情况是＿＿＿＿＿＿＿＿＿＿。
   我在班级课程实践中最得意的创造是＿＿＿＿＿＿＿＿＿＿。
   其他人对此的看法是＿＿＿＿＿＿＿＿＿＿。
5. 我印象最深的和搭班教师共同尝试的课程设计与实施是＿＿＿＿＿＿＿＿＿＿。
   我的感受是＿＿＿＿＿＿＿＿＿＿。
   我们得到的来自幼儿园的课程制度上的支持是＿＿＿＿＿＿＿＿＿＿。

第四章

课程领导力视野下幼儿园教师的实务

班级教师的工作指向幼儿全方位的发展，抓住随时随地的教育契机，没有学科和时间的划分。幼儿园没有固定的教材，教师有自己的课程选择实施的权限，在班级范围内按照幼儿的发展水平和需要，主动行使课程规划、设计、执行和评价，同时个性化地实践探索未知的边界。促使每一个教师的"小宇宙"爆发的课程文化，激发每一位教师主动进行课程思考和行动，真正地卷入促进幼儿发展的课程实践，是幼儿园课程有活力、有成效、不断走向未来的关键。

我们倡导幼儿园教师要成为课程领导者，这就意味着我们期望他们具有课程领导者的特征。即，以幼儿园的课程愿景和目标为追求，以主动协同他人为主要的课程实施方式，以落实课程内涵为目的，以优化课程制度和机制为平台，以促进幼儿发展为评价依据。

话语点滴：课程领导力是一种"契约精神"，也是一种责任。课程领导力给了教师更大的权力，同时也赋予了教师更大的责任。要维持这种"契约"，光靠文本的制度、规则是不够的，关键是教师要有共同的价值观。如何形成共同的价值观？每个教师都有自己的价值观，要形成共同的价值观就是将自己的价值观、教育行为融入办园目标与儿童的发展，并且让课程目标与儿童发展成为自主发展的动力。教师不是被动地执行课程，而是有自己的专业和领导力。

（洪晓琴，静安区南西幼儿园园长，特级园长）

话语点滴：课程领导力让教师重新审视每天实施的课程是否基于幼儿发展的真实需要；让教师学会发现幼儿行为背后的真正原因；让教师从最初的被动接受到主动卷入；让教师用自身的教育魅力吸引更多的研究伙伴，共同研究我们的课程是否能为幼儿今后的生活带来更多的机会与挑战！

（章继东，黄浦区思南路幼儿园教师，教龄31年）

站在教师是追求课程理想的主体的视角和高度，课程领导力必将成为"完整的教师"的重要构成，对课程领导力的认识、理解和实践必将是教师开展富有个性的课程实践中的更高追求。课程领导力的显现和逐渐提升将促使教师主动掌握专业知识、理解自身和他人，审视和优化课程中的各种关系，作出适宜的选择与判断，在主动的行动中探索如何更好地达成幼儿的发展。

话语点滴：我渐渐地发现，"课程领导力"是融入一日教育教学活动之中的。从捕捉幼儿的成长经历到支持家长、幼儿共同参与评价，再到个性化观察计划的制订……体现了我的儿童观、课程观、评价观的转变。课程领导力是科学发展幼儿核心素养的能力，是教师自我成长的一种动力，是整个教师团队共进的合力，它关乎每一位教师。

(毕甜甜,静安区安庆幼儿园教师,教龄2年)

话语点滴:我认为,课程领导力应该是每一位教师都要具备的。课程领导力其实就是教师自己能够研发契合园本理念课程或活动的一种能力,同时需要教师具备有一定的组织实施能力、评价反思能力等。在实施课程活动中,教师还需要能够独立决策判断出下一步应该如何推进活动,或是与自己的团队成员共同集思广益、群策群力,研讨活动中的不同素材点,为更好地推进活动而准备。

(吴雅靓,浦东新区锦绣博文幼儿园年级组长,教龄7年)

本章我们基于前述章节对提升幼儿园教师课程领导力的认识,重点论述幼儿园教师作为课程领导者将面临的课程实务。这些实务从表现和内容指向上并非对幼儿园教师的工作职责的扩大,而是一种重新的审视和整合,并从课程主体主动行动的角度呈现一种对幼儿园教师课程主体的崭新认识,即教师成为自己和课程的主人,在自己的课程实践中更加富有创造性和积极的作为。

第一节 了解每一个幼儿

幼儿园教师要确立"以幼儿发展为本"的课程理念,将幼儿的发展作为课程的起点和终点。通过观察来全面了解幼儿是幼儿园教师的重要工作,是教师为每一位幼儿提供发展机会的重要前提。教师要坚持围绕"促进每一个幼儿在原有基础上的发展"设计和实施课程,提升课程领导力。

了解幼儿是确立幼儿主体地位的起始和幼儿园课程实践需要坚持的方向。没有了解就没有真正的教育。如果期望幼儿园教师为幼儿提供适宜的教育,就需要保证教师有时间、有精力、有合适的方法了解幼儿。未基于了解的教育是盲目的,以成人的意志为中心的,也很可能是事倍功半的。教师必须具备愿意了解幼儿的意愿,掌握了解幼儿的方法,成为一个真正理解幼儿,并负责照料、指导幼儿发展的人。优秀的教师会成为一个有童心、知童趣的人,还会成为幼儿主体权利的保护者,主动用自己的行动捍卫幼儿在活动中的参与权、选择权、发展权。

> **话语点滴**:幼儿园一日生活皆是课程。在教育实践中,需要教师细致观察、努力反思,从全局的课程意识出发去形成课程内容,从正在发生的问题中思考、求索、提炼,这些真问题形成了最有价值的课程内容。当我们拥有整合思考能力、多元发展意识、完整的儿童培养理念专业地去了解、评估每一位幼儿,最终我们也将慢慢地、真切地形成富有自己教育智慧的课程领导力。
>
> (余洁,黄浦区荷花池幼儿园教师,教龄19年)

一、有意学习了解幼儿

(一)逐步建立幼儿观察参照

观察的目的在于更多更真实地去了解幼儿。观察幼儿的表现要成为幼儿园教师的基本功。"观"和"察"是两个过程的整合,即认真地看和在已有参照体系下的理解和分析,体察幼儿的情绪情感和能力。如果没有尝试理解,"观"也就失去了意义。随着观察的积累,幼儿园教师对幼儿的认识逐渐增加,对幼儿的理解逐步加深,更加明确幼儿"目前在哪里"以及"可以朝向哪里去"。缺乏参照是无法进行有效观察的。对幼儿发展参照体系的学习和理解本身就是帮助教师建立正确的儿童发展观的过程。

那么合理的参照体系是什么呢?就是幼儿发展的一般规律和典型表现。因而,只要能帮幼儿园教师理解幼儿的生理、心理发展的过程和表现的知识,都可以成为参照。《3—6岁儿童学习与发展指南》就是一个相对完整的幼儿发展参照体系。它不仅具有较为完整的幼儿发展目标体系,还列举了各发展领域和子领域中不同年龄段的幼儿目标达成的典型表现。教师如果能在日常和幼儿的互动中,结合幼儿的表现,将《3—6岁儿童学习与发展指南》的内容烂熟于胸,将极大地有助于教师建立观察幼儿的参照。

上海的《3—6岁幼儿学习与发展观察指引》从健康与体能、习惯与自理、自我与社会性、语言与交流、探究与认知、美感与表现六个方面呈现了上海幼儿发展的不同水平上的典型表现,也是很好的观察参照体系。部分有研究基础的幼儿园结合本园的幼儿培养目标也建立了具体的幼儿发展水平的参照体系,在内容上既考虑结合国家、地区的幼儿发展目标和具体表现,又紧密结合本园幼儿富有个性的发展,供教师作为日常课程实践中观察、了解、评价幼儿发展的参照。

教师作为引导幼儿学习和发展的人,不仅要熟知幼儿发展的知识,还要对幼儿的生活世界所涉及的"学科"知识有清晰、具体的认知,这将有效地支撑幼儿的学习,在幼儿需要的时候给予适切的帮助。发展幼儿"核心经验""关键经验"的相关研究就属于这一类的参照。例如,在幼儿数学学习中,教师需要理解和掌握关键的教学概念,包括集合、分类、样式、比较、时间、形状等的具体含义,以及它们在幼儿不同时期发展水平的典型表现等。这些知识如果通过培训或主动学习进入幼儿园教师的"内在"知识库,一定会成为教师观察幼儿,基于幼儿的表现提供适宜的学习指导的有力工具。除了这些,应该被纳入教师的观察体系的内容还包括幼儿心理发展的规律和相关知识。幼儿心理学以及幼儿发展心理学知识也是大部分幼儿园教师"熟悉的陌生人",教师对一些基本概念的理解也不透彻,更不能用一些规律和理论对幼儿进行分析。

我们在这里要强调的不是要求教师去机械地背诵、记忆已有的标准、研究结果等,而是要在学习、理解的基础上逐步形成幼儿园教师自身对幼儿成长规律和表现的认识,建构属于教师自己的知识管理体系。只有当这些内容是在完全理解的基础上成为教师的知识体系的有意义的构成时,才有可能在适宜的时机发挥作用,并让教师在此基础上生长出新的认知需求,改造自己的认知结构,甚至实现自己的认知平台的升级。

(二)在一日生活中观察幼儿

在幼教领域工作的人几乎没有人会否定"观察"是幼儿园教师的基本功,但真正认真对待观察的却不多。也许在一些幼儿园,教师用大量的时间撰写"幼儿观察记录"的同时,却总是在质疑观察这项活动本身的价值,因为他并没有通过观察看见些什么。也许一些幼儿园教师总是说自己在幼儿活动时要观察,但是却说不出自己究竟观察到了些什么。其实,如果教师认为教育不需要了解幼儿,就不会认识到观察的必要,也不会花时间和精力去观察。教育基于了解,教师需要观察。

也许教师们都在大学的专业课上学习过观察幼儿,但那是在学术框架下的理论学习,例如,"有目的的观察和随机观察""集中观察和个别观察";或许也曾带着"观察幼儿"的任务到幼儿园见习过,完成过几篇观察幼儿的作业或者笔记。但是当真正走入幼儿园开启教师的职业生涯时,似乎并没有多少人认为观察幼儿有多重要。幼儿园对教师提出的观察幼儿的要求也往往是作为一项意义不明的任务,导致教师在课程实施过程中没有整合进对幼儿进行观察的程序,通过观察来了解幼儿并没有真正成为设计和实施活动的必需。虽然在很多时候,幼儿园教师在类似"说课"的过程中一定会提及"观察发现我们班级的幼儿……"但当我们去看活动的设计与实施过程时,却丝毫看不出他的观察与活动的设计与开展有哪些联系。

教育部于 2012 年 10 月发布了《3—6 岁儿童学习与发展指南》,这个里程碑意义的文件起到了积极的引领作用,幼儿园、教师越来越多地将精力和眼光聚焦到幼儿的发展上,越来越多的幼儿园愿意在观察、了解和研究幼儿上花功夫,越来越多的幼儿园教师体验到了通过观察了解幼儿可以从根本上帮助自己转变观念、引领和反思自身的课程实践,提升个人专业能力。

幼儿是在生活中发展的,幼儿园强调"一日生活皆课程",幼儿在活动中、在与周围世界的互动中学习与发展。一日生活为幼儿的学习与发展提供了大量的、反复的机会,也为幼儿自然地表现自己提供了空间。有观察意愿和能力的教师会发现,"了解幼儿,随处皆机会"。例如,在幼儿的自主游戏活动中,我们可以发现幼儿家庭中发生过或者正在发生的事,也可以探知幼儿的知识面和兴趣,还可以了解他和班级中同伴的关系。

对于缺乏观察意识和基本能力的教师,也许必须从最初的刻意创造观察机会,逼迫自己去观察开始,比如在预设好的某些生活场景中关注一个或几个幼儿的某些方面的表现。我们提出的在观察幼儿时"站稳 10 分钟"就是要求幼儿园教师暂时排除干扰,将注意力集中在幼儿当下的活动场景,持续地观察一段时间。哪怕短短的 10 分钟,只要足够专注,一定能发现许多以前没有发现的事,理解好多以前未曾理解的角度。很多幼儿园教师都从"10 分钟"开始,逐步接纳和学会了主动了解幼儿。

随着对幼儿的了解,对幼儿发展知识的积累,对自身注意力分配的熟练,教师会逐渐放大自己观察的范围,观察也更有深度。而一旦启动这种过程并持续下去,就一定会获得积极的回报。幼儿随时随处都在表现自己,教师越来越愿意且善于观察。

最终,教师能够敏感地从幼儿随时的表现中发现幼儿发展的意义和可能性,也就自然地随时和幼儿产生有质量的互动,从而走向"无意识地胜任"阶段,让课程的意义、活动的起源自然而然地贴合了幼儿的现实表现和发展需要。了解幼儿,了解幼儿发展的动力和过程,自然成为贯穿课程的核心要素。教育的契机不是"无中生有""不可捉摸"的"艺术",而是基于对幼儿完全了解的基础上对课程的灵活把握,实现"与幼儿共舞"的理想状态。

可以说,通过观察了解幼儿撬动了教师提升课程领导力的真实实践,开启了教师将幼儿的发展作为一项核心来连接其课程思考和行动之间富有意义的关联,真正启动了幼儿园教师理解每一个幼儿都是成长中的独立个体,承认和接纳个体的差异,启动了教师在尊重个体的基础上思考如何来开展教育的意愿和实践尝试。

案例 4-1 《花木兰》里演大马(黄浦区荷花池幼儿园 余晓琦)

梦幻剧场社团的孩子们迷上了《花木兰》。孩子们一遍遍地观赏迪士尼电影《花木兰》,阅读绘本《花木兰》,模仿着剧中各种角色的对话和动作。终于,他们准备要来表演了。

在这一片忙碌热闹的讨论声中,辰辰一直都坐在人群之外,心不在焉地看着地板。他一直都在犹豫要不要在梦幻剧场留下来,因为他总是找不到自己在梦幻剧场想要做的事,但又不知道自己到底想要参加哪个社团。

我慢慢地挪到他身边:"嗨,辰辰,刚刚他们说想叫你演爹爹。"辰辰嘟着小嘴:"我不要演。"突然他眼睛一亮,原来是服饰区的一个老虎头饰吸引了他,看来他很喜欢动物。那么《花木兰》里有什么动物呢?我试着说:"辰辰,花木兰如果加一只大老虎来表演,你觉得怎么样?"辰辰说:"好啊,不过大老虎会吃掉他们的,不可以。"

当大家差不多讨论完角色时,辰辰颤巍巍地举起了手,说了"大马"两个字。

什么?大妈?花木兰里面有这个角色吗?我们都有点好奇。

辰辰马上提高了声音再次说:"大马,那匹大马,花木兰骑的。"

我们都感到非常惊讶。前面的孩子都提出了剧本里有对话和台词的角色,至少也是出场过的角色。而大马是一个动物,我们还从来没有表演过呢。

而我除了惊讶,更多的是惊喜:太好了,终于有机会可以走近他了!于是,我立马说:"噢,你的想法真有趣,想到了一个其他人都没想到的角色呢,加上大马,你们的表演肯定更有意思,是吗?"我一边说一边鼓动着其他小朋友为他加油。大家的加油鼓励让辰辰的眼睛泛出了光芒,他有些害羞,挠着自己的脑袋笑了。这是他在社团活动中第一次被伙伴们这样大力肯定。我想他的心中肯定充满了对未来表演的期待。在接下来的活动中,我们和辰辰一起探索了表演大马的各种动作。当然,辰辰是表演得最棒的一个。

孩子的兴趣和教师有关吗?回答当然是肯定的。因为教师积极,孩子也会变得积极。教师要在观察中发现孩子的闪光点,并及时对这些一闪而过的点进行积极的回应,培养他的兴趣。

第二次社团表演,我为辰辰精心准备了一个大马的头饰。果然,他一看到这个头饰就兴奋地说:"你真的找到啦!"说完便迫不及待地戴到头上。对于戴上头饰表演,辰辰特别的兴奋,他觉得自己真的就像一匹骏马。他把小手举起来,眼神亮亮的,渴望地大声说:"我想演大马,我要演大马。"

辰辰和虾米(花木兰)商量怎么演。辰辰跪趴在地上,虾米坐到他的背上,两人"驾驾"开始在台上跑起来。台下的观众一阵笑声,有人说:"马跑得太慢了。"虾米也说:"你要绕台一周的,要跑的时间长一点。"辰辰一点儿也没有以前的不耐烦和退缩,还是笑眯眯地做着大马的动作问:"那怎么演啊?"后来在大家的讨论下,辰辰开始用手来扮演马的动作而不是趴在地上,这下跑得更快,演得更好了。

在《花木兰》表演游戏中,辰辰不仅兴奋地戴上了大马的头饰,还不断地挖掘着自己对大马的已有经验,积极地与同伴互动调整着自己的表演,嬉戏性游戏行为逐渐减少,目的性角色行为逐渐增多,这是不是比一个完整剧本的演绎棒多了?这个生成出来的大马角色已经得到了所有演员的认同,成了《花木兰》剧本不可缺少的角色了。

甚至,现在只要一说谁来演大马,团员们首先想到的就是辰辰,他简直成了表演大马的代言人,大家都觉得他演得棒极了。对了,辰辰还做了表演的带教师傅,他带了一匹中班的"小马"学演"大马"。只见辰辰一个动作一个动作地示范,手把手地纠正,好认真的"大马"呀!看着这一幕,谁还能记得之前那个想要退演的孩子呢?

(三)多来源收集幼儿发展信息

除观察以外,幼儿园教师还需要多来源收集幼儿发展的表现和信息,通过直接和幼儿对话、分析幼儿的作品与活动痕迹、听取其他教育伙伴的想法等获得对幼儿发展状况的更完整的认识和理解。

和幼儿对话，和幼儿建立和谐的关系，探知幼儿的需求和能力，是专业的幼儿园教师区别于非专业人员的最大特点。对话意味着教师要能承受得住来自幼儿的力量，并用亲切的态度和行为让幼儿感知到教师的接纳和信任，还要求教师"能够接住幼儿抛过来的球，并用适宜的方式抛还给幼儿"。心理学上，这是幼儿园教师作为"容器"容纳幼儿的能力，它建立在教师是一个成熟的个体而且充满善意的基础上，它的表现甚至包括"教师不和孩子生气，能调控自己的情绪"。

幼儿是一个完整的发展中的个体，只有了解他们生活中不同的侧面，了解他们在不同环境、关系中的表现，才能完整地认识他们。丰富的幼儿园生活和家庭生活、社会生活为教师持续、反复地收集幼儿多方面的信息提供了大量的机会，也帮助幼儿园教师认识到自己只是培育幼儿的教育者之一，从而产生去协同其他人的力量来共同达成幼儿发展目标的意识。

对于一些一时难以理解的幼儿表现或者得不到解释的现象，幼儿园教师要善于从其他人处挖掘信息，尤其是幼儿的重要他人，如幼儿家长。往往通过和幼儿家长的沟通我们就能获取幼儿生活的其他背景信息，减少对幼儿表现的误读。同时，在这个过程中，幼儿园教师要通过多途径多来源获取幼儿的表现，破除自己对幼儿的"成见"，破除对幼儿"以自我为中心"的解读和理解，从而使得对幼儿的了解趋近真实，并自然产生合力协作的教育意识和行为。

（四）在技术辅助下认识幼儿

现代信息科技日新月异，有研究条件的幼儿园已经在研究信息技术和幼儿园课程的整合，不仅在幼儿学习方式和教师课程运行方式上有了改进，而且越来越多的幼儿园在尝试通过信息科技平台帮助教师更为精准地了解幼儿，发现深藏的"秘密"。例如，便捷的穿戴设备手环可以轻松实现对幼儿一日活动中"步数""心率"等数据的统计与直观呈现，帮助教师了解幼儿的活动状态和节奏。在不影响幼儿自然活动的状况下，长期持续地获得幼儿活动数据，通过解读数据，发现更深层次的幼儿发展信息。

技术是辅助教师获取信息的，也许技术能在很大程度上实现对幼儿真实的记录，做到"比教师还了解真实的幼儿"。但是，我们不能缺失作为课程主体的价值，反而要更主动地发挥我们的主动精神和判断能力，从而避免被纷杂的信息干扰，被信息牵着鼻子走，成为信息的奴隶，盲目追求数据的堆积和机械解读，而忽视了真实生活中的幼儿，更不能用数据和信息简单代替课程主体的选择和决定。技术服务于教师作出主动选择，以更好地服务幼儿。幼儿是富有个性的成长中的人，促进幼儿的发展，成为幼儿精神的培育者始终是教师的天然而不可替代的职责。

静安区威海路幼儿园朱颖说："当我站在教室里，面对 10 个、20 个，甚至 30 个孩子同时进行个别化学习的时候，我发现我的观察变得力不从心，看着他们忙忙碌碌的身影，他们在忙些什么呢？我还能说我了解他们吗？直到我有机会参与提升课程领导力的项目实践，用数据和观察相结合的方式分析了孩子的学习过程，我的想法改变了。如果没有数据，单纯靠观察，也许就会忽略了那些具有价值的细节，也就不会深入去探究孩子操作背后的真正原因。虽然,数据并不是为了代替教师的观察以及经验性分析,但有了数据的支持却能帮助教师持续、深入、全面、客观的辨识幼儿的学习特点。数据提供的证据链不是告诉我们事情如何发生,而是向我们说明正在发生的是什么。因此,我们对幼儿教育规律的认知以及对幼儿的认知应持更加谦虚的心态,不能自以为能够理解周围的一切。

二、心中装着每一个幼儿的进步

（一）制订关照每一个幼儿发展的计划

幼儿园的课程基本是以幼儿班级为基本单位组织和实施的。围绕幼儿的发展现状和需求为班级制订适宜的保教计划,是幼儿园教师经常需要做的事。通常我们以一个学年或者学期为单位来制订班级计划,并通过进一步分解为月、周、日计划来进行落实。但是,对于这样一个对幼儿园教师来说似乎游刃有余的课程实务,我们要强调的是,为每一个幼儿的发展制订计划。

看到"每一个幼儿的发展",教师们可能会心生顾虑。因为在我们通常的认识和理解中,班级计划是一个针对全班幼儿的集体的计划,针对的是一般的、并不具体的"全体",我们似乎习惯了用"大部分""大多数"来表示一个可以接受的常态群体,而对于绝对的"每一个"是感觉有些力不从心的。但正是这种对"大部分"的内心认可,使得教师们不自觉地忽略了班级计划对每一个幼儿发展的实际意义。教师们甚至凭着自己的感觉和经验,不需要任何参照就可以快速完成一份班级计划。

我们强调班级计划要关照每一个幼儿,主要的意思就是教师在制订班级计划的时候要基于对班级每一个幼儿的了解来选择适宜的发展目标。班级幼儿群体是由一个个活生生的富有个性的幼儿构成的。制订班级计划就是为了促进每一个幼儿在原有水平上不断发展。也许教师制订班级计划的参照来自两个方面,一是对该年龄段幼儿发展的一般表现和对未来一阶段时间幼儿总体发展目标的把握,一是来自对幼儿发展表现的总体感受和评价。而后者往往由于我们缺乏真正对每一个幼儿的了解而停留于模糊的总体印象,经常会有偏差,甚至是错觉。我们要强调的是,教师基于每一个幼儿发展表现的信息梳理出班级的总体发展需要和趋势,同时不忽视幼儿的个性特点和特殊需求。

一份好的班级计划源自对每一个幼儿的细致了解,着眼于对每一个幼儿有所发展的期望和规划。我们要在班级计划中找得到每一个幼儿获得发展支持的条件和机会。当我们制订好了计划,不妨把幼儿一个个放在计划中,尤其是那些所谓"乖巧"、不声不响、容易被忽略的幼儿,看看是否有他们发展的机会和平台,课程开展的措施和相应的活动有没有幼儿发展的条件。

如果对每一个幼儿的发展都心中有数,并且做好了随时接纳一个变化中的幼儿的准备,那么真正的为每一个幼儿的发展做计划就成为了可能。这既可以指教师为某一个幼儿的发展形成书面计划（包括与幼儿家长共同协商的个别化的发展计划）,也可以是心里形成的对某个幼儿的发展目标形成了具体的指向和可期望的表现。

（二）积极向幼儿表达合理期望

幼儿是幼儿园教师开展课程的核心人物,促进幼儿的发展是教师最大的期望,也是带给教师成就感最大的因素。幼儿园教师要顺利地实施课程，达成课程的目标，首先最需要关注的就是和幼儿建立优良的关系。换个角度来看，课程的目标就是幼儿发展的目标，是经过考量的在幼儿"最近发展区内"对幼儿的合理期望。

1. 教师向幼儿表达期望是合理且必要的

教师根据幼儿园的课程目标，结合幼儿的实际发展需求，通过教师之间的协商最终确定的课程目标，包括学年或学期目标，只是教师写在班级计划等文本中，或者放在教师自己的心中的。很多园长和教师认为，这就是为教师的课程实施提供参照的内容，幼儿不需要知道。而且幼儿年龄太小，即便和他们讲，他们也不理解，做这样的事情也许没有必要或者价值不大。

但是，站在提升课程领导力的视野下来看，幼儿园教师清晰而具体地向班级幼儿陈述自己对幼儿的发展目标是非常合理而且很有必要的。班级教师是幼儿心中的"重要权威人物"，当幼儿能够从教师这里知晓、理解教师对他们的具体期望，他们就会在日常的多种场合里朝着教师期望的方向去发展。这里的"期望"就是幼儿从教师这里倾听或真实感受到的"幼儿发展目标"。采取适合的方式反复向幼儿传递发展目标的信息，就是在幼儿心中逐步树立和教师同样的愿景，引导幼儿都朝着那些方向去努力，也就是从根本上认定幼儿具有课程主体的地位，而不是主观上认定他们是被动等待教师去推动的人。

如果班级教师都不能清楚本班级幼儿的最近阶段的发展目标，说明他对幼儿的了解是有限的，也就更不能用幼儿听得懂的语言和适合的方式向幼儿表明自己对他们的期望。幼儿就处在相对被动地等待的位置上，幼儿主动追求教师的认可的动力就会受限，或者很盲目。有效能的幼儿园教师都会采用适合幼儿的方式反复地向幼儿群体或个体传递自己对他们的期望，激发幼儿愿意"争取成为这样的孩子"的动力，从而整合教师和幼儿的目标。

我们强调向幼儿表达积极期待，就是用正面、积极的语言和行为告诉幼儿，或者让他们真切地感受到自己是一个受到关爱和值得期待的孩子，自己的能力和努力是得到认可的。这种方式是认可"幼儿是有能力的学习者"的一种典型表现。心理学上被反复验证的著名的"罗森塔尔效应"就是权威人物的积极期待对人的发展产生良好影响的证明。

2. 向幼儿表达期望应注意方式方法

当然，对于年幼的孩子来说，方式方法很重要。不能用简单的"树立目标"的方式去做，而要利用幼儿对教师的亲近、尊重、依恋等，结合具体的课程实施过程中的事件或场合来向幼儿表达教师的期望。例如，当幼儿出现与发展目标相一致的行为表现时，帮助幼儿发现这些行为并给予积极赞扬和鼓励，及时地、明确地表达自己的赞同。也可以专门或者随机和幼儿讨论什么样的做法和想法是教师，也是班级里所有人都希望发生的。当然，和幼儿谈论这些期望一定离不开幼儿的年龄特点和具体场合，因而，也是会非常具体的。经常和幼儿开展这样的讨论，和幼儿谈论教师对他们的期望，能够增进教师和幼儿在发展目标上的相互了解。

同时，幼儿缺乏很强的目标意识，但是教师在形成明确的幼儿发展目标之后，通过持续、反复结合不同的场合和具体事件对幼儿进行强化，往往有助于幼儿内化期望，并成为他们行动和表现的指引。经常可以听见孩子对家长说"我们老师说上幼儿园不能迟到""老师说我们每个人都要关心别人"，幼儿把他们理解到的教师的期望转述给其他人听，并努力去做。

其实,对于班级中的每一名幼儿教师都可以形成自己对他的发展目标。这些目标可能是和其他教师以及幼儿的家长共同协商确定下来的,但幼儿是最重要的核心人物,所以,这个目标最好能用幼儿能理解的方式取得幼儿的认同。如果成人,包括教师和幼儿家长,只是将幼儿作为一个单纯的"被教育者""第三人"来处理和对待,幼儿就容易成为那个被动的"被改造者"。如果希望自己整体的课程实施成效得到提升,教师可以通过向幼儿积极传递明确的期望,整合幼儿主动向上的力量。

(三) 给幼儿针对性的发展机会

幼儿生活在一个班级中,每天面对同样的教师、开展同样的活动,教师会很容易认为所有的幼儿都获得了公平的学习和发展机会。但是,每一个幼儿是如此不同,在同样的活动中,幼儿的实际活动水平和收获也是截然不同的。

《幼儿园教育指导纲要(试行)》提出,幼儿教育的根本目的是"促进每一个幼儿在原有水平上获得发展"。《上海市学前教育课程指南(试行稿)》明确提出"课程应尊重幼儿学习与发展的个体差异,体现个别化教育",强调课程要关注个体的差异,体现个别化教育,说的就是每一个幼儿都有在自身原有基础上获得适宜发展的权利和机会,是一种更高级别的"公平",体现了我国的幼儿教育追求真正的高质量课程实施和幼儿发展成效。

近年来,幼儿园在逐渐降低各类教育活动的结构,创新一些幼儿个别化活动的样式和具体内容,就是为了提高对不同发展特点幼儿的容纳度,减少对幼儿学习和活动的统一要求,给予幼儿选择和表现的空间,给予教师观察了解幼儿并给予个别化、针对性的指导机会。如,出现了以幼儿自主探索材料为主、教师指导为辅的个别化学习活动;又如,幼儿自选器械和内容的自主区域运动。这些活动的尝试体现了教育逐步走向个别化的趋势。但是,在如何给予幼儿有针对性的、适切的指导方面,我们尚有很长的路要走。

除此之外,幼儿园普遍存在的集体活动,尤其是教师主导下的幼儿集体学习活动,仍然是对教师极大的挑战。挑战首先就来自如何用一个活动容纳不同特点的幼儿,促使其经验都有所提升或发展。集体活动的目标是指向每一个幼儿的,但是如何理解和落实每一个幼儿的发展,让教师百思不得其解。

其实,只要抓住"幼儿园课程中的各类教育活动都是为了促进每一个幼儿在原有基础上的发展"就足够了。幼儿园多样的教育活动,不管是用集体的,还是小组、个别的方式来开展,都是促进幼儿发展的方式和平台。换言之,集体活动只要带着促进每一个不同幼儿在原有基础上发展的想法和努力,就能去关照每一个幼儿。例如,通过预留集体活动中的幼儿活动余地和选择,对不同的幼儿提出各异的问题和要求。而反过来,如果缺乏"每一个幼儿"的意识,即便是"个别化"的教育活动也很有可能演化为让幼儿个别地学习或练习统一要求的内容。

我们曾经开展过一个专题教研,指定每一位教研参与者固定、持续观察某一名幼儿在一节集体教学活动中的表现,在"观察表"上的 10 个观察点的引导下,对指定观察的幼儿的表现进行评分。分数从 1 到 10,1 为最低,10 为最高。

汇总大家的观察记录和评分信息我们发现,在这次集体教学活动中,幼儿在 10 个观察点上的表现情况(得分)差异很大。在参与活动的总共 12 个幼儿中,3 个幼儿在"表现出与沽动目标相一致的行为"上得分在 4 分以下,至少有 4 个幼儿在活动当中完全没有"获得与其他幼儿或者教师交流的机会",其中有一个幼儿明显在 5 个观察点上都获得了显著的低分,也就是说他在这些方面完全表现出被动和无目的、缺乏机会……

这是一个教师精心准备过的集体教育活动,教师预设了很多幼儿在活动中的表现和可能,即便是在这样的准备下,教师仍然无法关注到每一个幼儿。教师在活动当中,包括后续的反思当中,并没有表现出在关注这些幼儿,对他们进行分析及给予他们相应的支撑和锻炼机会。

也许我们并不能责怪教师,我们需要的是帮助教师养成一种思维习惯,一种"教育活动都是服务于儿童学习与发展"的思维和行动的习惯。如果教师心里没有装着每一个幼儿,没有去具体设想过每一个幼儿在今天的这个具体活动当中会获得哪些学习机会,没设想过幼儿可以在活动目标指向的路径上走多远,那么活动的设计就是虚无的,最终我们也无法看到幼儿的真实发展。

幼儿在原有水平上获得富有个性的发展是教师的追求,那么教师日常的课程行为就要与之建立直接的关系。对于集体教育活动,我们不仅要关注教师设计和组织活动,更要关注幼儿的学习状况,不能满足于看到那些与教师积极互动的主动的幼儿,更要为那些安静的、比较被动的、容易被忽视的幼儿提供有力的学习支撑。只有教师养成了"一个也不落下"的意识和行为,幼儿在集体教育活动当中的学习机会和品质才能得到保障。

一般意义上的关注集体教育活动当中的每一个幼儿有两个层次。第一个层次,也是最基础的是教师组织和安排活动,让所有的幼儿都参与活动,即对于每一个幼儿来说,别人做什么,他也可以或者应该有机会做什么。这是最容易做到的。第二个层次是教师有意地关注到让每一个幼儿的行动都与活动的目标与具体任务直接相关,表现在即使幼儿的能力不同,教师仍然提供相应的机会。例如,如果集体教育活动的目标是"大胆表达自己对问题的设想与实验发现",那么不管是什么水平的幼儿,也不管他们究竟是否有教师认为的所谓"正确的发现",他们都应该有机会来呈现自己对问题的设想与发现,而不是仅限于那些所谓能力强,发现了教师期望的实验结果,并且能够讲得清楚的幼儿。在活动过程当中坚守让每一个幼儿在目标指向上获得相应的锻炼和发展机会,引导每一个幼儿经历目标指向的学习过程。这是目前我们的集体教育活动所必须要解决的重要问题。

(四)发现幼儿的成就,推动幼儿的发展

教师了解幼儿不是为了把幼儿当作一个要去"控制""教导"的人,而是要通过自身的力量不断改造和加深自己对幼儿的认识,发现幼儿的发展成就和发展潜能,不断确立对幼儿主体的接纳和尊重,采取适宜的载体和方式,想方设法去激发和维护幼儿的主动性,让幼儿生动活泼地主动发展。

可是在真实的教育场景中,有一些教师以自己为中心,眼里和心中没有幼儿,忽视幼儿,对幼儿傲慢无理,缺乏对幼儿应有的尊重和敬畏。丰子恺先生说,成人和孩子对话,如蝴蝶学做毛毛虫,这是需要磨炼的。特级教师李慰宜说:"关键是向孩子学习,学懂他们的所思所想,学会赞赏他们的奇思妙想,我们才有资格和孩子沟通,否则就是鸡对鸭讲,一窍不通。"

幼儿是不断发展着的有能力的学习者、沟通者。作为支撑幼儿发展的力量,幼儿园教师的专业就是能读懂幼儿的成长,认可他们的能力和主动积极的发展意愿。我们经常发现,认可和尊重幼儿能力的教师往往更能够和幼儿建立和谐的关系,对幼儿的发展抱有积极的期望,幼儿以及幼儿家长也更容易建立对教师的信任,形成和谐的家园共育关系与教育合力。

全国教书育人模范、特级教师应彩云说:"我真的可以看到每个孩子擅长、优秀的一面。那句'每个孩子都是有天分的,只是我们没有发现',一直引导我靠近孩子,指导我与孩子相处……越发警示我看到每个孩子的长处,并加以发挥发扬。"

被我国幼儿园教师竞相学习和模仿的来自新西兰的"学习故事"就是完全站在"赏识中发现"幼儿学习和发展潜能的行动载体。也许我们的幼儿园也可以创造出这样一种适宜的载体来引导教师和家长积极认可幼儿现在和未来的发展。

幼儿园教师始终站在理解、认可幼儿的角度多想幼儿"会什么,能什么,有什么优点和成就",而不是想幼儿"不会什么,不能什么,有什么缺点和问题"。站在提升课程领导力的角度,教师发现和发扬幼儿的成就就是积极展现和凝聚幼儿自身发展的力量,把幼儿展现的成长力量引向发展目标、形成合力的过程。

案例 4-2 美美屋里的"哇"时刻（静安区南西幼儿园 李霖）

在"美美屋"里面,我们幼儿园的孩子们正开展创意手工活动。这里没有太多的主题预设,主要以孩子们自发的创意为主,因此,孩子们的个体差异就更加明显地表现出来了。

我发现了一个有趣的现象,同样的时间和频率进"美美屋",班级与班级之间的差异却很明显。我本来认为年轻教师带的班级中的孩子们应该更加有创意和想法,但是恰恰在有着20多年教龄的徐老师所带的班级里的孩子们在活动中表现出来的创意最多,胆子也更大。这使我感到很好奇,于是我在美美屋活动中特意对其进行了观察。我发现,每次来美美屋,徐老师总是能和孩子们玩在一起,从开始到结束,始终沉浸在和孩子们的互动中。与此同时,她总是能发现孩子们的优点,经常发出很惊讶,甚至有些夸张的赞美,例如,"哇!你的房子真好看""哇!你们俩配合得真棒"这样的赞美。每一次她来美美屋,总是让美美屋里面充满了这样的"哇"时刻,孩子们也很喜欢和她互动,不管是遇到问题了还是有新的想法,都愿意和徐老师交流。久而久之,这个班级的孩子变得更加自信,敢想敢做,做出来的作品也总是很大气。可以发现,教师的态度能对孩子们起到很大的激励,这无关年龄,是我们年轻教师应该向老教师学习的。我相信徐老师不光在"美美屋"里面,在教室里肯定也是这样与孩子互动的,孩子们的自信也肯定不仅仅是靠在"美美屋"里的时间建立起来的。

三、记录与分析幼儿的成长

幼儿发展评价是幼儿园课程评价的重要构成,是幼儿园、教师的重要工作,也是体现教师、幼儿园的课程主体意识的重要表现。幼儿的发展是否与幼儿园的培养目标一致,是否达成幼儿园课程的期望,需要持续得到关注。如何通过一种媒介、一种载体,将我们对幼儿的发展期望、幼儿的真实成长过程、幼儿的发展成效、幼儿园课程对幼儿的推动过程等整合在一起,就成为建立课程设想和实践的逻辑关联的必须。

很多幼儿园都在这些方面做了创新尝试,例如,要求教师深入观察幼儿、撰写幼儿发展记录、开展幼儿发展评价的探索、学习《3—6岁儿童学习与发展指南》、尝试撰写"幼儿学习故事"……很多年以前,"幼儿成长档案"作为一种新生事物进入了幼儿园,但是多数园长和教师对它的意义是持质疑态度的,因为它似乎要花费教师大量的精力和时间。一直以来,幼儿成长档案就是收集幼儿成长的摄影花絮,也可能就是幼儿活动的作品集。仅就此而言,幼儿成长档案的价值和作用究竟在哪里?它值得教师为此付出时间和精力吗?

从幼儿园课程文本建设的角度,我们可以尝试从以下几方面优化幼儿成长档案的结构和要素。

(一)依据课程目标记录幼儿发展

幼儿成长档案作为记录幼儿发展关键信息的载体,如果要避免花絮类的信息堆积,首先就要建立一个适宜的结构,包含表现幼儿发展的关键事件、关键作品或物品、成长故事等重要元素。幼儿园的培养目标首先是其参照的依据,即所有记录的幼儿发展的信息最好要显示出幼儿在朝向目标发展的过程上不断进步。

幼儿园的课程目标是一个体系,有的幼儿园也会根据课程目标(幼儿发展目标)形成具体的幼儿发展评价体系,它们从很多方面较为清晰地呈现了幼儿在课程的影响下将可能会出现的典型表现。在这两个逻辑一致的参照体系下来设计本园幼儿的成长档案的结构是一个合理的做法。按照这个逻辑建立框架便于教师在课程目标的引导下,在幼儿发展评价体系的具体参照下,有目的地观察、了解幼儿,有条理地收集和呈现幼儿的具体表现,使得教师观察幼儿的注意力分配更为合理,全面和针对性地记录、呈现幼儿的发展。

无论幼儿园设计的幼儿成长档案表现形式如何,也不管是采用纸质手册还是电子手册,一定要呈现幼儿在课程目标的达成上获得的成就,而不是随意收集一些杂乱的、好看的、有趣的信息。例如,黄浦区思南路幼儿园多年来已经形成了"儿童成长档案"制度,班级教师坚持在一日活动中观察和了解幼儿的发展信息,寻找幼儿成长的证据。幼儿园不设模板,鼓励教师用各自的方式来记录幼儿的发展,引导教师主动围绕"幼儿基本经验的获得"来记录幼儿成长。"基本经验"就是儿童成长档案的"内部线索",直接指向的是幼儿的发展。

案例4-3 幼儿成长档案构建框架和要素分析(长宁实验幼儿园 杨敏姬 廖蕊 华岚)

幼儿成长档案应该是全面、动态地记录幼儿的学习和发展。我国幼儿成长档案的构建有教师、幼儿、家长三个主体的参与,希望对幼儿的学习和发展进行多维度的、立体的、全面的记录和评价。幼儿通过自我认知和评价让自己成为自己的教育者;教师通过对幼儿行为的记录和分析了解和把握幼儿的发展水平,不断反思和调整活动内容和方式,从而更好地促进幼儿富有个性地发展;家长通过共同参与幼儿成长档案的建立,记录与发现幼儿的学习经历,了解幼儿的学习方式与过程,深化家园共育。

教师是幼儿学习行为的观察者,通过对关键事件的记录和分析,了解幼儿的学习与发展水平、幼儿的兴趣与个性、幼儿的学习方式等,进而调整自己的教育方法,为幼儿提供个性化的指导和支持。从幼儿学习过程的时间长短来分,有以下两种记录方式。

(1)点状学习事件记录。是指对幼儿学习过程中偶发的关键事件,教师捕捉后进行记录。例如,教师在我园"易趣"活动中的"幼儿学习行为观察记录",用图片和文字详细表述了幼儿与材料环境互动中的行为并对此进行分析,从而调整自己的材料提供。或者对照《基于兴趣的幼儿学习行为观察评析框架》进行分析,指向幼儿的学习品质。对教师而言,观察记录是教师调整教育教学策略的依据。对幼儿而言,教师们在和幼儿一起分享反馈这份记录的时候,让幼儿了解自己的学习过程,反思自己学到了什么,接下来可以怎么做。

(2) 一段时间的学习旅程记录。在游戏、运动、生活、学习活动中,幼儿个体或几个同伴会围绕某个"探索内容""事件""任务"持续一段时间(几天或几周)发生连续的学习故事。这些故事犹如一颗颗彼此串联的珍珠,教师会用文字故事、照片、录像等形式记录幼儿个体或群体在过程中连续的变化,并从学习品质、认知技能、社会交往等多方面进行评价。

幼儿作为主体,记录自己的成长轨迹是档案中必不可少的一部分,这是帮助幼儿关注自身学习的一种策略,幼儿通过记录,反思曾经学到了什么,正在学习什么,解决了什么问题,接下来有什么计划等。当幼儿加入到对自己学习过程的反思中,其实是给幼儿提供了学习的新视角和自主权。我园幼儿的记录方式有以下三种。

(1) 幼儿在园活动中完成的作品。例如,绘画、手工、建构作品等。幼儿有权力决定在自己的成长档案中放入自己的什么成果。教师会邀请幼儿对自己的作品进行描述,并加以记录。

(2) 学习轨迹(学习过程、计划等)。幼儿在参与主题探索活动时的任务、问题研究的计划、问题解决的过程、假设验证、结果等,有时也会记录下自己在活动中的感受。

(3) 幼儿自我评价。教师会请幼儿对自己一段时间学习的内容、成果、感受进行评价。如:你觉得它怎么样?可以如何改进变得更好?最难的是什么?你是怎么解决的?不同年龄段幼儿自我评价的方式也会不同。

我们鼓励家长积极参与到共同建立幼儿成长档案中去,充分调动家长的参与积极性对幼儿教育有不可忽视的意义。家长记录的方式大致有三种。

(1) 呈现家庭生活中的经验。家长记录下家庭生活中他们眼中孩子有意义的成长瞬间,它可能是一次旅行、参观,可能是孩子一个了不起的举动,可能是孩子着迷的一个游戏等。

(2) 基于某一学习项目,在教师指导下开展的家庭活动记录。在主题探究活动中,家长带孩子在园外进行一些观摩活动以丰富幼儿的经历,此时教师会事先和家长沟通,首先让家长了解活动的意义,同时教师也会制定计划,引导家长如何带领幼儿进行观察、记录,并给予家长具体指导。例如,不插手幼儿活动,在幼儿绘画后帮助记录下绘画的内容、日期和姓名。家长越来越了解幼儿园的课程理念和价值取向,在认同的基础上,他们也开始学着用这样的方式鼓励幼儿学习。

(3) 幼儿学习行为观察记录。家长作为志愿观察者参与到幼儿园的课程中来,与教师一起观察幼儿的学习行为并作相应的记录,从而了解幼儿是如何学习的,了解幼儿园的课程。这样的过程帮助家长了解幼儿园活动的意义和价值,真正了解幼儿的学习,这对提升家长科学育儿的能力起到了积极的作用。

(二) 呈现每个幼儿的发展特点和趋势

记录幼儿的有意义和有关键价值的成长过程是专业的记录的作用。幼儿的成长体现在不同阶段的不同的表现,记录应包括说明某个方面发展的表现在什么时候发生,什么时候较为稳定地出现,什么时候又有了较大的提升和飞越。这就需要幼儿的成长档案有一个容纳幼儿一定阶段发展的时间跨度,从而呈现幼儿持续的发展。较为理想的是,从幼儿入园开始就有一本专属于幼儿的成长档案,全面记录幼儿在各个方面的持续的发展,包括发展的节奏和速度。

每个幼儿就是成长档案的主人,里面丰富的信息记录了幼儿生理、心理、认知、情绪情感等多方面的成长关键信息。因而,除了成长档案的结构框架可以是一致的,里面所有的内容都是属于这一个"独一无二"的幼儿的。信息的采集人、采集时间、表现方式都因为幼儿的不同而完全不同。

在信息技术平台的支持下,教师不仅能够用电子化的方式来标记、记录、分类幼儿的各种关键发展信息,并且能随时调取某个幼儿的发展轨迹用于分析解读和信息分享。

在此基础上,还可以实现对本班级幼儿或者全园幼儿信息的归纳、梳理,使其图表化地呈现出来,更加便于实现不同人员之间的信息互通,也更便于教师把握班级幼儿整体发展的特点和趋势,并针对性地设计、改进课程和活动。

(三)帮助教师基于证据调适课程

幼儿成长档案不仅是为了记录和发现幼儿真实的发展,也为了促进教师的专业发展和课程意识,帮助教师提升、改善课程行为。站在提升幼儿园教师课程领导力的角度,这是一个强化教师的幼儿主体意识,改变教师课程运行逻辑和习惯的方式。其中很重要的一个方面就是通过建立幼儿成长档案制度促使教师将观察和记录幼儿的成长有效整合到课程运行的多方面工作中。

幼儿成长档案不仅是记录幼儿关键发展信息、呈现幼儿个体发展脉络或轨迹的有价值的载体,而且对于教师的课程规划和实施也具有相当积极的促进作用。教师在成长档案的框架引导下全面地关注幼儿多方面的发展,增进对幼儿的发展状况的感知和理解,提升对幼儿发展的一般规律和个性特征的理解,促使教师充分积累关于幼儿发展的知识。

制作幼儿成长档案很重要的步骤是收集幼儿发展的真实证据。证据包括幼儿的语言、行为、故事片段、作品等。这对教师提出了基于幼儿自然的一日生活去获取这些证据的要求。并且非常强调对幼儿的发展阶段作出的每一个判断都一定要基于两条以上的幼儿表现证据。例如,要说明幼儿具有"数概念",教师可能收集的证据有:幼儿在游戏中出现点数玩具并说出总数的行为表现,在排队时点数某组小朋友的人数并正确计数,指出其他幼儿点数出现的错误,能按照教师的要求正确拿取一定数量的物品……即,要完成幼儿的成长档案,教师需要有证据意识,在多样化的活动过程、场合中,提取幼儿在某些方面的关键和典型表现,避免教师主观经验感觉而带来的误读、错读幼儿。其实,这同时也是一个相当有效的促进教师增强课程意识的过程。

(四)搭建家园共育的平台

首先,我们要意识到的是,为幼儿制作成长档案的主要责任是由教师承担的。班级里的两位教师之间要形成相互的配合,尝试进行合理有益的分工,在不同时机和场合下有效地获取幼儿的发展证据,共同完成。这个过程就是班级两位教师对幼儿发展状况达成共识的过程。其次，我们不能忽视的是，幼儿的一些发展信息完全可以来自幼儿家庭，教师可以让家长卷入信息收集的过程中，从家长处获得信息的补充和印证。这个过程是增加家园互动与沟通的过程，同时也是教师有效发挥自身的积极影响，引导家长关注幼儿发展，科学理解幼儿成长的过程。当幼儿家长发现教师能从多方面积极地收集自己孩子的发展信息，关注孩子的发展，并能够和他们有针对性地分享孩子的进步表现，就增加了他们对教师专业工作的敬佩，提升对教师个人和专业的信任度，同时产生和幼儿园教师相互配合、协调的意愿，并共同为幼儿的发展制订计划、协同行动。

幼儿成长档案不是教师"堆积"幼儿活动花絮的本子，而是有结构地呈现幼儿发展和进步的证据。同时，要通过幼儿成长档案这个有价值的媒介，增加家园之间"基于幼儿全面和谐发展"而开展的主动沟通，形成共识和合力。

其实，幼儿成长档案的"建立积极关系"的价值还不止于此，教师还可以通过幼儿的成长档案和幼儿互动，比如在信息收集过程中多听取和记录幼儿的意见，增加幼儿的选择和对信息的解读，也可以有意识地向幼儿讲述他的发展故事，让幼儿体会教师对他们成长的认可。幼儿自己也非常喜欢阅读自己的成长档案，从档案中的各种信息感受自己所受到的关注，体会成长带来的快乐。

另外，当幼儿准备进入小学的时候，小学的教师如果能够认真阅读幼儿的成长档案，从幼儿发展的关键信息中能够快速建立对幼儿的多方面的了解，有助于教师作适当的准备迎接幼儿进入小学。幼儿成长档案就成为了一种幼小衔接信息的传递载体。

第二节　建立民主和信任的主体关系

　　幼儿园教师为了卓有成效地追求课程目标,需要学习并实践营造多元课程主体间的和谐关系。幼儿园教师要作为课程领导者主动影响和协同幼儿、家长、教育伙伴,使课程实践拥有一个良好生态下的创造空间。

　　我们要认识到,幼儿园教师不是流水线上的螺丝钉,而是有目标、有责任、有自主选择意愿和能力的课程主体。班级教师要善于将班级小团队建造成一个"多功能基站"。"一日生活皆课程""保教结合"是幼儿园课程的本质特征。幼儿园教师的工作是通过团队的合作来开展的。忽略建立积极有效的互动关系而追求个人的孤军奋战很可能会力不从心,甚至事与愿违。幼儿园教师需要积极主动地去影响幼儿、幼儿家长以及身边的同事,发挥教师在课程规划与实施中的更主动、更广泛、更深入的影响作用,很重要的方面就是要学习并尝试去营造和谐的主体关系。

　　幼儿是幼儿园数量最多的人,也是幼儿园和幼儿园课程存在的意义,他们的发展和利益,需要被置于幼儿园主体关系的最顶层,幼儿园办学、课程等实务均以"是否有利于促进幼儿健康发展"为第一要义。因而,上海市学前教育课程的基本理念是"以幼儿发展为本"。

　　教师是直接与每一位幼儿发生互动,用自己理解和掌握的课程服务于幼儿发展的人。幼儿园教师对幼儿的影响全面而深刻。教师要理解和发挥自身价值就必须要被放在适合的课程主体的位置上,吸纳专业知识,拥有课程权力,承担课程责任。教师"主动"是实现一切的基础。

　　园长是幼儿园办学的第一责任人,是引领教师共同形成幼儿园课程愿景和目标、理念等的灵魂人物。其角色职责是通过利用大家的力量创建适宜的课程发展和运行平台,优化制度和文化,有效调动和支撑教师主动课程实践和创新以服务幼儿发展。

　　三个课程主体中,幼儿是核心,教师是关键,园长是保障。教师实践和落实课程离不开对课程主体之间关系的了解和把握。同样,园长的课程管理如果离开对课程主体定位以及相互关系的正确把握也会形成对教师课程实践的控制,产生负面影响。

一、和幼儿共同创造班级生活

　　班级是幼儿和教师共同生活和工作的场所。班级中的所有时间、空间、材料、氛围不仅是教师课程落实必须来设计和把控的元素,而且要成为适合容纳幼儿一日生活的舒适载体。教师要结合落实课程的需要主动整合幼儿班级生活和发展需要,创造适宜幼儿发展的班级环境、氛围和节奏。这是幼儿在园幸福健康成长的"底层结构基础"。

　　(一)明确"理想的班级"的具体表现

　　教师和幼儿中,教师是创建积极关系的主要责任人。教师可以问自己以下这些问题,来帮助自己审视自己究竟想要创建一个怎样的幼儿班级，以及希望收获什么性质的互动关系和课程运行方式，这些问题包括：我们幼儿园的课程文化是什么？班级中尊重幼儿主体地位的具体表现是什么？幼儿园的课程目标中对幼儿自我和社会性发展方面的期望是什么？我和其他教师，包括保育员对班级中关系和氛围的期望是什么？幼儿家长对班级中的师幼关系、幼儿之间的关系有什么希望和要求？等等。结合对这些问题的思考，明确建立自己对班级氛围和关系质量的界定，然后建立自己的有针对性的行动策略去达成这个目标。

曾经问过一些幼儿园教师对班级幼儿的成长有什么期望，教师的普遍反应是"一时语塞"，通常犹豫很长时间后，有的会给出零散的、点状的幼儿发展的描述，更多的教师坦言"没有认真去想过这个问题"。

特级教师应彩云对"什么是一个好的班级"的想法是："一是孩子与孩子之间相互喜欢、相互依赖，又独立而悦纳自己；二是热情活泼而彬彬有礼；三是充满求知欲，且各自有着自己的特长，例如有的擅长画画，有的擅长乐器，有的逻辑感强，有的感性而想象力丰富……"可以看出，应老师在对班级品质的界定中，关注构建融洽接纳的班级氛围，欣赏和展现幼儿的个性化成长，希望幼儿性格上兼有热情与礼仪。她的语言具体生动，立刻就能勾勒出她理想的班级是什么样的。所以，她在谈自己作为幼儿园教师的价值时这样说："我的价值就是，让我的孩子今天与昨天不同，尽我所能地陪伴他们顺利长大，尽我所能地陪伴他们面对成长的矛盾、障碍、困难，陪他们感受成长的开心和难过。我的价值就是一个专业的陪伴者。"

长宁实验幼儿园特级教师陈青认为好班级的基本特征是，除了班主任，其他教师进班孩子状态也很好。这个好的状态表现在：孩子不会"欺负"陌生教师；同伴间关系和谐友好，会有争执，但能有办法解决（不靠告状、打架或耍无赖）；没有凸显的"坏孩子"……因为这个特征凸显的是班级人际关系的文明、平等，折射出的是班级教师对孩子的尊重、平等。要带出好班级，教师必须具备人格魅力，关注和尊重每一个孩子，有很强的自我情绪管理能力，不轻易对孩子发怒，有教育的艺术……然后才是具备较强的领域素养，能全面把握课程目标和儿童的发展……

这种具体的、图景化的描述方式就是教师主动将幼儿的培养目标和理想具体化的过程，实际就是教师主动建立与"幼儿的课程理念、目标""他人的理想和目标"之间关系的过程，是作为课程领导者的教师理念与目标不断清晰的过程。没有人会在最初就很明白课程、他人、自己追求的到底是什么，如何去实现当中的取舍和平衡。但是开启这个过程，通过不断和相关的人主动交流、分享，找到自己和他人共同认同的东西，不断澄清和选择，最终能建立起一个富有意义的立体的追求。从课程领导的角度来看，这也就是班级的课程愿景和目标的具体化。它将会成为教师在课程建设与优化中始终坚持的方向和判断的基本标准，是教师开展课程实务的原动力。

（二）营造有安全感、归属感的班集体

我们考察幼儿园存在的价值时会说到幼儿的成长。但是幼儿即使不上幼儿园，在家庭中、社会中也会自然成长。那么幼儿为什么要来幼儿园接受幼儿园的课程？

我们当前的选择显然不是知识的传授，而是尊重和呵护幼儿原初的好奇心和主动性，为幼儿未来的学习和发展奠定基础。幼儿园的班级对这些方面的贡献有多大，是否在一定程度上限制了这些,值得我们考量。如果说进入幼儿园、班级是一个幼儿无法选择的结果,如何让幼儿获得"不忘初心"的教育,是作为课程领导者的教师必须去思考的。让班级中人与人之间的关系成为课程理念的载体来体现目标,达成目标。

接纳幼儿的天性,倾听他们的需求,顺应他们的发展趋势,让每一个幼儿在班级中找到喜欢上幼儿园的理由。幼儿和成人一样,情绪情感是做事的动力。幼儿园的师幼关系、同伴关系是极其重要的环境。长宁实验幼儿园特级教师陈青说:"我认为一个孩子在教室和幼儿园的同伴环境中,首先需要获得的是安全感和被理解与尊重,然后才是基于个体、群体经验建构的发展。一个即使没有太多专业领域知识的教师,只要他具备了人文素养,对有学习能力的孩子来说就已经是一种支持。教师的作用和价值体现在对孩子的人文关怀和教育的艺术,也就是说,先把每个孩子看作是具备完整人格的独立的人,然后再考虑教育过程中的艺术。这个艺术包含了各种层面的教育策略,凸显的是以人为本、因人而异。"

教师课程实施的过程品质和成效很重要的构成就是是否建构了与幼儿平等的关系,教师是否创建了让每一个幼儿都有安全感、归属感的氛围,让每一个幼儿都感觉到自己的进步、成就、被关注、被珍视、有贡献。

幼儿园教师有很多形容师幼关系的词语,如平等、宽容、接纳、尊重,也有很多生动形象的语句,如"蹲下身,和孩子一样高"等。如果要落实到具体的实践层面,教师应从以下几个角度进行尝试。

(1)审视自身和幼儿所处的地位。主要反思自己是否有凌驾于幼儿之上的权威感和控制行为,有没有剥夺幼儿活动的机会、发言权力,有没有以自己为中心做决定等。实际上,有的时候教师的"示弱"或"退后"恰恰是推动幼儿向前的极佳策略。

(2)和每个幼儿积极互动。主动发起和每个幼儿的互动,主动考察自己和每一个幼儿之间是否建立了积极的关系,甚至是否和幼儿形成了你们之间的"特别的约定或秘密",顺畅地交流和展示亲密,让孩子感受到被接纳、被关注和被珍视。

(3)引导幼儿之间建立积极的连接。在班级中创设和利用各种机会,引导幼儿之间建立在具体情境下的相互联结的关系,例如,关心、帮助、同情、分享、轮流、协商、责任承担、赞扬、贡献、归属感。还要主动地结合具体情境和班级中真实发生的问题和幼儿讨论同伴之间、师幼之间的关系。不仅是基于德育的目的来进行活动,还基于帮助幼儿认识和建立积极的同伴关系,体验积极关系带来的支撑、愉悦和归属感。例如,班级中为什么要有值日生?怎样的值日生角色和制度有利于幼儿发展?

(三)确定建立和变化班级制度的规则

幼儿生活在班级中,从入园第一天就必须在"一日常规"中生活。如何和幼儿共同确立适宜的一日常规,有赖于教师对幼儿特点和需求的理解与把握,更需要教师有意识地将幼儿置于主体地位,和不断成长的幼儿达成契约。"幼儿真正参与制订的班级规则,幼儿更愿意遵守并主动维护",这是很多教师的深刻体会。这就是尊重幼儿的视角和立场,发挥幼儿的主动性的积极结果。

幼儿园教师需要去审视班级里存在哪些外在的、明显的班级规则,又存在哪些不成文的、内在的规则,这些规则对幼儿的实际影响是怎样的。更重要的是去认真审视这些规则最初产生的动因是来自教师还是来自幼儿,是否在教师期望和幼儿需求之间建立了平衡,规则是否具有"神圣第三方"的作用,对班级中的所有人都产生制约,是否做到包括每一个幼儿、教师在内的所有人都必须遵守。作为教师,还可以尝试列出班级中的规则,尤其是那些隐形的规范和要求。想一想这些规则中哪些是因为幼儿共同生活的需要而自发产生的,哪些是主要出于教师管理幼儿的原因而产生的。如果需要删除一些规则,打算去掉哪些?如果需要改造一些,你打算如何去改造?

经常结合班级中发生的具体事件和幼儿讨论班级规则的产生和变化,将增加师幼之间的认同和信任,建立幼儿对班集体的归属感,有助于培育幼儿的民主意识的萌芽。这也是幼儿园课程思想力"思想前瞻"中"文化现代"的核心和具体体现。

二、成为值得信任的教育伙伴

幼儿园教师是需要协同合力的职业。每个人都能在工作中感受到自身力量的范围和影响,也无时无刻不在感受他人的力量和影响。要取得良好的课程成效,让自己成为一个他人能信赖、可依靠的教育伙伴是必需的;同时,主动寻找可以信任、可以获得、善意的外部支撑关系和力量,也是必需的。许多自身专业知识和能力都不错的教师,在幼儿的保教过程中喜欢"单打独斗",于是发现经常会事倍功半,或者自己好不容易获得的成就很容易因为他人的影响而打了折扣。因而,"主动成为别人眼中可信任的人"和"主动建立积极的信任关系"应该成为教师的必修课。然而,现实中很多教师并未认识到这些。

(一)做忠于幼儿园课程追求的教师

理解和认同本园的课程目标,坚守幼儿园课程的基本理念和原则,用实际行动表明自己对课程目标的赞同和追随,是教师的应有之义。无论是在幼儿园内部的课程运作和研究中,还是在幼儿园外部,如幼儿家长的影响过程中,教师要始终信念坚定,言行一致,维护幼儿园在幼儿观、教育观、课程观上的共识,不做违反"基本主张"的事,为自己的言行划一条不可逾越的"红线"。例如,坚持维护幼儿的游戏权利,自己坚决不牺牲幼儿的游戏时间做其他的事,也不允许其他人侵占幼儿的游戏时间。

教师应在和其他教师的积极互动中主动发挥正面的影响力,努力通过自己的言行去影响身边的教师、保育员等参与保教工作的人,找到班级的课程规划和运行与幼儿园的课程追求之间的有意义的连接,在认同幼儿园课程目标和理念之上去确定班级的幼儿发展追求,而不是夸夸其谈、心口不一。幼儿园的园长、教师言行一致地忠实于幼儿园课程,是幼儿园课程运行的积极推动力量,成为落实幼儿园课程的"靠谱"的人。

(二)了解自己,尊重他人

幼儿园教师被要求关注幼儿,了解幼儿。但与此同时,必须同时跟进的还有认识和了解自己。只有深入地了解、分析和把握自己的成长和生活经历带给自己的价值观、行为模式等方面的习惯、特点和趋势,才能有效地调控好自己在幼儿园教师职业角色上的表现。同时注意去了解和发现他人的特点,在尊重他人特点的同时,主动调控与他人的关系,以促成信任关系的建立和持续。即教师要学习知觉自己的关系模式,有意地建立有益于活动目标达成的外部支持框架。

应彩云老师说:"我以前有个老搭班,我们彼此发挥所长。我是个洒脱而细腻的人,我发现她很擅长的,一般这个方面我就不管。但如果对方不行,我一定会亲力亲为到底。……

"我是很顺着搭班的。我内心的独白一直是强者就是要'吃亏'的。我不会让搭档生活在我的阴影下。……

"我的理想是,让来到我身边的人有所收获。所以和我相处以后,我的搭班专业都不错。"

从这些话语中可以看出,应老师不仅对自己的个性、角色、价值等有明确的认识,而且还为自己划定了与他人互动的原则,而这些原则都是建立在调控自己、尊重他人的前提之上的。也正是有了这样的认知基础和行动原则,她和身边教师的关系都朝向积极健康、"双赢"甚至"多赢"的方向去发展,建立了和谐、信任的关系,做任何事情都会在需要的时候体会到善意的支持和情感的抚慰。

如果和搭班教师有意见分歧怎么办?应老师说:"意见分歧时,我不能强求。如果对方是对的,那不是很好吗?如果对方不对的,她迟早听我的。我用行动和实践说服她……"在和班级中的其他教师沟通或相处时,要能发觉对方的愿望和特点,在尊重的基础上积极回应和互动,从而产生更有成效的影响。

长宁实验幼儿园特级教师陈青说:"我觉得沟通是最根本的方法,因为不论是教孩子还是带教徒弟,都有一个共同点,那就是支持'人'的学习,大人孩子都是自身的建构式学习,都要在看、听、做、说的过程中将经验不断内化,所以在具体的情境中鼓励提问、鼓励尝试和鼓励反思都是最重要的。"这些话语非常明显地体现出她努力尊重他人,与他人平等沟通,通过激发他人的主动行动和思考来帮助别人成长,因而教师都愿意来找她分享思考,在探讨中获得启迪。

(三)合理分工,共担责任

我们强调在班级课程规划、安排和实施中的协力合作,是指不断明确共同追求,朝向幼儿发展的目标前进。但是每个人在其中承担的角色和具体任务会有不同分工。分工并不是将班级中的两位教师和保育员分割为三个不关联的主体,而是强调通过承担各自的课程实务以提升课程的整体效益。"三位一体"就是指这个具体内容。

如果因为分工而造成了班级中幼儿发展目标不清,表现为:幼儿因为受到不同成人的不同要求而产生不同的价值观和活动方式,例如,在一位教师面前表现出礼貌,在另一位教师面前却无所谓,又如孩子在家和在园完全两个样;课程之间产生了意义上的断裂,例如,两位教师每天只是"各自为政",按照自己的预设来组织开展自己想开展的活动,而没有思考活动之间在幼儿经验发展上的连接。这种分工即使职责再明确,教师各自的任务完成得再好,幼儿的发展也只是片段式的、割裂的,不利于幼儿健康、和谐发展。

合理分工建立在确立和选择共同目标的基础上,目标和选择决定着每一个参与选择的班级课程主体要共同承担责任。尤其是在选择面临问题,或者遭遇实施的困难、挑战的时候,要共同思考、分析,尝试化解问题,继续朝向目标前进,而不是相互推诿和责怪。三位一体的真实含义就是合理分担工作,共同承担责任。如果幼儿园的制度能够很好地支持、鼓励班级教师,包括保育员等共同制定班级计划,形成实践重点,开展改革创新,并以班级为单位来评价班级课程实施的成效,将有效推动班级教师之间主动建立从目标、行动到成效检验的共同意识和行为。

（四）成为搭班教师的"镜子"

镜子的作用是通过光滑的镜面的反射帮助照镜子的人看到自己表现出来的外在模样。教师如何才能做好他人的"镜子"呢？幼儿园教师经常是独自组织幼儿开展教育活动,近年来两位教师同时进班的时间越来越多了,有时候是两位教师共同承担幼儿的分组活动,有时是配班教师辅助主班教师准备环境、材料,维护活动中的秩序,做主班教师的助手。但也许这段时间还可以整合利用。

"镜子"不需要作出判断和评价,只需要如实呈现。甚至"镜子"都不需要有多么专业,只要愿意安静地观察即可。作为教育伙伴的教师,可以在另一位教师主持活动的时候,记录自己观察到的情况,尤其是幼儿在某些场合下的表现,提交给组织活动的教师。得到"镜面反射"信息的教师自然就会思考：这个情况我意识到了吗？我是怎么想的？这让我想到了什么……这个过程就是一个常态化的"多一双眼睛观察和记录"的"课程状态自我认知"。当然,这也是两位教师互相帮助,达成对班级课程实施状况、幼儿发展状况了解的过程,对于两位教师达成共识与形成动态的课程判断有极大的益处和推动。

所以,教师在实施班级课程的过程中,不妨匀出一些精力和时间做做观察者,或者按照自己的兴趣,或者围绕带班教师的目的,互相做对方的镜子,提供有价值的课程和活动过程的信息,帮助对方认知自己。

三、帮助家长理解和扶助幼儿成长

有研究表明,家庭对幼儿发展的影响大于幼教机构对幼儿发展的影响。作为幼儿园教师,对于自身和幼儿家长的关系一定具有一些感性认识。大多数教师都学习过,也认识到幼儿是属于家庭的,幼儿所在的家庭中,家长对幼儿的发展具有巨大的作用。

但是实际情况是经常发生两类现象。一是家长认为幼儿教育应该由幼儿园来承担,幼儿园教师更专业,自己主动放弃承担培育幼儿的责任,表现在对幼儿园、对幼儿教师的盲目依赖,甚至产生不合理的期望,提出超越幼儿园能力的职责范围外的要求。二是幼儿园和教师轻视、忽视家长的力量,以权威自居,主动包揽了幼儿的教养责任,不尊重幼儿家长和家庭对幼儿的权利,不愿意接纳来自幼儿家庭的期望和教养方式,更不注重积极影响和发挥家长的力量。这往往是滋生家园之间不信任关系的土壤。

上海市对各类型幼儿园在评审、验收以及课程与教学调研中对幼儿家长的调查发现,幼儿园教师开展家教指导的能力比较欠缺,有针对性、有效的家庭教育指导工作水平亟待提升。在提升教师课程领导力的背景下,从教师成为课程领导者的角度,我们认为,正是因为幼儿园教师是掌握幼儿发展专业知识和提供幼教课程的主体,才需要主动、积极地影响家长,积极发挥家长在幼儿成长中的作用,努力在观念和方法路径上和家长的协同。家园共育是对幼儿家庭、对幼儿园（教师）价值的同时认可,更是对幼儿教育实施的根本路径的设定。"家园合作理念与方式"是课程领导力"思想前瞻"中"文化现代"的重要方面和体现。幼儿园和幼儿家庭、家长和教师,各自处在什么位置上来实施对幼儿的培育,各自又有什么权利、发挥怎样的影响,是每一个教师都需要去思考和在实践中面对的。

（一）与家长达成幼儿发展期望的共识

大多数家长并不是专业的教育者,或许缺乏幼儿培育的正确观念和方法,但这丝毫不影响家长对幼儿的发展抱有积极的期望,这是幼儿园教师和家长可以找到的共同的动力。家园之间的信任、有效互动一定要建立在这个基础之上。

幼儿园教师可以通过了解幼儿的发展状况,结合幼儿发展的一般规律制订出幼儿在不同阶段的发展目标。但是,这绝不是一个闭门造车、想当然的事。教师要在制定班级、幼儿个人的发展目标时,真正地去倾听幼儿家长对幼儿发展的期望。

每一个幼儿家庭都是不同的,当教师询问家长关于幼儿的发展目标时,家长也许不能明确地描述出来,但是当教师去了解家长对于幼儿在园的学习和生活期待看到什么具体的进步和表现,也许他们就能尝试着讲述了。教师要做的不是去主观地告诉家长应该把幼儿培养成怎样的人,而是在倾听家长对幼儿的发展期望中去找到与幼儿园培养幼儿的目标和课程目标的一致性,认可家长对幼儿期望的合理性,并真正表现出对他们期望的接纳和认同。然后,通过梳理家长普遍的和个性化的对幼儿发展的期望,将它们真切地整合进班级幼儿的发展目标中。这种主动整合家长需求的做法将构建出更为适切的班级课程目标,也更能在家长的想法和幼儿园课程之间建立主动的、互动的联系。

当然,这个过程中教师也要运用自己的专业知识和影响力去引导家长形成对幼儿成长的合理期望,去除那些不符合幼儿年龄特点和发展规律的非理性的不科学的期望。

教师认真倾听、理解并认同家长对幼儿的期望,经常主动结合幼儿在幼儿园活动中的成长表现,自然地和家长交流幼儿的发展,在家长心目中建立起"幼儿园的课程和活动与我孩子的发展有关系,是对孩子发展的积极的推动"的概念,也更利于建立起"相信教师的专业,认可教师的价值"的良好情感,从而建立起信任教师的基础。

案例4-4　家长会可以这样开（杨浦区本溪路幼儿园　应彩云）

幼儿园里经常有这样的现象。小班家长会,年轻父母济济一堂,到了大班,出席家长会的大多是祖辈。是什么原因使家长渐渐失去了参与幼儿园活动的热情?有家长说家长会像是教师的工作计划交流会,还有许多幼教行话,他们听不懂,所以很没劲。也有家长抱怨家长会像是开批斗会,家里孩子总被当作反面教材,让他很难堪和失望。是啊,我们只知道使劲儿传递信息,却忽略了家长的感受。要让家长重视并积极参加家长会,教师得应时应景地精心策划。

有一次我中途接了一个中班,遇见了一群安静而胆小的孩子。在第二周例行的家长会上,我这样讲:"孩子们大多文静,我想这与家长的教育有关,很欣慰你们抚育了一群看上去很有教养的小绅士和小淑女……带这样的孩子我感到很省心"。家长们个个和颜悦色。我继续说:"可是幼小孩子的最主要任务是什么?玩!人一生中只有童年时代是能够让我们玩耍的,人生不可逆……我们应该让孩子尽情玩耍,因为在孩子的游戏中学习无处不在。"接着我用幻灯片播放了孩子们在幼儿园快乐游戏的场景……

这时,我才开始介绍本学期的目标。我说:"本学期,我要让这群文静的孩子释放天性,学会玩;要让他们在玩中感受人与人之间的交往规则,在玩中培育大胆、阳光和健康的心理品质,在玩中增强自我管理的能力……"一位爸爸的"好"字引发了一片掌声。的确,只有让家长在为自己孩子的进步自豪的时候,才能树立自信去面对孩子的未来,只有以尊重为前提,家长才比较容易接纳教师的观点,哪怕是不同的观点。

一次家长会上,我提出"让孩子多接触和玩一些音乐游戏"。有些家长说:"我孩子将来不搞音乐也不做音乐家,学不学音乐没多大关系。"我说:"我们都不是搞音乐的,但我们在什么时候情不自禁地歌唱?恐惧的时候歌唱为我们壮胆,惊喜的时候用吟唱表达自己的欣喜……对于一个普通人来说,音乐能够让我们在幸福的时候飞扬幸福,在痛苦的时候释放痛苦。所以,我们要为孩子的将来积累感受和表达幸福的能力。"说到这里,我看见所有的家长都在由衷地点头。

家长会是家园沟通的平台。如果教师善于从对方的立场出发,增进彼此间的理解和融合,那么家长会就会成为家长们心悦诚服的一份期待。

(二) 帮助家长理解成长中的幼儿

提倡和开展家园共育,并不是要将家长变成和教师一样的"专业"的人,尊重家长对幼儿成长的决定权和影响力,帮助家长理解幼儿成长的规律,成为更加称职的家长,能用适宜的方式支持幼儿发展的家长,是幼儿园教师应有的认识。

家长因为养育了幼儿而自然成为家长,但是并不意味着成为家长就自然掌握了幼儿作为一个独立的人的基本发展规律,自然能成为一个合格的家长。幼儿园教师因为承担了幼儿的培育任务才和家长建立了联系,从角色上成为家长的另一种伙伴,又因为拥有专业的幼儿发展知识和技能,为了幼儿园课程的有效落实促进幼儿健康发展而主动去寻找家园合作。

而现在的情形是,幼儿园教师花费了太多的精力和时间,希望家长成为一个和自己一样拥有专业知识、用同样的思路和方法来培养幼儿的人。但这更多是不切实际的。家长有自己的价值观和幼儿培育的目标。幼儿园教师所能做的只是尽我们所能去引导家长理解和接纳幼儿本身发展的生理、心理规律,引导家长在自己确定的幼儿发展目标上做到"不违背、不伤害",继而寻找更有针对性的方法,增加有效性。

幼儿园经常开展的家长调查信息反映,家长对幼儿园开展的"家教指导"工作的评价不高。开设家长学校,举办知识传播类的家长会,提供有价值的利于家长吸收的育儿信息,是幼儿园和教师通常的做法。但是,成效总不太明显。从幼儿园课程领导的角度,幼儿园、班级教师如何帮助家长确立幼儿是发展的主体的意识,理解幼儿成长中的个性特点,并用适宜的方式去促进幼儿的发展,的确有很多值得思考的地方。主动感知、辨别和回应家长的育儿需求,是最有效的途径。

实现对家长育儿需求的感知和回应的核心,是将教师和幼儿家长的目光聚焦到每一个幼儿,指向每一个家庭的每个具体幼儿的发展表现,以及这些发展表现所代表的发展意义之上。只有幼儿的发展才能真正吸引家长的目光,提供家长信任教师、相信幼儿园课程有价值的基础。因而,教师不遗余力地设法展示幼儿发展表现和代表的关键意义,设法展示幼儿在课程中的学习和发展机会,展示幼儿在活动中的进步和成就,才能启动家长认可和尊重幼儿的主体性。

案例 4-5　用专业使家长成为"同盟军"（长宁实验幼儿园　丁怡）

我会认真细致地关注和记录班级中每个幼儿的不同"哇时刻",并主动围绕他的个性化成长与家长建立和保持积极的信息沟通,在和他们的沟通中我也会不由自主地流露出对孩子的欣赏,表扬他们的优势,同时也会用教师的专业眼光去解读孩子的行为。家长在和教师的交流过程中得到专业支持,更加了解自己的孩子。教师在和家长沟通的时候要将自己的教育理念传递给家长,只有家长认同、接受,并和教师站在一起,才能追求家园一致共同开展教育。

在娃娃家主题中,孩子们制作的礼物大部分偏向于手工制作类。小班上学期的孩子动手能力还不强,所以很多礼物都是很粗糙的、简单的,对于家长而言可能是不实用、没有装饰性的,因而很容易被忽视。作为教师的我更看重孩子做礼物时的自发愿望,制作礼物的理由和制作过程。但家长却比较在乎礼物的观赏性和制作的难度。所以教师和家长有着不同的理念和期望。为此就需要我做更细致的沟通,用自己理解和发现的幼儿发展表现来解释给家长听。与家长沟通要注意自己的专业性,用自己的专业素养影响家长,帮助家长读懂孩子,家长也会更信赖教师,成为教师的"同盟"。

家长其实很愿意配合教师,只是有时他们还没了解、接受你的教育理念。教师要善于将自己的理念亮出来,让家长明白。我觉得现在家长的文化程度高,对我们教育理念的理解是很快的,所以如何传达和解释自己的教育理念非常重要。

（三）家园协同实施课程

幼儿园教师和家长提供的促进幼儿发展的课程中,共育是指向,但两个角色作用发挥的方式却是不一样的,要做到相互有意义的关联、呼应、配合。共育并非说法、做法完全一样,而是保持让幼儿体验到教师和家长都对他们有同样的期望和要求。方法的选择应该允许家长和教师不一样,甚至更应该因为教师和家长角色的不同而不一样。

幼儿园教师真正尊重幼儿家长的基础和实际条件,不是简单要求家长和自己采用同样的方式做一样的事,而"要求一致"恰恰是幼儿园教师最习惯的方式。幼儿园教师和幼儿家长按照自己的观点、想法、现有的条件、资源和能力实施共同指向的活动,互为推动,保持幼儿活动和体验的持续性,支撑幼儿获得方向一致的经历和学习机会。如果家长和幼儿园教师在幼儿时期的独特价值、培育幼儿的理念和原则、方法等多个方面达成了共识,那就是"锦上添花"的状况。

无论是幼儿园根据课程发展目标和要求来实施课程与活动,还是家长因为幼儿的个性发展需求而与教师主动达成的活动计划,其中的核心线索都是幼儿的真实发展表现。教师和家长具有不同的个性特征和行为倾向,各自有各自发挥作用的适宜场合。即使在同一个教育活动和场景中,幼儿园教师和家长的行动也是不一样的,双方根据互动的目标、幼儿的表现,各自贡献自己的力量,获得对课程实施过程的完整感知和体会,保持对有价值信息的及时交流和沟通,同时获得课程实施成效的反馈,继而共同促进幼儿园课程的优化。

案例4-6 "孵蛋"活动中的家园合作(浦东新区锦绣博文幼儿园　陈思嫒)

田园实践活动正在改变着教师和家长们对"田园"的理解,对自然生命的认识,田园教育理念也在潜移默化中深入教师和家长的心里。每一次的田园实践活动既来源于课程,来源于自然,更来源于孩子和他们的家庭。

大四班的孩子们的聊天话题从"小宝宝要在妈妈肚子里待多久"延伸到"小鸡多久能孵出来"。我灵机一动,提议道:"要不我们来做个孵蛋实验吧?"于是,活动在孩子们的热心期盼中启动了。与此同时,我向家长们说明了这次孵蛋活动的目的以及需要家长协助的事项。

活动开始的关键问题是用什么来孵蛋。天真的孩子马上想到找母鸡妈妈来帮忙。在教师的帮助下,他们发现了孵鸡蛋的关键因素——温度。教师于是鼓励孩子们回家查找更多资料。

孩子们在家长的帮助下,想出了四种截然不同的孵蛋方式:纸箱保暖、灯泡加热、孵蛋器,还有毛绒母鸡。此时班级微信群也开始热闹起来,家长们群策群力,慷慨分享各种资源和经验。比如有的家长四处打听哪里采购种蛋,有的家长分享了孵蛋箱的购买链接。参考这些经验,芸芸妈妈在网上采购了孵蛋箱、温度计等设备,又订购了14个种蛋。

而在幼儿园里,孩子们根据不同的孵蛋方式自行结伴。在他们的努力下,一份份有趣的孵蛋计划出炉了,分工明确,各有特色。孩子们充满欣喜和好奇地每天观察,关爱着这些"蛋宝宝"。

在家里,家长尝试和孩子们"约法三章"。比如芸芸爸爸和孩子约定:每天要去翻蛋、小鸡孵出来后要给小鸡喝水吃米、清扫鸡窝等。

当遇到孩子们感兴趣的素材时,是否值得拓展开来进行更深入地探究,这是教师必须要思考的问题。《3—6岁儿童学习与发展指南》和课程目标给了教师标准,以及支持孩子行动的依据。

进入第二周,蛋的发育变得不怎么明显了,孩子们的新鲜感逐渐消退,考验才真正开始。这是我最担忧的问题,怎么办呢? 我也曾想设计一些新活动来引起孩子们的兴趣,但前辈老师的田园实践活动方案里的一个小贴士引发了我深思:我们是不是有时候会为了结果而加快了步伐? 这句话,让我选择再等一等。

教育的契机随之而来。一天,一个孩子为了保护鸡蛋不被打碎,在鸡蛋外面套上了水果泡沫网。其他孩子深受启发,一场护蛋行动如火如荼地开始了,孩子们的热情又回来了。

在家里,爸爸也同样见证了芸芸对蛋宝宝态度的转变。第一周,芸芸每天回家第一件事就是关阳台灯,然后用手电逐个照鸡蛋,观察是否有变化,顺手再将蛋翻个身。到了第二周和第三周,芸芸基本上每天都要在家长的提醒和催促下去翻蛋了。当面临这个瓶颈时,幸而受到幼儿园护蛋行动的影响,芸芸重新燃起了照顾蛋宝宝的愿望。

经历了21天的等待,大四班的孩子们最终迎来了10只毛茸茸的可爱小鸡。这一切让孩子们对自然生命有了不同的感悟。每一个生命,哪怕是一只普通的小鸡,都经历了不寻常的酝酿,都值得尊重;每一个生命,不论存在时间的长短,卑微或者伟大,都值得敬畏。

小鸡破壳而出的那个早上,芸芸很难得地观察了近20分钟。芸芸爸爸说,看着她静静

幼儿园,课程领导力在生长

地蹲在孵蛋箱前看小鸡出壳的样子,让他回想起自己在医院产房门口等芸芸出生的场景。芸芸爸爸说,当初来幼儿园的时候是被这里的田园理念所吸引,但是当时对田园的理解不过就是清新自然的幼儿园环境。一次次的田园活动,改变着我们对"田园"的理解,对自然生命的认识。同时,我也看到了芸芸身上的变化,她变得更有探索未知的好奇心,更有坚持做一件事的耐心,更有感恩生命的自然心。在这里不仅孩子享受着自然的教育,我们作为家长也能融入其中,深有感悟。

第三节 创造适于幼儿主动发展的课程经历

教师和幼儿的主体性在课程、活动中都需要彰显。两者中,幼儿的主体性是核心。幼儿园教师作为课程领导者的主体性发挥主要是为了提升幼儿学习和发展的主体性。各类教育活动是幼儿园课程的载体,蕴含不同的发展机会,需要与之相适应的运行方式。课程和活动的优化,教师"主动"是关键。

幼儿的主动学习和发展是学前教育课程的目标。教师和幼儿的主体性在课程和活动中都需要彰显。两者中,幼儿的主体性是核心,教师的主体性发挥主要是为了提升幼儿学习和发展的主体性。从提升幼儿主体性在课程中的发挥的角度来说,教师作为一个课程领导者,最主要的作用方式就是有效提升幼儿在各类活动中的主动性。

课程和活动的优化,教师主动是关键。幼儿园教师对课程的掌握和理解,实施课程的意愿和资源条件,教师对幼儿需要的理解和分析,教师对幼儿表现的关注,等等,一切都是通过教师的意愿和实际行动来承载的。任何一个环节、片段缺失了教师的实质参与都会遭遇阻碍或者降低效果。支撑教师的主动性,赋予教师对课程落实各环节的权力与实施,是幼儿园课程制度的核心。

> **话语点滴**:课程领导包含一种对课程的主观能动的意识。这种意识受到幼儿园自身课程、教师自身素养和课程对象,即幼儿的多重影响。这种意识既有理性的分析,又有感性的判断,本身没有对错之分,只有在实施中体现出的适宜程度的区别。这种意识会在不断地实践中受到挑战,得到更新,最终使多方受益。
>
> (金超,浦东新区冰厂田幼儿园教师,教龄8年)

支持和帮助教师成为课程领导者就是要在对教师进行课程思想引领的基础上提升教师的主体性,强化教师形成自己的主张,促使教师成为精神独立的课程主体,主动作出符合幼儿发展基本原则的选择并用于实践,承担起教师参与课程实施中的责任。这是教师课程领导力的体现,也是幼儿园课程领导力的根本表现。

> **话语点滴**:教师的角色有了很大的变化,他们成为了教育教学理念的践行者、课程创新的推动和支持者、课程改变的自觉实践者、幼儿改变的引领及合作者。教师是课程建设中的互助与共进者、资源整合的利用者和人际沟通的协调者。这些角色确定了教师在课程领导力建设中的地位和作用。教师会更有意识地去观察幼儿的发展水平,设计生成或是调整适合本班幼儿的活动,同时积极开发社区、家长、园所资源等,充分发挥主观能动性。
>
> (王璐怡,浦东新区冰厂田幼儿园,教龄11年)

幼儿园要创设条件提升每一位教师对幼儿园课程体系的理解和掌握,帮助他们增强系统性,提供支撑性的条件和课程运行环境,鼓励教师不断在原有基础上主动优化班级课程和活动,并积极参与优化幼儿园课程,落实幼儿在各类活动中的主动性。

> **话语点滴**:如何在反思中成为有智慧的教育者?在实际操作过程中,我的做法是"教师自身理解课程＋实际运作课程＋幼儿体会补充课程"。我发现教师本身要有对课程的理解,并且要有让幼儿参与课程选择和实施的意识与行动。这样的话,课程内容本身对幼儿和教师的影响力就会有所不同。幼儿会更自主地学习,教师会更从容地选择。"
>
> (马翊馨,静安区芷江中路幼儿园教研组长,教龄 28 年)

一、作出维护幼儿发展的课程选择

教师学会选择是教师发挥主体性的重要表现。选择首先要有目的,没有明确的目的就不能作出主动的选择。幼儿园教师的幼儿观、教育观和课程观是教师作出选择的根本动因。有怎样的认识和理解,就会有怎样的选择。"课程思想力"强调的就是教师的观念体系对教师行动和思考的深刻影响。

幼儿园"一日活动皆课程",教师无时无刻不在面临选择。主动的教师会在幼儿园课程理念和目标的指引下,每天作出"关乎幼儿发展"的大大小小的若干选择。可以说,这些大大小小的选择长年累月地积累,不仅呈现了教师的课程实施倾向和特征,也同时塑造了教师对幼儿、对课程的认识。

(一)选择自己作为教师在课程中的角色

幼儿园教师要逐渐在课程实践中认清自己作为教师的价值,理解自己作为一个服务幼儿发展的课程主体可以发挥哪些作用。

教师要找准自己和幼儿的主体关系。教师角色的存在是为了更好地支撑幼儿发展,这首先要求教师不以自己的年龄、经验、能力等超越幼儿而产生高于幼儿的观念。幼儿是独立于教师的发展中的人,教师允许、接纳幼儿做自己,而不是教师眼里的标准的幼儿。教师认可自己作出的选择首先要基于对幼儿发展的考量。教师要认识到,幼儿园的课程要为幼儿"量体裁衣",不是把所有幼儿都塞进同样的衣服,让他们看起来都一样。

教师的角色选择,因为幼儿发展和课程落实的需要至少有以下这些选择。

1. 幼儿园教师要选择成为"幼儿成长的示范者"

教师的行为方式、语言、态度、性格、人际互动等都是幼儿的榜样,幼儿会在模仿学习教师中成长。"身教"是活动着的环境,幼儿从教师身上,从和教师的交往中习得态度和习惯。因而,课程中选择作幼儿的成长示范者就是要通过教师自身展示出课程目标期望幼儿习得的表现,如关注自己的身体需要,冷暖会穿脱衣物,主动喝白开水,喜欢吃健康食物,注意卫生与舒适,欣赏别人的成就与能力,等等。

2. 幼儿园教师要选择成为"发展机会的提供者"

教师促进幼儿发展,从实质上来说,就是给幼儿创造和提供多样的学习和发展机会,使幼儿在多种亲手操作、亲身体验、手脑并用的机会中获得经历,主动改造自己的经验。不仅在技能、能力、知识方面如此,在社会性与情感方面更是如此。例如,在生活自理方面,教师选择给予幼儿适度的挑战空间,不包办代替,鼓励幼儿自己的事情自己做。又如,在课程环境的创设中,认清教师"做环境"的意义是通过对环境中多种因素的创造性组合,使得环境中蕴含有益幼儿、适于幼儿的多样化学习的可能。教师要思考的是:幼儿在环境中可以做哪些事?这些事发展了幼儿的什么方面?幼儿实际在环境中是如何活动的?是否因为教师的环境创设反而缩小了幼儿主动探索和思考的空间,出现"教师做得过多,而幼儿无事可做"的情况?再如,当幼儿之间发生冲突的时候,教师是选择简单做冲突制止和调停者,还是选择帮助幼儿体验自己和他人的情绪和情感,感知事件的过程,尝试让幼儿自己作出选择。显然,后一种做法才是"发展机会提供者"的选择。

3. 幼儿园教师要选择成为"幼儿发展成就的欣赏者"

欣赏是以一种积极的、认可的态度去接纳。教师要能欣赏幼儿的发展成就,首先要认定对于幼儿来说什么是发展成就。幼儿的发展成就显然不止于在"上课时学会"和能够回答教师提出的问题。对于成长中的幼儿来说,成就就是幼儿在体能与健康、自我和社会性、语言与交流、认知与探索、艺术感知与创造等各个方面的点点滴滴的进步表现。幼儿自然地就是在不断向前向上发展的,幼儿园教师要站在幼儿的立场上来看待他们的成长过程,而不是按照成人的发展标准来判断幼儿,甚至轻视幼儿的发展,始终将幼儿视为落后的、不足的、有缺陷的。能够观察到幼儿发展表现的教师更容易成为幼儿发展成就的欣赏者。所以,教师要先尝试让自己成为一个积极的发现者,培养自己观察和感知幼儿成长的能力。

(二)选择"基于幼儿"的活动内容和方式

幼儿园课程与中小学课程不同,幼儿园课程没有既定的学习内容,而是需要幼儿园教师根据班级幼儿的特点和发展需要,创造性地选择和组合成一个个的活动。这需要幼儿园教师打破实施课程就是"教教材"的逻辑和工作习惯,形成用教材服务幼儿发展的观念和实践尝试,这对广大教师来说是极大的挑战。这种挑战来自观念和能力两个方面。我们传统上认为的按照教学大纲来组织活动的认识极大地阻碍了广大教师理解什么是真正的幼儿园课程。

幼儿园课程面向幼儿生活、面向幼儿真实的发展需要和过程,要成为教师的共识和主动选择。这意味着幼儿园教师要走出书本的、教材的世界,把目光投向幼儿的一日生活,投向幼儿在活动中的多种发展表现,并主动把自己关注到的内容和幼儿园、班级的课程建立直接的关联。

很多对幼儿园课程深入研究的幼儿园都在这方面做了很多的尝试,鼓励教师不囿于现有的教参,破除教师主观随心地挑选、拼凑活动的习惯,而是直接面对和关注幼儿的发展,让课程在教师的手中成为可以"被创造"和"再创造"的过程,促使教师从设计或安排活动开始就从幼儿的发展需要出发,真正体现课程服务于幼儿发展的价值。

案例 4-7 蛋壳里的生命(浦东新区冰厂田幼儿园 沈祎冰)

跟着孩子们,我和我的搭班都快成"养鸡专家"了,除此之外,更是经历了一场生命历程的教育……

那是一个鸡年的下学期开学伊始,中班主题"在农场里"打开了孩子们关于"鸡"的话匣子,而一首开学周大活动学会的歌《先有鸡还是先有蛋》更是让孩子们乐此不疲地讨论。但是什么样的蛋才能孵出小鸡呢?于是我们和孩子们商定先回家找答案,如果找到答案我们可以在教室里尝试"孵小鸡"。

当与孩子们达成约定之后,我们做了些什么呢?当然是课程之初的三件事:进行知识储备、解读纲领文件和思考课程定位。首先,从各种途径了解如何孵化小鸡;然后,翻阅《课程指南》《生活活动》《幼儿园课程资源库》等资料确定中班年龄段饲养动物的经验水平和发展要求;接着,思考如果将孵化小鸡作为班本化课程的内容来开展,孩子们可能得到什么?我们要做些什么?怎么做?会有什么影响?

在课程架构的同时,孩子们表现出的热情更是坚定了我们的想法。孩子们自发制作的各种孵蛋记录让我们深深感到这是属于孩子们自己的课程,而作为教师要做的就是跟紧点,再紧点……之前思考的问题似乎也有了答案。

首先,我们需要一份课程计划,帮助我们在班本化课程实施中梳理脉络,把握进程,落实内容。

孩子们亲手在蛋壳上写的数字和笑脸为什么总在孵蛋器里变?原来每6个小时孵蛋器会自动翻一次蛋。怎么知道蛋里的鸡宝宝长得好不好?原来孵小鸡的过程需要定时照蛋,还要每两天给孵蛋器加一次水……这些原来预想的问题随着课程实施一一展开探讨。

而班本化课程的课程内容是跟随着幼儿的兴趣点在不断变化的。孩子们在孵蛋过程中的各种表现和关注点都可能成为课程内容之一。有孩子带来发条八音盒,每天给蛋宝宝放好听的音乐期盼它好好生长;很多孩子用绘画的方式为蛋宝宝做礼物,期待小鸡的降生。

围绕孩子生成的问题进行讨论,课程也随之变得越来越丰富,我们深深感到孩子们对小鸡宝宝出生的热切期盼。这一愿望终于在3月21日那天实现了!班级里的所有人,从孩子到老师再到家长,无不欢欣雀跃,记录着孩子们成长过程中充满意义的一天。随着第一只小鸡的诞生,我们的课程内容从孵蛋逐步转化成养鸡,为小鸡打造新家、选择适合小鸡的食物、给小鸡起名字等又引发了孩子们新一轮的热情。

但在小鸡破壳的同时,我们也开始有了一个隐忧,因为有的小鸡并没有如期在第21天出生,它的迟到让我们想到:孩子们在期盼新生命降临的同时,可能也会面对死亡的话题。原先的兴奋与热情让我们回归理性,要是哪天孩子们真的面对蛋宝宝孵化失败的情景,我们该怎么办?我们该如何与一群中班的孩子谈论死亡?

于是,我们上网搜了两个问题:一个是关于生命教育,一个是如何帮助孩子面对宠物的死亡。这两个问题的背后代表着我们的决定:和孩子们一起面对事实。我们把这份担忧与家长分享,并向家长求助有没有适合孩子阅读的相关书籍,想用孩子们能够理解的方式去引导他们。我们就这样极不情愿地预设着……

真是怕什么来什么,果不其然,在小鸡接二连三出壳的那周的周末,孩子们起名为"小星星"的小鸡死了,但另一只小鸡"小太阳"(这是孩子们事先预留好的名字)同时在那个周末出壳,所以周一上午孩子们并没发现什么异样。

直到有孩子问我:"有没有新的小鸡孵出来?"我知道,这是怎么也逃不掉的问题……我深吸了一口气说:"我有一个好消息和一个坏消息,你们想先听哪个?"大部分孩子都选择了好消息。

"又有新的小鸡孵出来了。"孩子们刚听到消息时兴奋了一下,可马上露出奇怪的表情,纷纷指着旁边的小鸡房子说:"可这里只有三只呀!"有的孩子的脸色变得严肃起来。

我问:"你们还记得小星星的样子吗?"

"记得,小星星的脚是全黑的。"孩子们回答得很快。

我说:"那你们去看看小鸡房子里的小鸡,小星星还在吗?"

每个孩子都看了一遍,看完发现那只黑黑脚的小星星不见了。

我只能说出实情:"双休日的时候朱老师来看过小鸡们,那时小星星的腿已经站不起来,眼睛也睁不开了,它永远离开了我们。"我努力不去讲那个字,怕对孩子们冲击太大。

"但小星星不舍得离开我们,所以请小太阳来代替自己陪伴我们中一班的所有孩子……"我试图编造美好的故事来安慰孩子们,可引来的确是更多的泪眼婆娑。

我拿出事先准备好的图画书《再见,小狗》,和孩子们一起翻看讲述,让孩子通过故事去理解怎么面对这样的境遇。之后孩子们自己制作了一本属于我们班级的书《再见,小鸡》,把对小星星的情感都写在"书"里……

其实在小鸡即将出壳的那几天,我和搭班还在做一件事,那就是写小鸡日记,把每天孩子们和小鸡之间的故事记录下来。

我们在日记里这样写道:"生命有一个起点和一个终点……"就孵小鸡这件事情上,我们和孩子一同勇敢地面对悲痛的事实。因为悲痛才会觉得生命的可贵,因为觉得可贵才能学会善待。就像孩子们在听完《再见,小狗》的故事后说"我们还有小蝌蚪(需要好好照顾)"一样,他们一边在体味和享受生命的美妙过程,一边在呵护其他生命中寻求自身的价值与意义。在这个过程中孩子们学着正视自己的各种情绪情感,体会他人的需要。

教师能够作出和参与这些选择,基础在于幼儿园有这样的课程空间。幼儿园要通过编制本园的课程实施方案赋予教师作出选择的权力和责任,在方案的"课程实施"部分,明确本园的几种不同类型的教育活动各自发展侧重的实施原则是什么,建议教师在设计活动时从哪些方面进行思考。保证教师在坚持原则的基础上作出适宜的后续选择。同时,在教师真正作出选择并践行选择的过程中,给予专业上的积极支撑。

案例4-8 冰厂田幼儿园课程实施方案"课程实施部分"摘选(浦东新区冰厂田幼儿园 皇甫敏华)

"班本化"是我园基础性课程实施的根本路径。班本化的课程实施要求教师始终以班级幼儿发展为目标,立足班级实际、利用班级资源、围绕班级幼儿的实际兴趣与幼儿共同建构课程。班本化课程实施主要有两种形式:一是教师对"基础性课程"资源库中的内容依据班级情况进行调整优化;二是教师基于班级幼儿的兴趣和需要而创新生成的课程内容。实施要点如下:

1. 基于班本化课程实施核心要素的课程"五思"

班本化课程中的"五思"指的是教师在课程实施中需要始终关注的五个思考角度,分别是班级幼儿、教师自身、课程价值、课程资源和团队参与。在教师课程实施的各个环节(决策、设计、实施、评价),都需要从以上五个角度进行全面地分析与思考,并作出科学有效的课程价值判断。

《班本化课程实施指引》(以下简称《指引》)是教师进行课程价值判断的重要参考依据。《指引》分为三份,分别指向课程决策、课程设计与实施、课程反思与评价三个主要阶段,可供教师在班本化课程实施的初期、中期和末期参考使用。《指引》从五个角度切入,罗列具体的思考维度和价值判断依据,帮助教师进行系统深入的思考,同时为具体的课程行动提供指引。

2. 班本化课程实施的行动路径

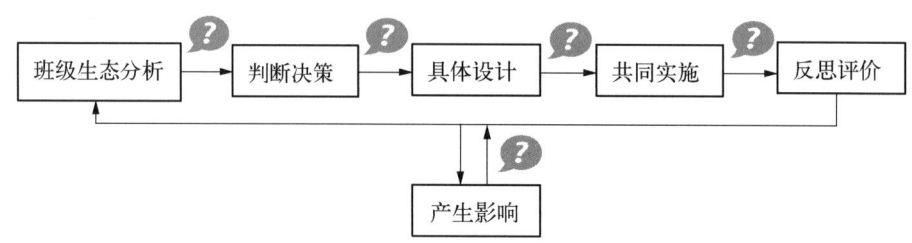

图 4-1 班本化课程实施的行动路径

在图 4-1 这个总体行动路径中,从班级生态分析到课程反思评价形成一个课程实践研究的回路。问号部分即指教师的课程"五思",教师需要通过思考审视自己的每个行动步骤,并作出持续的优化调整。

班级生态分析是教师所有课程行动的基础。班级生态分析是指对班级中的一切人、事、物及其相互关系的了解以及对其中产生的优势、需求、问题等进行的全面分析,强调教师不孤立地看待幼儿、家长以及环境,而是将它们放在一个完整的生态系统里去了解。

行动路径中重点强调了"产生影响"。班本化课程实践并非自顾自的课程研究,教师在自身的课程行动中应时刻关注对同伴、对幼儿园、对本园课程的影响作用。当然,这种影响作用的产生是相互的,教师在影响他人的同时也在受到他人的影响,因此形成良性的班本化课程发展循环。

(三)选择"以是否促进幼儿和谐发展"判断课程品质

对幼儿园课程整体规划、设计和实施的评价离不开教师的参与。缺乏教师实质参与的课程评价缺乏实践根基。课程评价与幼儿园课程目标要建立逻辑一致性,即课程期望培养什么样的幼儿,评价时就要着重看是否培养出的这样的幼儿。幼儿园教师选择以什么为根本的判断标准来开展课程评价,体现了教师的教育立场。

幼儿园课程在设计和实施中,会产生许多具体的评价工作和相关的标准、规范,因而,幼儿园教师往往习惯从"理想的课程应该怎么做"的角度来考察各类教育活动的质量,在很多时候,更将"应该如何做,是否做到了,是否做好了"作为评价的角度和要求,继而经常容易产生"认为做了就是做好了,做好了就是达到目标了"的想法。

然而,从教师提升课程领导力的视角,幼儿园教师要在坚守课程目标、理念、原则的基础上,以课程主体的身份来审视课程质量,因此,要"以是否促进幼儿发展作为判断课程品质的依据"。班级课程的品质和实践成效要从班级幼儿发展的表现来判断,教育活动的品质要着重以幼儿在活动中的主动性以及幼儿实际获得的经验为判断依据,关注幼儿的真实表现,避免单纯从教师预设的角度来考察课程成效。

即使再"围绕目标、内容适宜、方法创新"的活动,如果不去对接幼儿在活动中的真实表现,都是缺乏说服力的。专家教师和一般教师在评价活动视角方面很大的区别就是,专家教师往往能够主动抛开教师主观的设计逻辑和方法选择,而是通过观察活动中幼儿的状态和表现来判断教师预设的合理性。这是教师课程评价力的极为重要的表现。

案例 4-9　五位幼儿园教师对活动实际开展状况的分析

教研员请五位幼儿园教师在活动结束后用书面的形式回答活动中幼儿有哪些主动学习的机会。教师需要回答自己如何看待活动中幼儿主动学习的表现,陈述自己活动设计的角度、方式以及在实际实施活动中的体现。

汇总五位教师的回答发现,其中四位教师几乎不能区分自己预设的期望与活动中实际开展和发生的情况,经常将两者混为一谈。将自己期望发生的好的结果当作了实际发生的情况。第一位教师对自己活动的描述是:"提问的设计为幼儿创设了积极动脑的机会,让幼儿大胆猜想,积极表达变色龙的愿望,幼儿的发言比较广。给每个孩子积极思考、大胆表达的机会。"第二位教师的描述是:"抛出问题让幼儿自主思考并表达。在交流分享中大胆分享经验,归纳梳理,在表达中掌握自我管理的重要性。"第三位教师的描述为:"幼儿完整表达心中的感受,用心聆听同伴的想法,对同伴的回答进行补充,并说出自己的感受。通过群体分享进一步体验自己心中的情感。"第四位教师的描述为:"尝试讲述故事,理解故事内容,巩固经验,培养合作表演,敢于表现、表达自己"。但根据教研员的活动记录与评价,教师的回答有很大比例不符合实际情况,即教师对活动过程给出了偏高的自我总结和描述,而此时需要的是教师提供客观陈述。

只有一位教师能较为明确地概括出自己设计和开展活动时,为幼儿提供了哪些主动学习机会,比如观察切片并猜测,与同伴交流猜测的结果与依据,与专家(昆虫馆馆长)互动提问。即相对客观地陈述了幼儿在活动中有哪些学习机会,做了哪些具体的事。

不管是一个个具体的教育活动,还是某一类教育活动,如"生活活动""集体学习活动",都需要教师始终保持"幼儿是否有机会主动探索和学习""是否能够促进幼儿的发展"为判断依据。幼儿园要建立这样一种机制引导教师通过评价幼儿的发展来判断自己提供的课程的质量。

> **话语点滴**:在课程领导力的领导下,教师理论和实践都非常扎实,能对其他教师产生正面影响。幼儿活动中表现出的热情、兴趣、学习与发展就是我自己的课程领导力的正面反馈。
>
> (吴诚杰,长宁实验幼儿园教师,教龄 2 年)

二、将评价纳入班级课程和活动中

（一）增加课程和活动的评价视角

作为课程领导者，幼儿园教师自身要在认同幼儿园课程实施方案中的核心要素（如课程目标、课程理念、课程实施基本原则等），在幼儿园课程制度的保障下，完整地承担课程落实的全部工作，成为整个班级课程运行"说了算的人"。

为班级教师的课程实务增加评价的视角和权利空间是有效支持幼儿园教师系统思维与主体性的有效途径，有利于调动教师的综合能力承担全面的课程工作，最终起到促进幼儿园整体课程目标达成的作用。

从幼儿园实际发生的班级课程运作情况来看，班级教师主要按照幼儿园的规范和要求制定一系列班级课程计划文本，负责各类活动的组织与实施。但是，活动实施质量的评价却往往不是由班级教师来承担的。园长和教师似乎在很大程度上都默认评价课程和活动是幼儿园层面的课程实务。虽然幼儿园也知道应该提倡教师参与评价，但往往是在极少数条件下幼儿园需要的时候才邀请教师参与评价。也就是说，课程和活动评价的权力和机会并没有被整合进教师的课程实务中。

我们认为，作为课程领导者的教师在主动掌握班级课程和活动的同时应承担评价的责任，在课程和活动的设计之初，就树立评价意识，并在课程的整个运行过程中分配给评价合理的时间和注意力。教师自发、自觉地关注自己班级的课程品质，关注幼儿的发展是否指向幼儿园的培养目标，这是教师课程评价力的重要表现。

教师要有机会参与制订课程或活动评价标准，成为掌握质量标准的主体。课程实施过程中和完成后，要主动负责班级课程和活动的评价，不能被动等待"他人"或"权威"的评价。即，教师要完整地经历课程或活动的全过程。幼儿园能否通过将教师卷入活动质量标准的制订，并创造引导教师主动开展课程和活动评价的制度与机制，将课程和活动评价的权力赋予教师，激发和维护教师的主体意识和责任感，是幼儿园课程领导力的表现。将评价课程和活动的权力把控在幼儿园或者幼儿园的部分"权威"手中，只能降低教师的课程参与度，使得运作课程的教师处于被动地被评判的地位，进而丧失主动性。

例如，黄浦区思南路幼儿园建立了常态化的以班级教师自评为主的保教活动质量评价制度和机制，近年来持续攻关幼儿园保教质量评价，逐步转变对保教活动评价研究的视角，转变教师的评价观念，提升教师对幼儿行为的观察与分析能力，为教师的活动改进提供好的制度环境。重点探索自评与他评融合的"班级—园级—外部"三方保教质量监测机制的运作。课程制度中针对教师参与班级、教研组、幼儿园不同层面的评价形成班级保教质量报告与分析等，为教师参与评价构建了良好的工作平台。

尤其值得提出的是，幼儿园凸显班级教师作为课程评价的主体，实际承担班级中每一个幼儿发展评价的工作责任，并将课程的设计与幼儿的发展建立直接的联系，有效地建立了幼儿园课程评价制度与每一位教师日常课程实践的关系，将幼儿园课程评价整合为日常课程运行的重要环节和构成，促进每一位教师作为课程实践主体富有逻辑、注重实效地开展课程设计、实施、评价与改进，将课程评价，尤其是幼儿发展评价落到实处。

教师在被赋予班级课程的自我评价空间和权力后,要主动架构起班级课程中开展评价的实际过程。在幼儿园一般有以下几种方式的尝试。

一是在具体活动的设计中增加评价的环节或机会,例如,有的教师会在活动设计文本中增加观察幼儿表现的内容和要求,在活动的设计环节就纳入对评价的相关规划与思考。

案例 4-10　让日计划真正帮助教师提升课程意识(长宁实验幼儿园　陈青)

制订日计划能引导教师重视一日生活的每个环节,帮助教师统筹安排幼儿在园的一日活动,促进教师更多地思考和关注幼儿的生活,规范自己的行为,减少工作的盲目性和随意性,真正提升课程意识,从而促进幼儿园教育质量的提高。

我园制度规定,教龄在五年以下的青年教师需要每天写日计划,但是我们发现教师们并不明白为什么要按照规定的格式填写相应的内容。青年教师每天要撰写的半日活动计划是给教师自己看的,一定要更有针对性,更简便。针对这一问题,我们进行了第一次日计划的调整。一周后,从教师撰写的上午半日活动计划文档来看,教师的思考更多的是针对不同环节的"重点关注",并且每个环节都进行"观察反馈",使得计划更有针对性了。

为了解教师撰写调整后的半日活动计划的感受,我们和教师开展了对话,引发了如下问题:撰写半日活动计划的目的到底是什么?如果是让青年教师明确重点关注些什么,那么要基于什么来关注?如果是让青年教师半日的课程实施更有计划性、目的性,那么这个目的又源于什么?如何让青年教师能真正明确自己的教育目的和意向?对话中还发现,青年教师通过撰写新的日计划反思到的问题值得思考和补充,那么如何在日计划模板中体现和解决呢?修改在继续……

新一轮的修改让教师们感觉每天需要花费的时间变少了,但是整体思考的量变大了。例如,思考周计划与每日计划的联系,思考一周内日计划之间的联系,思考目标与每日环节之间的联系,让教师对观察指导幼儿更具有目的性。修改还提出,表格中需要空间用于一周总结,撰写内容主要从目标达成度、策略有效性及下周重点目标来思考,并单独设计有关家长工作的日计划内容。第三版的半日活动计划模板给教师更大的空间,同时也促使他们更自主地思考几对关系:重点目标的来源与重点关注细化的关系,目标与策略之间的关系,反馈与计划调整之间的关系。青年教师随后还提出了新的调整的建议,于是又产生了第四版的修改。这也体现出青年教师的主动性和专业自觉性正逐渐增强。在一次次调整过程中,最让人欣慰的是青年教师们从完成任务式的被动地撰写,到主动思考和提出合理化建议,对自己的目标要求、相应策略、如何反馈调整越写越清晰,这已不只是对半日活动计划模板本身的调整,更是青年教师课程意识提升的过程。

在课程变革之路上,课程文本的规格不应成为教师工作的束缚,而应成为帮助每位教师都能跟上课程变革的一种支持。优质的课程文本有助于为教师提供一种思考的路径与框架。而课程文本的更新与变化,最重要的是倾听作为"第一用户"的教师当下的需要、困难、问题以及感受,只有这样,才能使教师真正感受到用宝贵的时间来写的价值与意义。

二是在活动完成后,按照幼儿园提供的评价标准开展评价或反思。这既可以针对某个具体活动来开展,也可以在一定阶段后围绕某个主题来开展。还可以对班级的课程实践进行全面评价。

三是在充分信任教师的基础上,给予教师自我评价的引导和框架,由教师按照自己评价活动的角度和意愿,设计符合自己评价需要的过程和工具,发挥教师的创造性,鼓励教师主动围绕自己的评价目的设计并选择方法与工具。例如,班级里开展某个主题教育活动,教师完全可以根据孩子的发展需要以及活动的预设目标自己制定检视幼儿发展水平的若干条目,甚至建立一个相对完整的幼儿发展评价框架,以帮助自己更好地了解课程对幼儿的实际效用,反思课程的有效性。

(二)设计多元主体参与的评价

班级教师在课程实施过程中,常常从自己预设的角度按照自己的意图来评价活动质量。幼儿园按照园里的评价标准对班级课程的实施进行评价,有时候也会发动班级教师之间相互评价。让教师成为课程领导者会促使其主动关注其他课程主体的感受、体验,提高对课程的参与度,并通过倾听他人的想法和观点寻求改进。例如,教师会很愿意接纳幼儿对某个活动的意愿,并在活动中纳入对幼儿期望的回应,在课程实施过程中,会关注幼儿的实际表现,甚至专门要求幼儿发表意见。

作为课程领导者的教师会主动根据自己考察班级课程品质的目的有针对性地征求意见,例如哪些方面需要倾听幼儿家长的想法,哪些做法需要倾听保育员的意见,哪些内容更适合听取年级组内其他教师的思考,哪些方面需要征询幼儿园课程管理人员的建议等。当选择和确定评价参与人员的权力和机会落实到教师手中时,就成为教师考察自己班级课程品质的资源为其服务了,从而更好地树立教师的主体感和责任感。

(三)确定班级课程信息的收集方式

评价离不开课程运行信息的收集与整理。我们强调教师作为课程领导者的主动行动,增强教师主动掌握自身的课程运行状态和品质,在各类活动中,在适合的场景和条件下,主动用适宜的方式开展信息收集和评价。这需要教师按照自己的活动运行条件、节奏、注意力、工具准备等多方面的基础来进行设计。例如,教师在组织幼儿开展集体教学活动中,幼儿操作、教师巡回指导的环节也许更利于教师有目的、针对性地和幼儿互动,深入了解幼儿的活动状态和水平。

同时,事先确定在某个具体活动中要评价什么,并准备好工具(如设计好的记录表),安排好流程(如在哪个环节如何做),将大大提高收集评价信息的效率。例如,当教师要了解幼儿在活动中与教师互动发言的情况时,可以采取在幼儿的名册上标注的方式。

在一些结构化程度较低的活动中,例如幼儿的游戏活动、幼儿自主选择并独立开展的运动或区角活动中,教师具有较为宽松的时间和注意力来了解幼儿的发展表现。因而,观察的时机可以多放在这些时间段。当然,在一些需要教师主导的活动中,也可以通过预先设定观察与评价指向来收集信息。同时,如果教师主动在活动前就对需要收集的信息指向和评价的具体内容有预设,将极大帮助教师集中注意,利用适宜的时机,采集到更有价值的信息。例如,班级教师的周、日计划中,幼儿游戏活动或个别化学习等环节,幼儿园通过要求教师形成自己的观察目的和指向,预设有针对性的观察引导,帮助教师形成观察意识,落实观察行为。

三、让活动目标和幼儿活动需求互为转化

在实施幼儿园课程的过程中,教师的重要价值在于调动幼儿学习和发展的主动性。其中,教师遭遇的很大挑战,是怎样才能达成"实现课程与活动目标"与"启动幼儿主动学习"之间的平衡。

活动目标,通常是从教师、课程的角度,对幼儿的发展提出的具体期望。达成目标的方式可以是"被动"或"主动"。显然,幼儿园教师的主观期望是幼儿能主动学习,达成目标。要让教师预设的目标和内容被幼儿主动接受,教师必须尊重幼儿的年龄特点和学习特点,将目标有效转化为幼儿主动的活动需求,引发幼儿主动参与、尝试。任何的活动,没有幼儿真实的参与,就容易流于形式。同时,教师要尊重幼儿的学习兴趣和特点,发现幼儿的需求,主动将其纳入到课程或活动目标,在幼儿自发、自主的活动中,找到合理的课程目标。实现幼儿园课程目标和幼儿活动需求之间的互相转化是调动幼儿主动发展的策略,也体现了幼儿园课程的形成方式。

(一)设计幼儿感兴趣并亲身参与解决的问题

幼儿是好奇好问的,他们的生活经验是粗浅的、各不相同的。结合幼儿的经验,创设对幼儿有意义的问题情境,引发幼儿的好奇心和主动探索,是实现幼儿"要我学"向"我要学"转化的有效途径。教师如果能够通过创设幼儿能够理解的、被吸引的问题,带动幼儿走进他们能理解的具体情境,自然产生问题,并循着幼儿解决问题的逻辑,不断提供适宜的、"不无聊"的挑战,能有效激发幼儿主动学习。当幼儿感受到活动中自己不断获得尝试、锻炼的机会,并感受到成功和进步,幼儿会主动总结经验,形成新的感兴趣的问题,并延续探索意愿。

教师预设的活动目标贯穿在幼儿解决问题的活动过程中。教师要能抓住幼儿的兴趣点,给予适宜的问题挑战,相匹配的动手尝试的机会和持续的正面反馈,不断帮助幼儿修正和澄清自己的行动和思维过程的关系,激发和维护幼儿的学习主动性。

这里需要认真区分的是"教师的问题"和"幼儿的问题"。"教师的问题"通常是指那些从教育者眼里发现的有价值的教育内容。"幼儿的问题"更多是幼儿自发、自觉去探索时发现的问题。只有当"教师的问题"和"幼儿的问题"找到了连接,或者"教师的问题"有效转化为了"幼儿的问题",才能形成幼儿有意义的学习。教师循着幼儿的经验水平和逻辑,不断提出吸引幼儿的问题,而不是让幼儿去解决"老师要他们解决的问题"。

案例 4-11 "幼儿驱动问题解决"完善幼儿园课程实施(黄浦区思南路幼儿园 吴闻蕾)

我园参与提升幼儿园课程领导力项目第二轮研究的必选项目,着力优化幼儿驱动问题解决的课程实践。幼儿驱动问题解决是在课程实施中,幼儿因需要而产生自我驱动的行为动力,进而进行问题的解决。教师通过环境与活动的创设,追随幼儿、支持幼儿在自我驱动的学习过程中发现问题、分析问题、尝试解决问题,最终高度实现幼儿的需要。我们聚焦"幼儿驱动问题解决的保教实践",立足真实的活动情境和现实的教育问题,促使教师在思维的碰撞中不断地经历"思考—实践—再思考—再实践"的蜕变。

通过反复试验和论证,项目组提炼出三种指向"幼儿驱动问题解决"课程实施与优化的

关键技术：识别技术、转化技术、追随技术。具体说来，识别技术用于帮助教师了解问题的来源、类型、价值与解决方案等，包括识别"什么是幼儿的真问题"，识别"问题"对幼儿发展的价值，识别教师介入的时机与方法。转化技术用于帮助教师在对问题进行价值分析的基础上，将幼儿容易忽视的问题转变为幼儿"看得见"的问题。基于文献的分析和经验的总结，项目组提炼生成了五种具体的问题转化路径。追随技术帮助教师实现从关注幼儿问题解决的结果到关注幼儿解决问题的过程的转变，通过问题设计中的主动"留白"和对不同幼儿解决问题能力差异的关注，更好地促进幼儿在问题解决过程中实现深度学习，提升思维品质。为了实现让课程领导力提升项目惠及每一个教师的价值追求，项目组注重实践变革中的案例总结和经验分析，将相关案例进行了整理与汇编，形成《思幼孩子的经历——幼儿驱动问题解决案例集》，为教师实践提供参考，有效提升了教师的课程设计与实施能力。

（二）增加幼儿的选择空间与节奏控制

提升幼儿学习的主动性，要在了解和相信幼儿的基础上，给予幼儿较为宽松的环境，允许幼儿根据活动水平进行活动内容和材料的选择，增强幼儿在活动中的掌控感和胜任感。幼儿在宽松节奏和氛围下，自主探索行为会增加，围绕着自己的兴趣和操作过程会更有质量，更易发生深度学习。

在教师预设的活动中，尤其要注重为幼儿预留活动的时间，在活动的时间和互动方式上适当"留白"，包括幼儿操作、思考、讨论、寻求帮助等。也要为不同特点和学习风格、发展水平的幼儿预留可能的表现方式，教师要有接纳幼儿多种表现的心理预期，建立愿意接纳幼儿活动表现具有个体差异的心理准备，将其视作推动不同幼儿在原有基础上获得发展的契机。

幼儿园不断尝试降低教育活动的结构，实质上就是在逐步将教师手中把控的设计、规划活动的权力，逐步转移到幼儿手上，是基于对幼儿能力和经验的理解，赋予幼儿更广泛和深入的活动主动权。以静安区芷江中路幼儿园为典型代表，不仅创造了低结构活动的样式，还在不断思考和探索幼儿园的整体结构、活动环节中都降低结构化程度，赋予幼儿更多自由成长的空间。

（三）幼儿活动需求的合理化

幼儿园一日生活皆课程，它不仅是说教师要将课程有机地嵌入幼儿在园的一日生活，而且指积极认可幼儿的日常生活对幼儿发展的价值，他们的经历与活动就是课程。

幼儿园课程必须面对幼儿的生活，基于幼儿的需求，才能满足并真正推动幼儿的发展。幼儿园课程的产生形式主要是预设和生成。生成就是指教师发现并接纳幼儿合理的需求，尤其是那些与幼儿园课程目标一致、符合的需求转化为课程的来源，顺应幼儿的兴趣和能力，让课程从目标、到内容、实施方式都更满足幼儿的主动感知、探索、体验和表达。

从课程领导的角度来说，就是教师主动通过接纳幼儿的期望，将其统合到课程当中，在教师和幼儿之间，幼儿的活动期望和教师对幼儿的预期之间建立一致性，实现教师和幼儿在"目标、内容、方式"上的共识。

幼儿园在开展课程领导力研究的过程中，可以通过三种方式实现"幼儿需求的合理化"。

1. 教师主动建立"由幼儿发起活动"的机制

班级教师直接给予幼儿发起活动的机会和权力,或者接受幼儿在自发兴趣的引导下所持续的活动。例如,幼儿本体性的游戏活动,就是一种由幼儿发起,被教师共同认可的、对幼儿发展富有价值的活动。上海市的学前教育课程中,将幼儿的游戏活动作为课程的重要组成部分和内容,是认可了游戏对幼儿的发展的独特价值。

教师应该顺应幼儿的活动愿望和需求,通过创设适宜的条件鼓励幼儿自发的活动持续和深入。又如,在一些幼儿园中,探索了新型的"由幼儿作主、教师支持"活动类型,形成了富有特色的教育活动模式,成为该园个性化的活动类型。

静安区南西幼儿园多年持续研究的"游戏课程",已经发展到了"从幼儿的游戏中寻找生成课程的契机"的阶段。教师说,他们"用游戏的方式与幼儿相处,教师要学会'从幼儿自发游戏中生成学习契机'"。在设计幼儿园毕业典礼时,南西幼儿园的园长、教师们敢于打破成人喜好的热闹模式",把如何度过在园最后10天的权力交给孩子。幼儿们协商决定,畅快地玩一次海洋球,吃一顿幼儿园的自助餐,和中班进行"国旗交接仪式",将自己喜欢的班级环境布置材料带回家,等等。在最大的尊重和接纳幼儿的愿望、兴趣的基础上,发现这些活动对幼儿发展的意义和价值,充分支持孩子们"梦想成真"。

浦东新区锦绣博文幼儿园的孩子们也在教师的鼓励和支持下,决定以"一场幼儿园里的户外自行车越野赛"来告别幼儿园,他们积极参与策划和制订方案,参与和实施活动的全过程。

2. 支持和帮助幼儿作出选择

幼儿园的课程和活动的内容和方式通常由教师决定,随着教师对幼儿主体地位的认识,幼儿自主参与课程的选择空间也越来越大,从完全由教师掌控目标、内容和方式,逐渐走向教师把握目标和内容,幼儿有机会选择内容和方式,最后直到幼儿拥有确定活动目标的机会,教师成为辅助幼儿完成课程目标的支持者。教师在幼儿活动中,是活动背后的支持者,认可幼儿设定的活动目标、内容和方式,给予支持,维护幼儿对目标的追求,接纳幼儿对于自己活动目标的调整与更改,提升幼儿的自我效能感和胜任力。

案例4-12 让幼儿美梦成真的美美屋(静安区南西幼儿园 李霖)

"美美屋"深受我园孩子们喜爱。在当初创设美美屋的时候,洪老师说:"我们应该有一个能体现游戏特色的艺术活动室,在里面孩子们能将艺术玩起来,能够在游戏中体验艺术的乐趣。我们最终的目的,是打造孩子们的游戏梦工厂。"

什么是"梦工场"?主要表现在以下两点。一是指向儿童的创意表达。孩子的想法是无穷无尽、天马行空的。在美美屋里,应该支持孩子有自己的想法,并且通过自己的思考,用自己的双手,以一种艺术化的方式表现出来。二是以游戏为载体。在美美屋,幼儿的学习形式更加自主,他们可以自己设计自己的活动内容,可以自己选择独自完成或者与人合作,可以反复尝试自己感兴趣的内容。总之在美美屋里面,想玩什么就玩什么,自己说了算。

"自主、自发、自愿"是游戏,也是美美屋活动的主要特征。在美美屋里我们提供了大量结构化程度很低的材料,例如各类纸张、木头、黏土、树枝等和各类工具。幼儿可以根据自己的意愿、经验,反复尝试和操作,在一步步探索中挖掘每一样材料的特征,也可以使用锯子、榔头、剪刀等工具进行改造,用同样的材料,玩出不一样的内容。幼儿用游戏化的方式,在操作中感受每一样材料的特征,在动手动脑的不断反思中积累学习经验,美美屋为幼儿的学习提供了充足的自主探索的空间。

美美屋中的活动是以幼儿个体为单位进行的,每个幼儿活动的内容可以不一样,教师更多作为旁观者和支持者,在适当的时候给予个别化指导。而更多时候,教师起到的作用则是帮助幼儿发现问题、思考问题、引导幼儿解决问题,帮助他们养成良好的学习习惯。我们更关注幼儿学习的品质和学习的过程,追求幼儿主动形成最终的学习成果。

美美屋活动的孩子一般有三类表现:一类孩子是一开始毫无计划,在摆弄材料的过程中慢慢有了想法;一类孩子是初始有点想法,边做边想的过程中不断调整,很有可能和最初的想法不一样;一类孩子是一开始就有明确的想法,而且在过程中执着于完成自己的计划。例如,有的孩子可能一直很忙,但他总喜欢跟在别人后面做事情,自己并没有进行思考和计划;而有的孩子可能一学期都没有做出什么成品来,但是在一次次尝试中,他一直在思考和解决问题。因此,在美美屋里,幼儿手中的作品只是帮助教师观察和了解幼儿的参考,最终需要关注的还是幼儿在活动中的学习过程。教师需要在孩子"自由生成"和"不确定性"中帮助孩子寻找他自己真正的想法,并在过程中给予适时支持。

3. 接纳幼儿创造自己的学习过程

幼儿园教师预设的活动目标和活动内容,经常会受到个别幼儿的"挑战"。比如,幼儿不按照教师预设的目标和活动方式去和材料互动,而是自己进行探索。教师辛辛苦苦花费了很多时间和心思设计和制作的活动材料,被幼儿"误解",或者因为"不喜欢,感觉无聊"等原因用作了别的用途。很多幼儿园教师都有类似的遭遇,尤其是在由幼儿选择材料和内容的区角活动中,即便设计得再"完美"的材料都有可能被幼儿另作他用。教师比较困惑"应不应该去阻止"或者"强调游戏玩法"。可是,只要教师将这个过程放在"支持幼儿的主动学习"的背景下去考察,就会释然很多。判断教师是否需要介入和"纠正"的基准,在于教师通过观察,判断幼儿的活动过程中是否有"学习"的发生,比如:幼儿是否在活动中产生了自己的探索目的,他的探索和学习指向了什么?活动中他是否尝试发现和解决问题?当教师发现,幼儿将原有活动材料和规则进行了更改,但是却在主动活动并且很专注时,教师就没有必要去干预。幼儿自己创造的活动过程,也许比教师提供的活动设计更能激发他的活动意愿。

话语点滴:在实施课程的过程中,我学会了通过对幼儿兴趣、需求的把握,自主规划和梳理班级课程的脉络,不断在思考、分析中提升自我课程规划的能力。也学会了充分保留改变课程的空间,充分发挥自我的"捕捉"功力,及时地根据幼儿的疑问、兴趣和需要来调整课程。另外,更深刻地意识到:课程的内容是围绕课程目标来预设的,但不意味着就是固定的,相反,课程内容是动态发展的,是动态的师幼共同学习、共同建构的过程。

(朱洁,浦东新区冰厂田幼儿园教师,教龄 9 年)

四、开展近距离师幼互动与指导

师幼互动的品质是课程品质的关键。师幼互动的方式和内容,是承载幼儿园课程的载体,直接影响幼儿的生存环境的品质。目前教师对师幼互动很重视,但存在一些理解上的偏差。比如:对师幼互动品质的理解模糊,认为师幼互动是随时都在发生的现象,"有了"就是"有质量"了;或者将"师幼互动"大致等同于集体教学活动中和幼儿的"问答过程";或者只是将师幼互动作为一种外在要求来理解,从未认真审视师幼互动关系的特点和变化;有的教师还因为各种原因,回避师幼互动过程,基本没有与幼儿建立起实质的关系。

在提升幼儿园教师课程领导力的视野下,师幼互动彰显了教师和幼儿两个课程主体之间地位和关系的实质,是课程思想力、课程执行力的显著体现。因而,我们提出在以下几方面努力。

(一)把主要精力和时间放在师幼互动上

师幼互动是幼儿生活的重要构成,也是教师开展教育教学活动的重要构成。教师要静下心来,全面、深入地和幼儿互动,在此基础上,营造良好的群体关系。教师要愿意和幼儿待在一起,通过直接的互动来深入了解幼儿。

师幼互动的品质体现在真实的师幼互动的过程之中的。教师要善于去发现互动的方式、互动的话题和内容、互动的效果,而不要仅仅关注"上课时的提问和解答"。和幼儿通过深入互动建立的关系,将有效支撑教师开展课程的过程,影响课程的长远效果。教师要愿意靠近幼儿,例如走到幼儿身边观察、对话、对视,通过身体靠近,让幼儿从中感受关切与接纳。

教师要习惯去和每一个幼儿真实互动,教师要关注自己与幼儿互动的性质,例如:是幼儿向自己表述想法和情感,还是教师纠正和控制幼儿的行为?另外,师幼互动还要关注速度与节奏,例如,幼儿在痛苦时需要及时回应,在思考和探索时需要适当的自我调整。

越是走近幼儿、真正与幼儿互动的教师,对这些问题的把握就越准确,越是容易增进对幼儿的了解。特级教师徐则民就是一位近距离和幼儿打交道的"高手"。一次,她在户外运动时发现一个孩子什么运动也没有参加,询问以后,孩子说没有什么想参加的项目。徐老师就邀请孩子和她一起去到户外场地找找自己可能喜欢的活动内容。一段时间以后,虽然孩子在不同的项目面前都说"不",但是徐老师很开心,因为这孩子在她的带领下已经跑了不短的距离。

(二)精准解读和个别化指导

教师要通过课程支持幼儿的发展,离不开对专业的掌握和运用。幼儿园教师之所以专业,在于其拥有接纳幼儿发展的心理,理解幼儿发展的知识,以及掌握和幼儿有效交流的技能。只有在课程实施中,综合运用以上的知识和能力,才能彰显出幼儿园教师的专业化水平。精准解读幼儿的表现,开展有针对性的发展指导,就是幼儿教师高度专业化的体现。

幼儿园教师要不断提升自身在课程实施中的专业表现,就要围绕以上几个方面去努力。有课程意识的教师愿意调动自己已有的关于幼儿发展的知识和经验去解读幼儿的行为过程表现,在自己不能胜任或者存有疑惑时,愿意主动寻求帮助,直到找到自己认可的答案。例如,有的教师会在有专家、指导人员来访班级时,主动向她们描述自己发现的问题,以及自己的思考和疑惑,以寻求帮助。有的教师会主动寻求相关的学习内容和资料,比如幼儿某个领域发展的核心经验的知识,尝试去理解幼儿的行为背后的意义,增加自己解读幼儿行为、情绪的精准度,从而作出更适宜的课程判断。

与一些教师"游荡"在幼儿活动的周围相比,有课程意识、发展意识的专业教师更乐于靠近幼儿,通过观察、对话探询幼儿的意图,判断幼儿的需求,确认自己的指导方式。他们也能帮助自己和幼儿澄清各自面临的问题,主动辨别幼儿的发展水平,为不同需要的幼儿提供个别性针对指导。

案例 4-13 转一转（静安区安庆幼儿园　卢世轶）

个别化学习活动中,小宇选择了七巧板的玩具。他拿了一张帆船图案的图例卡片,看着图案拼了起来。看到船帆上的两个三角形,小宇拿起两个三角形放在桌面上拼了起来。不过小宇并没有将两个三角形像图片上那样拼成平行四边形,而是拼成了一个大的三角形。

在拼帆船的底部时,小宇也遇到了同样的问题,他能找到相应的图形卡片,但摆放的位置总是和图例上不太一样。眼看着帆船底部的图形片怎么都不能衔接起来,小宇有些着急,开始翻其他的图例卡片。

我走近了问道:"怎么了？遇到困难了吗？"小宇点点头说:"我这个边弄不平。"他边说边指着图例上帆船底部的线条。我说:"是啊,怎么弄不平呢？要不你把图形片转一转再试试,看能不能拼起来。"小宇拿起一块三角形图形片,转了几下,边转边对比着图例上的图形。转了几次之后,他终于找对了三角形的位置,顺利地把两块三角形拼成了一个直角梯形。

2 分钟后,小宇拿着平行四边形又皱起了眉。他旋转了几次图形片都没拼起来,望着我说:"老师,这个我拼不进去。"我说:"图形卡片除了可以转一转,还可以翻个身哦。"小宇听了,将平行四边形翻转了过来,很快拼好了。最后,他自己发现了船帆处拼错了,将其中一个三角形旋转了一下,纠正了过来。

分析反思:

一开始小宇在拼搭七巧板的过程中出现困难,无法将图形片顺利拼接起来。这其实涉及幼儿数学核心概念中的"图形变换",包括图形的移动、旋转或翻转等。小宇无法将图形片与图例摆成相同的位置,就是因为他"图形变换"的经验尚不够丰富。他不知道通过旋转、翻转的方法来拼搭和组合图形。

在我没有熟知"图形变换"这一核心概念之前,我对幼儿在拼搭图形过程中遇到的此类困难,通常会给予一些这样的回应——"加油！再试试看,不要放弃哦。"类似的语言并不能对幼儿起到实质性的指导作用。这一次在小宇快要放弃时,我及时地告诉他可以将图形片"转一转"或"翻个身"。正是这样的指导语有效地支持了小宇继续完成了七巧板的拼搭。

（三）跟进措施落实目标

相比中小学教师，幼儿园教师对幼儿发展的影响是通过全方位的、长期的、潜移默化的"培育"方式来进行的。教师制订课程计划时，考虑的幼儿发展是比较全面的。对于一些需要重点关注的发展方面，以及有特别需要关注的幼儿，还会形成针对性的、持续的发展计划与措施，通过活动中专门持续地给予影响，促进幼儿发展。

幼儿园提供给教师的书写班级课程计划的表格中往往具有上述逻辑，但是教师的课程实施过程中，落实在师幼互动和具体指导上，却缺乏持续的关注和坚持。例如：班级课程计划中罗列的幼儿发展目标，往往在落实到班级周日活动内容安排时，就无法找到对应的内容了；或者，周日计划中的内容和做法安排就是班级课程计划中措施的反复抄写，并没有化为更具体、持续的做法与检验。甚至，在每日的活动内容安排和关注点中，都没有体现对目标的关照和回应。也就是，班级目标和措施没有真正"落地"，教师往往只关注了一个个活动内容的安排的"树"，而忽视了这些活动所构成的"森林"，因而师幼互动的具体指向就会迷失或者被遗忘。例如，班级学期计划中罗列了几位需要个别指导的幼儿的基本情况和目标，但是在后续的每月、每周、每天的活动中却没有具体的做法和效果呈现。结合幼儿表现，养成检视班级课程目标、重点措施的实施和落实情况的习惯，是影响教师主动把握师幼互动和幼儿发展指导的有效办法。

五、主动发现和解决班级中的课程问题

无论幼儿园的课程规划和设计多么完美，幼儿园课程的运行和保障制度多么完善，教师对班级的课程计划和安排多么充分，他们仍旧可能遭遇各种复杂多样的课程问题。愿意去面对课程问题，乐意去发现并尝试解决问题，是课程领导者的重要特征，是教师课程主体性得以发挥的重要体现。

课程问题，是在幼儿园动态的具体课程情境和事件中产生和变化的，它需要调动教师多方面的能力，例如逻辑思维、系统思维和独立思维等能力，纳入规划、行动、检验等过程，因而，解决课程问题是个需要教师主动去完整把握、驾驭的过程。

幼儿园鼓励和支持教师从幼儿班级和教师自身发展出发，去发现和解决问题，赋予幼儿园教师参与课程的主体权利，调动教师的主体性，并通过教师的"主动"参与，分析和解决问题，有效推动幼儿园课程的落实和进一步优化。

从提升幼儿园教师课程领导力的角度，我们的研究认为，教师发现和解决课程问题，需要明确相应的权利和责任，可以从以下三个方面开展工作。

（一）从尝试解决身边的小问题开始

我们提出，课程领导者要有问题意识，首先是主体带着一种责任感，始终在自我考察自己的课程行动、产生的结果是否能达成最初的课程期望。不管这个期望是站位在幼儿整体的发展目标上，还是在某个具体活动目标的达成上，甚或在对某个幼儿、某个现象产生积极作用的目的上。

在这种持续不断的审视中，教师自然就会生出问题意识，伴随而来的还会有对问题影响因素的分析，这种对课程实施过程中各种因素的敏感，就是教师对课程的一种"元认知"的过

程。当教师愿意并且尝试去面对一些与自己期望不符的现象时,就能抓住它,并进行梳理和思考。教师发现幼儿不主动喝幼儿园提供的白开水,大班的幼儿经过多次提醒仍然不会在大运动量时调整自己的衣着……这些问题,随时随地都应被教师感知到。但是,忽视这些小的问题,或者不加深、不放大对这些问题的感知和分析,就会错失很多改进课程实施的机会。

不"得过且过",不忽视哪怕最小的"疑惑""困难""纠结",是教师敢于面对课程的真实场景的勇气和担当,也是提升教师专业的根本动力。应彩云老师说,她专业成长的核心动力是"乐趣"。"教小孩,充满乐趣。怎么教好孩子,每一段时期都有疑惑,解决了疑惑,就获得了乐趣。""我的内在动力就是,怎么让孩子没有成长的困难和障碍。'怎么才能……'是我经常念叨的。解决了,就享受乐趣了。"

例如,当活动从以前的教师预设和规定内容、带领幼儿集体活动为主,转变为以幼儿自选内容和材料自主开展为主时,教师主观上都知道自己要观察,但是面对四散奔忙活动中的幼儿,如何观察才更有效,教师的观察策略和指向需要做怎样的调整,这些问题是幼儿园层面需要去思考并回答的。但是,其产生源自教师,源自教师的真实课程实践,如果班级教师自发产生并加以探索,那么对课程改革的推动就会更为有效。当然,如前所述,如果幼儿园认可教师作为课程主体的地位和价值,就要设法调动教师的双眼和头脑,积极支持教师面对挑战和问题,并通过激励教师自发分析和实践,将教师深度纳入发现课程问题和解决问题的过程中。

又如,静安区南西幼儿园教师因为幼儿园科研制度的优化,感受到了"研究自己的课程问题""门槛低""不做一定没收获,做了一定不吃亏",所以,纷纷申报"小而美"的研究,尝试解决班级的课程问题,并梳理总结和分享。她们研究"幼儿游戏绘画故事""成长册现状及趣味新设计""幼儿合理利用过渡时间""让跳绳不再枯燥""共享图书亲子悦读"等基于班级课程实践的有难度的、困惑的、多指向的小课题,收获了丰硕的有意义的成果,有效地解决了自己班级面临的问题,丰富和完善了幼儿园的课程实践,也彰显了教师作为课程领导者的主体价值。

(二)构建解决问题的支持性生态

幼儿园教师主动解决问题,除了强调教师主动依靠个人的力量独自去尝试解决问题,更要关注教师是否能发挥自身的影响力量,调动身边的物质、专业、人际关系等资源,构建一个支持性的、辅助性的问题解决环境。

教师要形成一种意识,即寻找和主动建构解决课程问题的外部框架。其实,真正的幼儿园课程的运行就是以班级为基本单位,在一些课程实务和职能关系中开展的,影响的因素多种多样。班级课程的设计与实施也会受这些因素的影响,也就是说,课程问题的产生和化解,都需要将除教师以外的因素和条件纳入考虑和行动之中。而这方面,是幼儿园教师相对的"盲区"。

例如,当发现"幼儿在园有不愉快的情绪"的时候,教师如何看待?如何分析?如何评估和寻找资源和支援?如何寻求问题的解决方法?也许,这个问题可以从幼儿本身的长期或者短期经历、幼儿家庭、幼儿心理发展与需求、班级活动节奏的调节、班级活动资源的配备、家长和教师的协同、教师个人的情绪调节与控制等方面进行理解和分析。这是一个寻求共同解决方案的问题。教师要完整地认识到,"课程,就是创造和不断完善适于幼儿发展的生态",有意识地从构建优良的教育生态的角度来考察生态中的要素,以及对各种要素之间的关系作考察与调整,有针对性地关注重要的部分,化解问题,推进幼儿园课程的实质性进展。

当教师越来越认识到幼儿园课程并不是"教师一个人说了算"的时候,就是教师"去自我中心化"的时候,也是教师主动启动构建教育生态过程的开始。

例如,浦东新区冰厂田幼儿园在研究班本化课程实施中教师课程领导力的发展时提出,要重点关注班本化课程的实践行动与其他的课程实践行动有何不同之处。首先就是关注班级生态,除了教师的专业知识和能力基础外,还要关注本班幼儿的实际发展情况与需要,关注班级课程环境与资源的综合利用,关注家长与班级课程之间的紧密联系,关注教师对班级生态的把握分析能力,并在此基础上做出有效的课程决策。教师需要在心理上具备足够的意志力来面对课程中的问题,关注两教一保三位教师之间在课程建构中的主动合作,更加关注教师对每一个具体的教育情境的敏感度,主动发掘背后的课程价值。

(三)评估解决问题的立场和实效

课程问题获得解决的过程和结果,在一定程度上既是对幼儿园课程的推进,也是对幼儿园教师的积极反馈,有利于教师体验成功,获得自我效能感。

解决课程问题是一个过程,但首先要追求"问题获得解决"。当幼儿园教师发现了课程问题,并愿意主动尝试去解决时,就需要建立解决问题的成效标准。而课程问题的具体性、复杂性、持续性使得解决问题的标准很难具体化和统一化。

站位于课程领导力提升的角度,能够判断课程问题获得解决的标准是"提出问题的主体的求解需求是否获得满足"。因而,课程问题的解决标准就可以换化为以教师为主的课程主体(也包括教研组、专题研究组及其他跟课程相关的部门)对问题解决的体验和满意度,以及对课程的实施、推进是否产生实质性的积极影响。

在这个过程中尤其要注意的是,教师提出和解决问题不能将教师自己和幼儿的立场对立起来,即教师解决问题的过程和结果要落实到是否最终有利于幼儿的发展上。例如,当教师将建立"如何才能形成班级的活动秩序"作为一个问题来解决时,要区分所秉持的立场是"便于教师管理幼儿"还是"便于幼儿体验集体活动的规则",两者在提出问题、解决问题的角度上完全不同。

所以,教师首先要在课程中努力成为幼儿发展和幼儿立场的代表,建立"课程问题的解决要有利于课程落实,有利于幼儿发展"的观念。这时,教师提出的问题才能从根本和源头上承载幼儿的发展。解决了教师的课程问题就是在正确的方向上解决了有利于幼儿发展的问题。

第四节　不懈学习获得成长

　　幼儿园教师要成为主动的学习者，在参与幼儿园课程规划与设计、实践与改革的过程中发挥主动性。幼儿园教师不是被动的"工具"，而是主动创造课程意义和价值的人。教师应主动追求专业成长，寻找并创造适合自己的学习方式和途径，并与幼儿园课程互为滋养。

　　2012年，教育部颁发了《幼儿园教师专业发展标准》，提出教师在专业发展上要"师德为先，幼儿为本，能力为重，终身学习"。不同层次的教师要在原有水平上不断进步。除了掌握幼儿发展规律和与幼儿互动的专业知识与能力，要成为课程领导者，必须不断学习幼儿园课程的相关知识，并着力提升自己的课程意识、问题意识和"以幼儿发展为本"的观念和行为水平。众多的研究也为幼儿园教师提供了多方面发展水平的等级标准。

　　教师的发展是一个以主动生长的内部需求为主要影响因素的过程。因而，在深度投入和参与课程实践的过程中不断增加对自我和他人的认知，明晰自己的课程需求，提升自己洞察课程中若干关系的能力，并尝试在具体的课程实践中积累和调整自己的课程主张，确立信念，实现对自己和他人的引领，是教师发挥价值和作用的重要方面。

　　幼儿园教师要寻找并创造适合自己的学习方式和途径，主动寻求学习和提升，不断提高专业自觉性，促使自己成为课程领导者。幼儿园课程的建设和实施是教师课程领导力成长的最广阔的天地和土壤，作为课程研究和实践共同体的一员开展积极的课程实践与思考，是教师获得课程领导力提升的根本路径。

一、在团队中学习

　　虽然个体独自的学习有其不可替代性，但幼儿园教师更需要在团队中学习，参与营造团队学习氛围并从中获取成长的支持，通过沟通和分享传递课程目标和理念，为课程团队中每个人的进步作出贡献。

　　在幼儿园中普遍存在"教研组"类型的"集体学习和讨论"的组织。当这些组织存在的功能是基于形成共同的课程追求，尊重、发挥团队每一个成员的个性和主动性，通过成员之间的差异形成资源与条件，进而推动每个成员的学习过程和成效的时候，就可以成为"学习团队"。它与"集体在一起学习"有明显的分别。学习团队具有"追求、挑战、反思、分享、行动"的特征。幼儿园教师要为建造学习团队努力，并且在幼儿园的课程团队中有效学习。

　　值得提出的是，团队学习并不意味着教师是被指定参与某个团队或组织，我们更倡导教师主动发现自己的学习需求，并主动加入或者参与建造团队，让团队的追求、研究目的成为吸引教师加入学习团队的基础。目前，很多幼儿园鼓励建立基于教师研究兴趣和研究问题的教研组织，也是这一理念的实践。

　　同时，信息技术的发展能够支持幼儿园教师组建虚拟的学习群组，开展即时的、跨时空的学习与研究。但是如何发挥好以上这些方式的积极作用，需要做进一步的研究。

一般来说，幼儿园教师作为课程领导者，在作为成员参与团队学习时，可以在以下这些方面作尝试。

（一）在团队中帮助明晰课程愿景和目标

从根本上来看，幼儿园的研究或学习团队都是围绕实现幼儿园的课程目标而建立的，因而，维护课程愿景和目标，促进其达成，是参与团队学习的教师的共同追求，解决幼儿园课程以及教师自己的课程中共性的、个性的问题是学习的内容载体。

在不同成员共同构成的学习和研究团队中，有机会表述和呈现自己对幼儿园课程目标的理解和掌握，探讨相应的实践与创新，化解存在的课程问题和困难，并通过这个过程进一步增进相互理解和共同追求，同时，教师个体作为学习团队的成员，从这个过程中获得精神上的共鸣与支撑。

当具有明确的课程追求，学习团队中的教师认同幼儿园的课程目标和理念时，学习团体就形成了凝聚力，形成了强有力的学习动力。团队成员在共同追求的情况下，形成心理支撑，更愿意接受挑战，成为积极的行动者、实践者。例如，静安区芷江中路幼儿园多年前就形成了"讲幼儿的故事"的教研，教师们不断形成和深化对幼儿的认知，不断夯实"创造适合每一个幼儿的教育"的课程理念。静安区南西幼儿园也通过激发教师讲自己班级的游戏故事，发现幼儿的"精彩"，逐渐认定幼儿在多样化的游戏活动中能够获得主动、切实的发展，从而更坚定了落实幼儿园课程追求的决心。

而当学习团队缺乏共同的精神追求，学习的过程并不能建立或维护共同追求的时候，学习产生的外部要求往往大于内在动机。成员的学习状态比较容易涣散，参与度不强，对幼儿园课程目标的认同产生不利影响。

（二）寻求咨询和支持，创造学习价值和意义

学习团队，无论是教师之间自然形成的，还是因为外在的要求组织的，都要给每一个团队成员提供支撑，让其对学习产生追求，在学习中获得成就感。

这主要是教师可以通过在团队中拥有自由、公平的发言机会，呈现自己的困惑与疑难，获得心理支撑和相关的课程知识和实践指导。

教师要努力成为学习团队中的主动学习者，结合自己的课程实践，发现团队学习中的价值，通过倾听、讨教、模仿、对话、争论等产生具有一定深度的思考和学习。团队学习的价值在于接受每一个成员的差异，并将差异作为资源，促进每一个成员的发展。例如，围绕幼儿园将要开展的"新生入园适应"新尝试，有不同的教师参与，我们要"诊断"不同教师对新生入园适应的胜任能力。新老师可能缺经验，有过相关经历的老师缺经验的梳理，非常成熟的老师缺的可能是对以前新生适应若干做法的有效性的判断和审思。这些差异既是挑战，也是资源。大家在面对新挑战时，可以有各自的思考和贡献。通过在团队中的互动，允许呈现每个人的思考。例如，"头脑风暴"就是很好的方式，它让所有人的想法有机会呈现。

（三）作为团队成员研究幼儿学习和教师课程实施

研究幼儿的学习和进行课程实施，是教师参与课程建设的重要内容。每个教师作为课程实施的参与者、观察者，从不同的视角会有多样的经历和体验。这些经历和体验能相互启

迪，迸发出智慧的火花。

这里要强调的是指向研究幼儿学习过程和结果以及课程实施的多个方面，例如课程环境创设和材料提供，活动目标与过程的匹配，活动中的信息采集等。班级教师（甚至包括幼儿家长）共同、持续地研究，会有效帮助班级团队形成对课程状态的真实认知，带来团队成员在课程调整上的协同。这是一个团队成员通过共享和沟通达成完整感知的过程，是一个课程自我监控的过程，也是一个思想和行动协同的过程。

教师的个性不一，专业水平不一，在团队中发挥作用的方式可能会不同。专业化发展水平高的教师，要主动发挥自己的专业优势，用平等的态度和专业的知识引领和启迪其他成员，提升认识，达成共识。

二、建立自己的学习框架和脉络

教师的学习是为了实现自身成长。教师参与团队，并在团队中学习，把握课程的本质，掌握课程的原则，并贡献自己的认识与实践力量，成为对幼儿的发展、课程目标的达成有价值的个体。教师个体对于幼儿园课程的认同感和归属感，是其不断实践课程、参与课程优化的内驱力。

（一）逐步形成课程主张，实现"二次成长"

幼儿园教师需要从全面的课程实践中获得多方面的感受和经验，在思考和与他人的互动中，实现个人的专业成长。

幼儿教师的学习需要两种经验。一是参与课程实践行动中获得的直接经验，例如观察和了解幼儿、进行活动设计与组织、开展评价、与他人交流，等等。二是教师在实践基础上进行的对自身教育行为的提炼与反思，在一定程度上可以表述为教师认识自己如何落实课程，如何更好地实现自己目标、期望的元认知过程。

这两种经验在教师的成长过程中必不可少。要实现教师的"二次成长"，一定要给予教师这样的学习机会，促使教师不断形成自己的信念和主张、策略与方法、个性与风格。第二种经验主要的表现是，教师乐于总结，尝试撰写系统的反思，积极进行经验的梳理和表达。这种对知识进行优化并输出的过程对所有学习者都非常有意义。

> **话语点滴**：教师的课程领导力体现了教师的课程主人翁意识。课程领导力体现在每一个有主动思想并不断追求的教师身上。只要老师在日常教育教学实践中，愿意去大胆尝试，对自己的教育行为不断进行反思，能够积极地进行梳理，并在梳理的基础上结合自己的工作实践进行调整和改进，坚持下去就能够成为一名具备课程领导能力的老师。
>
> （姚萍，浦东新区锦绣博文幼儿园大教研组长，教龄 17 年）

幼儿园教师在不断课程实践的过程中积累感性经验，在审视、观察自身实践与思考的过程中不断对感性经验进行加工，逐渐建立起自身的"知识管理结构系统"。如果经验累积到一定程度，教师借助外在专业信息的输入，实现自身认知系统的"升级"。这种经验不断积累和升级的过程,就是教师主动成长的过程。专家型的教师,往往都是实现了将自身的课程实践与课程思想的有机联结,主动学习把握自己的思想和实践的人。

应彩云老师说,幼儿园教师专业发展的动力来自"教小孩,充满乐趣"。教师的专业成长不是"苦和无奈"而"全赖乐趣"。"没有乐趣是无法坚持的。我总在思索,孩子为什么不能?……怎么让孩子没有这些困难和障碍?'怎么才能……'是我经常念叨的。解决了,就享受乐趣了。"如何发现和发展这种乐趣呢?她说:"怎么教好孩子,每一段时期都有疑惑,解决了疑惑,就获得了乐趣"。幼儿园教师的How(如何)和why(为何)是连在一起问的。没有why,就无法变通迁移。通常,每一个做法的背后如果有扎实的理论基础,那么做法才能稳定地成为教育技能。"

可见,优秀的教师是带着"主动为自己解惑"的好奇心和愿望,在不断地发现自己的教育行为和思考的价值,不断塑造和发展新的理解和技能,长期地、持续地围绕幼儿的发展来分析、思考、行动,养成了习惯与乐趣。正是这种思维和行动方式上的"长期主义",不断探索和发展对自己、对幼儿和课程的认知,使教师成为主动的课程领导者。

(二)学以致用,持续行动

幼儿园教师的发展,不仅是为了个人专业进步,更重要的是实现幼儿的发展。教师的所学、所思,都要回归到真实的课程实践中,才能产生广泛而深刻的意义。

教师在学习中追求"学以致用""有所得""让幼儿获益"。当教师在学习的过程中不断将所学应用到真实的课程实践,并能从幼儿的变化、发展中获得真实的反馈和检验,他们的学习动力将得到积极维护。开展积极的行动尝试与创新,不断从真实的课程和活动实践现场获得"反馈",增强"现实检验能力",是教师获得不断成长的保证。教师在与"课程实践"的互动中不断进步。

幼儿园的课程实践,为教师提供了广阔的创造天地。每日的活动规划与组织,与幼儿的互动,与班级教师、保育员、家长的沟通,都成为教师实践的场域。

(三)坚持甄别和选择,避免信息眩晕

幼儿园教师总体上愿意学习、积极向上、兴趣广泛、乐意吸收新知识、希望获得实践参照和理论支持。同时,幼儿园的课程没有固定的"教材",课程的实践要通过教师的主动创造来落实。教师们乐意参与"观摩实践活动",通过模仿来学习。

信息技术日新月异的今天,面对纷繁复杂的信息,幼儿园教师如何才能有效学习?可能坚持"内求定力,外联共生"的原则将有助于教师对信息的甄别。

定力来自教师的基本信念和主张。缺乏定力,就迷失了方向,容易被外来的各种信息所迷惑。例如,当教师在网络上收集到很多活动设计时,被它们的"创意"吸引,通过仔细研究会发现很多资源违背了幼儿的学习特点,传递着僵化的学习方式。

缺乏定力容易形成误判,容易被"花里胡哨的外表"所迷惑,而忽视了实在的价值。例如,教师们在开展"美丽的春天"的主题活动时,倾向于模仿外来的信息,提供给幼儿若干的手工制作材料,让幼儿学习制作各种花草,甚至也会模仿着设计"春游棋",将春天的景色变成固定的符号、规则,让幼儿运用既定的玩法来"感知"春天的"美"。但是,幼儿如何才能真正感受春天的生机勃勃?让幼儿走近大自然,亲自去感受春天的温度和颜色才是合适的。

如果教师缺乏主张和定力，没有对幼儿学习方式的尊重，就无法作出适宜的判断和选择，被信息"牵着鼻子走"。

增强自己的定力，尝试"学我所学、选我所选"，让信息和资源"为我所用"，是幼儿园教师提升课程领导力的必需。当教师将"获得资源和信息"作为学习的目标时，资源和信息会成为教师越来越沉重的"负担"，只有当"资源、信息"作为一种通道或桥梁去实现"幼儿的发展"时，它们才能助教师一臂之力。在必须不断学习的时代，教师不妨认真回顾和检视一下自己的收藏夹，思考一下这些信息和资源是否真的给自己的专业成长带来促进，给自己的课程实践带来好的变化。

当幼儿园教师"内存定力"的时候，才能有效地"外联共生"，避免自己"注意力资源"的无效分配，让信息和资源支撑自身的课程实践与专业成长。

三、实现教师和幼儿园课程的互为滋养

幼儿园课程，根本上需要构建一种良好的教育生态，调动和运作所有的人、事、物，指向幼儿园课程目标的达成。幼儿园课程，是一个有目的、有选择的系统，由课程理念、课程目标、课程结构、课程实施、课程管理与评价、课程资源等要素有机构成的。教师置身于幼儿园课程生态系统之中，建立自己和幼儿园课程之间的意义关联，不断吸收幼儿园课程的核心精神，体验幼儿园课程给自己的精神滋养，理解课程实施原则与基本规范的要素，提升对课程的胜任力。同时，不断摆正自己在幼儿园课程系统中的实践位置，提升自己参与幼儿园课程建设和优化能力。

（一）从幼儿园课程中学习系统思考

幼儿园通过本园的课程实施方案，完整地呈现了本园如何理解和落实育人目标和课程目标。例如，在上海，几乎每所幼儿园都形成了书面的课程实施方案，来说明本园如何落实《上海市学前教育课程指南（试行稿）》中的课程理念与目标。

幼儿园教师充分参与本园课程实施方案的编制，并在实践中掌握课程目标、课程设置、课程实施、课程评价等，这个过程就是教师参与学习、不断融入幼儿园课程研发的过程。通过培训和主动学习，加深对幼儿园课程愿景和目标的理解，形成积极认同，理解各类教育活动的价值，学习课程实施的基本原则和方法，参与对幼儿园课程的评价与优化。

教师要尝试理解课程要素的内涵及关联。课程目标呈现的是幼儿发展的目标；课程和活动设置要服务于课程目标，活动之间的定位各有侧重，相互整合；课程实施中，内容的选择要指向幼儿发展，并结合本园、本班的实际条件来开展；课程评价是用适切的方法和过程来了解幼儿发展是否达到目标，等等。

在这个过程中，教师主动系统的学习和吸收，在实践中感知、体验、提炼对课程的认识，能有效提升教师课程领导力。幼儿园教师在课程体系中来开展实践，尝试在实践中感受课程的系统性，较好地理解和认同幼儿园的课程追求和逻辑，达成思考和行动的共识。幼儿园课程理念和目标对于全体教师的思想引领，教师之间达成共识和实践协作，都建立了良好的基础。

话语点滴：课程就像是幼儿园的土壤，正如一方水土养一方人，课程这方水土也影响着园内的教职工。首先，课程应当滋养园内的教职工，一个好的课程应当在课程理念、课程目标、课程设计等方面引领教职工的专业发展，给教师指明正确的努力方向。尤其刚踏入这片土地的新教师，可能会出现一些"水土不服"的适应难题，这时候特别需要"养分包"——课程资源包来帮助新人快速进入课程体系。在土壤滋养人的同时，人也在养护着土壤，因此，好的课程应该是弹性灵活和动态发展的，每个人可以充分发挥自己的能动性来自主实施班本化课程。教师充分汲取土壤的养分，结合自身特点在自己的一亩三分地上快乐播种、辛勤耕耘，收获自己的教育之果。

（李曼，静安区南西幼儿园教师，教龄2年）

（二）在解决课程问题中学习权衡关系

幼儿园课程领导力的探索，从一定角度上看，就是课程主体对幼儿园多种课程实践要素之间的关系的权衡与考量，依据课程的基本理念和原则作出实践性的选择。

幼儿园园长、教师，都面对着无数的关系。这些关系更多地呈现在具体的课程情境中。例如：当幼儿园的某类活动开展不理想的时候，如何进行判断与分析？当有很多资源可以开展某类活动时，教师基于什么标准去进行选择？班级教师的课程、活动设计与实际活动运行之间的一致性程度如何？教师课程实践与幼儿实际经验获得之间的关系如何？教师开展环境创设和材料提供，成本投入和效益如何？幼儿园课程创新需要投入大量的时间和精力，值不值得？……

幼儿园要主动引发幼儿园教师课程改进中的问题意识，鼓励教师结合真实的课程实践提出自己的问题，并尝试进行分析，形成自己的选择，制订计划去解决问题。

真实的班级课程运行过程中，会涉及大大小小的问题情境，需要教师作出关系的权衡。例如，教育内容预设和生成的把握，课程目标和幼儿需求的关照，幼儿兴趣和活动时间的控制，不同的活动指向和活动组织方式的选择……这就要求教师学习坚守一些基本原则，如：课程或活动设计是否有利于提供更适宜的学习和发展机会？幼儿是否从教师作出的选择中获益？

幼儿园教师在不断深入学习中，在权衡关系、解决多样化的课程问题过程中，不断明确幼儿园课程存在的价值和目的，实现对课程实践的积极引导与广泛影响，发挥作为课程领导者的价值和魅力。

话语点滴：我认为教师的课程领导力是体现在课程方面的一种综合意识与能力，具体体现为：能够基于幼儿园的课程愿景与目标设置适合本班幼儿特点的课程，能够创设适合支持幼儿学习与活动的课程环境，提供合适的课程资源，能够在课程实施中倾听幼儿的需求，及时调整课程，能够开展与目标一致的基于幼儿真实表现的课程评价，并基于评价结果改进课程实践。

（兰璇，浦东新区锦绣博文幼儿园科研组长，教龄3年）

（三）回馈和滋养幼儿园课程

幼儿园教师要努力成为课程领导者，教师选择成为主动的课程主体，就选择了主动承担权力与责任。幼儿园教师在课程中发挥主体性和创造性，共同选择、协同实践，为幼儿园课程带来实施的多样性，同时也为课程带来了优化、完善的可能。幼儿园教师不仅可以成为影响幼儿园课程实施和落实的主体，还是推动课程走向完善和更新的力量。

1. 创造性地赋予课程价值

幼儿园教师的课程实践是富有创造性的。教师通过"预设"与"生成"，使得幼儿园课程生动、多元。《上海市学前教育课程指南（试行稿）》中明确提出，"预设与生成是幼儿园课程形成的方式"。"预设"是教师根据课程目标和幼儿的兴趣以及已有的经验，对环境布置、材料提供、活动内容和方式等进行有计划的设计和安排。教师可以把目标和内容渗透在环境中，激发幼儿自己的目的性活动，也可以直接设计并组织幼儿参加的活动。"生成"是指幼儿依据自己的兴趣、经验和需要，在与环境和他人交互作用中自主产生的活动。教师为幼儿创设良好的心理和物质环境，关注、支持、引发幼儿的主动探索和交往，满足幼儿自主活动、自发学习的需要。"生成"也指教师在幼儿游戏与其他活动中发现一些有意义的活动，及时介入进行随机教育，或者对该活动加以进一步的充实和扩展。"预设"与"生成"是连续过程中相辅相成的两个方面。教师要恰当处理"预设"与"生成"的关系，使各种活动真正成为师生积极互动、交流、共同建构的过程。

对幼儿园教师来说，组织幼儿开展活动就是他们的工作现场，教师在教育活动中把教育愿景付诸实施，拥有可支配的教育资源，获得话语权。

根据幼儿培养目标、幼儿的发展情况创造性地预设和生成活动，就是幼儿园教师最生动、真实的课程实施，幼儿园教师是靠自己的思考、行动成为主动创造课程价值的人。因为各种原因，部分幼儿园教师还是习惯于直接获得教学活动设计并执行，未真正地走进"根据幼儿的发展需要来预设与生成活动"的阶段，因而，幼儿园要通过传递积极的信息，让教师感受到作为课程主体的责任，不断拓展课程预设与生成的能力。

2. 探究与审视课程发展

课程改革期望树立幼儿园教师的主体地位，教师参与幼儿园课程实施的能力在不断提升，参与范围也在不断扩展。例如，参与幼儿园的课程内容的开发、课程实施方式的创新、课程资源的挖掘、课程评价等。

同时，一些具有较强思辨能力的教师，结合自身的课程实践，开始审视幼儿园课程的现实和未来。他们不仅在课程方案的框架内不断参与课程设计、课程决策，还尝试对幼儿园课程发展的"未知、未来"进行探索。这些教师，往往紧跟幼儿发展和教育理论发展的新潮流，将幼儿园的课程置于更广大的社会关系中去思考，例如：作为教师，该如何看待和面对社会上流行的"幼儿绘本潮"？如何看待"数字时代的原住民"？如何看待幼儿生存生长环境的变化？如何面对势不可挡的"屏幕暴露"和"电子化阅读"？如何看待和合理处理衔接阶段（包括新生入园、幼小衔接等）的教育？如何看待国外的新兴教育理念和本土幼儿园课程之间的关系？如何看待社会越趋多元的教育理念、需求对幼儿园课程和教师的影响？幼儿园课程要为幼儿的生存和生长做些什么？

这些问题涉及教师对儿童观、教育观、课程观以及课程哲学的思索,是教师在"脚踏实地"的课程实践之上"仰望星空"。这些问题也许在目前并不一定有明确的解答,甚至在未来的很长时间都是需要持续地探究和发现,但是幼儿园教师将幼儿园课程与更广大的、动态的社会建立起联系,无疑是在追求更高水平的"课程领导"。

本 章 思 考

1. 我在制订计划和安排班级活动时,观察并了解幼儿的方式和程度是_____。
   我对观察幼儿的感受是_____。
   将观察和了解幼儿作为班级开展和调整课程设计的基础,对于我来说是_____。
2. 我对周围的人在教育方面的积极影响是_____。
   我还可以着力尝试改进的是_____。
   我对积极影响幼儿的想法是_____。
3. 我对高结构活动和低结构活动的认识是_____。
   有时候需要降低活动的结构化程度,主要的原因是_____。
4. 我对自己师幼互动关系的评价是_____,具体的证据是_____。
5. 我和班级教师自己发现并尝试解决的印象最深的课程问题是_____
   _____。
   作为幼儿园研究团队的一员,我在解决问题中获得的支撑是_____。

附录：幼儿园课程领导力评价指标（征求意见稿）

幼儿园课程领导力评价指标（征求意见稿）

上海市提升中小学（幼儿园）课程领导力行动研究（第二轮）
幼儿园学段项目组
上海市教委教研室

2019 年 4 月

第一部分　幼儿园课程领导力评价指标研制背景与过程　/ 189

第二部分　幼儿园课程领导力评价指标及信息采集　/ 190
　　幼儿园层面课程领导力评价指标及信息采集　/ 190
　　班级层面课程领导力评价指标及信息采集　/ 199

第三部分　幼儿园课程领导力测评工具使用原则与方法　/ 206
　　评价原则　/ 206
　　评价指标主体结构和要素说明　/ 206
　　评价信息来源与评价流程说明　/ 207

第一部分　幼儿园课程领导力评价指标研制背景与过程

幼儿园课程领导力是幼儿园课程持续发展的重要基础。研制幼儿园课程领导力评价指标与测评工具是上海市提升中小学(幼儿园)课程领导力行动研究(第二轮)项目幼儿园学段项目组的重要研究任务。

为引导幼儿园课程领导力的建设和提升,幼儿园项目组开展了历时 3 年的专题研究,在市级 11 所立项幼儿园的参与下,为幼儿园提供了《幼儿园课程领导力评价指标(征求意见稿)》(以下简称《评价指标》)及相关建议,汇总成本操作手册。

《评价指标》较为完整地说明了幼儿园课程领导力的构成和具体内涵,经过在全市立项和非立项幼儿园的多次试用,反复调整完善,为幼儿园提供结构化的课程领导力诊断与改进参照,供幼儿园评价课程领导力参考和使用。

《评价指标》主要用于引导幼儿园园长、教师积极开展自我诊断与改进,同时也供教育行政、督导、教研等部门采用和参考,可以在督导、验收、课程与教学调研等工作中用于了解幼儿园、园长、教师的课程领导力情况和水平。

幼儿园可以使用此《评价指标》为制订幼儿园课程发展规划,确立相关课题研究,完善与优化制度,接受各类督导、验收、调研等提供详实的证据与依据,发现本园课程领导力发展的优势与不足,有针对性地改进与提升。幼儿园园长、教师可以使用此《评价指标》了解自身的课程领导力水平,为专业发展制订计划,以此为参照进行课程领导力的学习。

幼儿园和相关部门按照实际需求,通过学习、掌握、运用《评价指标》,基于实证,系统化地开展课程领导力水平诊断,主动、持续推动幼儿园课程领导力建设。

第二部分 幼儿园课程领导力评价指标及信息采集

幼儿园层面课程领导力评价指标及信息采集

一级指标	二级指标	三级指标	水平等级描述			信息来源和采集方式示例		
			表现水平1级	表现水平2级	表现水平3级	文本	现场观察	访谈
K1 课程思想力	K11 思想前瞻	111. 课程"以幼儿发展为本"	幼儿园原则上提出关注幼儿发展的需求和尊重幼儿的年龄和学习特点，侧重幼儿社会要求，课程落实架构和调整课程。	幼儿园课程建设立足支持和促进幼儿发展，关注用课程提供符合幼儿年龄特点的活动，满足幼儿的一般共性发展需求。	班级课程与各类活动以支持和促进班级每一个幼儿发展，接纳和积极关注幼儿的差异，关注幼儿素养、能力、态度等的长远发展。	查阅课程实施方案，了解课程内容、实施、保障目标是否给予教师对幼儿发展需求的关注与支持。	观察幼儿园活动中对幼儿主动性、个性的满足的表现，以及针对性的发展机会的提供。	访谈园长、教师：幼儿园的课程在关注幼儿全面和个性发展方面做了哪些改进和努力？
		112. 一日生活皆课程	幼儿园重视部分课程目标与领域，片面强调某些领域的特色发展或某些活动类型的落实，忽视一日活动的教育价值。	幼儿园重视一日各类活动对幼儿发展的意义，引导教师均衡关注各类活动质量。	幼儿园关注课程不同活动的发展价值，并引导教师着眼于幼儿全面发展，整合实施一日课程，实现各有侧重而又整合均衡地促进幼儿发展。	查阅课程实施方案，了解幼儿园各类活动设置以及总体和具体活动的具体要求。	观察一日活动各环节中，生活、运动、游戏、学习活动教育质量是否均衡。	访谈园长、教师：您认为目前幼儿园对课程还有待关注与研究，以保障各类活动均质的均衡？
	K12 愿景认同	121. 课程愿景的确立与表达	幼儿园课程愿景与目标含义模糊不明确，或者不易理解或者缺乏说服力。	幼儿园有较为明确的课程愿景与目标，但是愿景的具体化程度尚不足，教师不能准确表达与解释。	幼儿园课程愿景明确，内涵具体，清晰简练，易于理解与记忆。能积极教师清晰表达和阐释，在社会范围具有认同度。	查阅课程实施方案中对课程愿景和课程目标的相关表述是否关注表述是否清晰简练，易于理解与记忆。	观察一日活动各环节中，教师对课程愿景目标的落实情况。	访谈园长、教师：本园课程愿景是如何形成的？幼儿园是怎样让所有教师理解并认同本园的课程愿景？

附录：幼儿园课程领导力评价指标（征求意见稿）

(续表)

一级指标	二级指标	三级指标	水平等级描述			信息来源和采集方式示例		
			表现水平1级	表现水平2级	表现水平3级	文本	现场观察	访谈
K1 课程思想力	K12 愿景认同	122. 课程目标的认同与内化	课程愿景和目标由园长或者专家提出，只有园长和核心骨干人员知道和理解。课程愿景仅出现在幼儿园规划、课程实施方案和决策文本之中。	课程愿景表述比较清晰，内涵比较明确，具有说服力，但是教职工对其的熟悉和掌握不充分。课程目标融于学校制度、幼儿园环境建设，课程呈现于"有形""物质"等之中。	幼儿园课程愿景和目标由园长、教师、专家等多元主体共同构想与陈述，融入教师们的课程实践中，并体现在校园文化中。课程愿景内化并外显于教师语言、行为、活动等"无形"文化之中。	教师的日常反思、教研活动资料中是否有相关思考。	观察教师主导的活动，或者举出一些班级活动的实践例子，分析其如何体现幼儿园的课程愿景。	访谈园长：您知道老师怎么认识课程与目标吗？教师所理解的课程愿景与您本人的与目标有差异吗？表现在哪里？
	K13 文化现代	131. 课程主体的关系	重领导，权威，以自上而下布置、落实、传递既定的内容和要求为主。教师、家长、幼儿等基本没有参与和决策机会。	建立以教师为主体的课程管理机构负责相关课程制度制订，课程选择与确定有权限，课程程序清晰、流程规范、审查、批准程序和机制保证。	幼儿园课程管理委员会由园长代表、家长代表、课程制定代表、教师、专家等构成，课程决策制度清晰、流程规范、多主体上下互动、平等参与、关注不同主体的想法和感受。	查阅幼儿园课程决策相关制度，是否成立了相关职能部门，是否体现了课程决策的多元主体参与。查阅幼儿园课程实施方案中的"课程管理"部分，是否体现上下互动、平等协商和参与，是否关注幼儿、教师、家长等不同主体的感受及想法。	观摩幼儿园有关课程建设的园本教研活动，关注活动中教师的参与是否有宽松的氛围，是否体现平等协商和参与。	访谈园长、教师，请举一个例子说明当幼儿（班级）遇到与课程相关的问题或困难时，你们如何解决。（关注主体参与度，程序与规范，问题解决，评价与反馈、需求等方面。）

191

(续表)

一级指标	二级指标	三级指标	水平等级描述			信息来源和采集方式示例		
			表现水平1级	表现水平2级	表现水平3级	文本	现场观察	访谈
K1 课程思想力	K13 文化现代	132. 家园合作理念与方式	幼儿园选择性公开部分课程信息,分享一些与幼儿有关的信息,提供家长教育资源等,能够听取家长的建议。	幼儿园能采用合适的策略和载体促进家长、社区了解幼儿园课程发展,参与幼儿园课程的共建共享。	幼儿园围绕个性化促进幼儿成长建立与家长持续沟通的机制,追求幼儿教育的一致,并积极提供必要的课程、培训、服务。课程建设常态化,成为幼儿园共有的文化。	查阅家园共育方面的课程制度、规定,查阅家园共建的课程或者活动成果的相关内容。	观摩家园共育多方式的活动的开展情况,观察班级教师公布的课程信息等方式。	访谈园长、教师、家长,请其各自列举一些幼儿园日常与家庭沟通、协作做法,比较其异同。
K2 课程设计力	K21 聚焦目标	211. 目标与措施的配合度	课程目标与课程内容、实施方式、管理、评价等没有明显关联。教师不参与幼儿园课程目标、实施、管理和评价方式的制定。	课程目标与课程内容、课程实施、课程评价之间体现一定的关联性。教师有时候参与课程目标和评价的讨论并提出意见。	课程实施方案和计划目标明确,分析课程结构、内容、实施、评价等系统思考,各要素之间逻辑一致,教师深入参与讨论与决定。	查阅幼儿园课程实施方案,分析课程目标、课程内容、课程实施、课程评价等要素是否齐全,各要素之间是否有清晰一致的关系。查阅幼儿园课程计划中的各类计划,如园务计划、保教计划、教研计划、班级计划等,是否相匹配,任务分解、具体落实,层层落实,内容可实施,可反馈,可评价,并指向目标。		访谈教师:您是如何参与课程目标的确定的?幼儿园相关重点任务分工与参与?班级和教研组如何体现幼儿园的课程计划、活动如何体现围绕幼儿园的课程目标?

附录：幼儿园课程领导力评价指标（征求意见稿）

（续表）

一级指标	二级指标	三级指标	水平等级描述			信息来源和采集方式示例		
			表现水平1级	表现水平2级	表现水平3级	文本	现场观察	访谈
K2 课程设计力	K21 聚焦目标	212. 重点确定与分解	幼儿园课程相关的实现缺乏联系。	幼儿园课程目标能转化为在特定条件下的具体任务。	幼儿园课程目标转化为明确的重点工作，并列入计划，在日常的课程实践与研究中落实。	查阅幼儿园年度园务计划中的"保教工作"或"课程建设"相关板块，关注重点工作是否与幼儿园课程目标有关联。		访谈教师：最近一段时间幼儿园课程方面的重点工作有哪些？您自己是如何参与的？
	K22 过程可行	221. 与教师能力的匹配	幼儿园课程忽略教师的能力差异，结构特点，给予统一的要求。	幼儿园课程对教师的能力和结构有一定分析，考虑教师的可操作性。	幼儿园课程分析教师的现有水平和结构等特点，给予差异性、结构化程度不同的课程支持和权限。	查阅幼儿园课程实施方案或相关制度，看是否有针对不同教师的课程实施支撑和支持方式。查阅日常教研资料，关注是否给予不同水平与发展阶段教师表达需求和对应专业支持的内容。	观察教师组织幼儿活动的现场，关注教师的实际胜任水平。	访谈园长、保教主任、教研组长，了解如何给予不同教师的课程实施规范如何帮助其胜任课程运行。
		222. 教育转化为幼儿需求	幼儿园规定教师落实课程，但忽视将目标转化为幼儿主动学习的需求和表现。	幼儿园希望教师设计活动时考虑幼儿的主动性，给予原则性的要求。	幼儿园课程强调幼儿主动学习，指导教师将教育目标转化为幼儿主动展现已有能力与主动参与活动的机会。	课程方案中是否关注到幼儿的参与，是否有与幼儿主动学习相关的理念、具体要求等内容。	观察教师组织幼儿活动的现场，关注教师激发幼儿参与活动的方式和水平。	访谈教师：设计和组织活动时如何有效调整合乎幼儿的兴趣和需求？

（续表）

一级指标	二级指标	三级指标	水平等级描述			信息来源和采集方式示例		
			表现水平1级	表现水平2级	表现水平3级	文本	现场观察	访谈
K2 课程设计力	K23 载体适宜	231. 经验的关联	幼儿园课程内容、活动设置、表述与实施规范缺乏内在逻辑性，片面或零散，不利于理解和掌握。	幼儿园课程内容、活动设置、表述和实施规范有基本的逻辑性，符合幼儿特点，形式能够服务于内容等基本规律。	幼儿园课程内容和活动设置、表述和实施规范等有系统性、逻辑性，符合幼儿学习和发展需求，并有效引导教师主动作出判断和选择。	幼儿园课程方案、课程资源、作息安排等资料是否关注其内容本身的逻辑性、系统性，是否能满足年龄特征及差异性，是否生活化。	看园所环境、材料创设、活动室创建等，关注年龄特点的把握，课程结构的合理呈现情况。	访谈园长：如何促使教师主动关注幼儿发展经验贴合的逻辑性，使课程贴合幼儿发展和生活。
		232. 内容形式与方式的选择	幼儿园课程内容和实施方式统一规定，方式灵活性，可变性，忽视的设计与课程目标的关联与匹配。	幼儿园在课程内容和实施方式上给予教师几种选择，或者给予有限的设计空间。	幼儿园支持和鼓励教师根据自身的能力和条件对课程内容和实施方式进行主动设计，以确保课程目标的达成，支持幼儿了解，并帮助教师作出选择。	关注幼儿园课程实施方案中课程管理部分的相关内容，查阅幼儿园课程管理相关制度，关注教师在内容和方式上的权限和做法。	幼儿园班级的环境和活动条件、方式等的匹配的匹配度。	访谈园长：如何引导、支持教师围绕课程目标，结合自身的能力等实际情况，为幼儿设计合理的一日活动。
K3 课程执行力	K31 实施推动	311. 实践的推动力度	幼儿园的课程理念与目标忽视了本园实际，对课程实施本身具体条件中的问题调控。	幼儿园在理念和目标的引导下，基于本园实际关注具体课程条件，落实过程中的问题与调控。	幼儿园在课程理念和目标的引导下，主动结合本园现状、条件和多角度支持实践课程实施的落实、关注课程实施的过程，积极收集证据进行阶段分析与反馈，并作具体的工作指导与调整。	查阅课程实施方案的课程实施和课程管理、评价部分，关注幼儿园落实课程所采取的做法和路径。	了解幼儿园课程研究的重点项目进度、日常活动的开展与落实情况。	访谈园长：在推动幼儿园课程优化的过程中，您一般会关注哪些方面？如何做？请举例说明。

附录：幼儿园课程领导力评价指标（征求意见稿）

（续表）

一级指标	二级指标	三级指标	水平等级描述			信息来源和采集方式示例		
			表现水平1级	表现水平2级	表现水平3级	文本	现场观察	访谈
K3 课程执行力	K31 实施推动	312. 实践的成效	幼儿园课程实施过程中有结构性缺失或者有部分类型的活动未得到落实。	幼儿园课程实施中活动类型多样，运行有序，部分活动内容和方式上有较多的机会。	幼儿园课程实际运行中各类活动开展有序，运行有成效，保证幼儿获得丰富的活动机会，获取均衡而个性化的各类基本经验。		观摩不同班级的教育活动，关注幼儿实际获得的活动经验和活动方式的丰富性、均衡性程度。	访谈园长：如何才能更好地保障幼儿获得更丰富和适宜的早期经验？
	K32 专业支持	321. 教师专业发展计划	幼儿园制订的教师发展计划缺乏对课程需求的分析和教师需求的分析，提供的是一般性的学习内容和培训。	幼儿园根据课程建设实际需要，充分利用资源，提供专项培训，引领教师专业发展，实现幼儿园课程与教师专业同步提高。	幼儿园依据课程建设和课程发现实景和能力、前瞻性结构和能力、前瞻性预设课程的发展需求，与教师共同协商制订教师专业发展计划，符合幼儿园发展需要和自身发展需要，并有检测方式。	查阅幼儿园课程实施方案"园情分析""师资队伍"等部分，关注幼儿园课程能够诊断课程发展需求，并在师资计划与培养的相关计划与总结中有针对性的措施和培养方式检测方式。		访谈园长：如何考察幼儿园对教师的课程实践能力培养和支持是否有效？访谈教师：制订发展计划时得到园哪些支持？
		322. 教师专业发展推动	幼儿园通过组织学习与培训、教研活动等途径来推动教师专业发展，形成了一些教师发展制度。	幼儿园形成了相关的制度和比较系统的保障措施，能持续规范、围绕重点问题定期组织开展教师课程实践能力，对教师实践行为提出改进建议。	幼儿园形成了比较系统的教师专业发展诊断、培训和支持体系，关注幼儿园课程发展需求和服务，提供有针对性的实践支持教师明有研修，求、反复练习、表达、澄清课程实践中的困惑，并在课程实践中主动改进。	查阅园内各类教师文本、师资培训、培训管理等相关资料，关注系统性、支持性、针对性、实践性、针对性程度和体现。	了解幼儿园为教师提供的学习资料及种类相关的支持，教研活动中的支持方式。	访谈园长：如何帮助教师成长为的支持？怎样的方式能促进教师指导实践能力的提升？请举例说明。

· 195 ·

(续表)

一级指标	二级指标	三级指标	水平等级描述			信息来源和采集方式示例		
			表现水平1级	表现水平2级	表现水平3级	文本	现场观察	访谈
K3 课程执行力	K33 资源保障	331. 资源保障与开发	幼儿园对时间、人力、物力、环境、经费等按照常规使用，缺乏资源支持目标达成和保障课程重点工作的意识。	比较注重对时间、人力、经费与课程实施的分配与使用，有根据课程目标的需要调整与开发资源的做法。	幼儿园有意识地科学规划、调配、研发和有效利用课程资源，将时间、人力、经费与环境等资源优先使用优先保障课程实施中的重点方面，支撑教师优化课程实践、培养幼儿积极的资源建设意识和服务课程实施，以积极培养教师课程资源调配与开发的能力。	查阅幼儿园课程实施方案中"课程资源保障部分"，使用资源的制度规范，关注幼儿园课程资源整体建设发展的倾向和特点。	观察幼儿活动中资源的分配和支持情况。	访谈园长：围绕保障幼儿园课程愿景和目标达成，幼儿园作了哪些资源方面的准备，有哪些设想？ 访谈教师：日常活动中，幼儿园的各种资源可以便利地供教师使用吗？
		332. 环境与资源利用	幼儿园没有充分利用现有的环境、资源，或者忽视不关心利用方式，有资源浪费或闲置等现象。	幼儿园根据课程活动、对象、空间特点对园内外资源进行合理规划利用，提高资源的利用率和合理性。	幼儿园关于资源利用情况进行分析，注重多种课程资源的动态配置与利用，并经常调整以满足课程实施和幼儿发展需要。	查阅幼儿园关于资源、环境、设备等完善、使用、开发的制度。	查看班级和活动室内资源配置和使用情况。	访谈园长：幼儿园在课程资源利用方式上如何调适以满足幼儿和班级教师的课程需要？
K4 课程评价力	K41 主体参与	411. 多元主体开展的评价	幼儿园基本采用自上而下的权威评价方式，或者忽视评价主体的选择，缺乏稳定的评价制度与评价方法。	幼儿园形成了多元主体参与评价的制度与规范，根据评价内容和目的调动相关的多元主体参与自评或他评。	幼儿园建立了系统的多元主体参与评价的制度与机制，能根据课程实践的需要灵活开展多主体评价，多方收集真实的信息以对课程状态作出合理判断。	查阅课程实施方案中"课程评价"部分具体内容，关注多元主体实施评价的相关制度，查阅幼儿或教师评价档案资料，关注多元主体的参与方式和水平。		访谈园长：幼儿的发展评价、教师课程实施评价的有哪些主体参与的？是如何参与的？如何才能确保适切性和评价的客观性。

附录：幼儿园课程领导力评价指标（征求意见稿）

（续表）

一级指标	二级指标	三级指标	水平等级描述			信息来源和采集方式示例		
			表现水平1级	表现水平2级	表现水平3级	文本	现场观察	访谈
K4 课程评价力	K41 主体参与	412. 主动评价与对话	幼儿园对评价缺乏正确认识，看重来自外部专家、行政督导等的评价，不注重自主的评价，不追求与被评价者的对话。	幼儿园主动建立了比较系统的、富有逻辑性、有侧重点的课程监控制度与机制，流程责任明确，主体责任清晰，并根据课程需要主动开展评价，有一定的评价信息沟通和反馈意识。	幼儿园围绕课程目标建立了比较完善的发展性的评价体系，基于一定的标准、工具和方法，围绕课程建设愿景与目标的达成多方面开展评价，并基于证据促进多元主体的对话与反思。	查看课程实施方案中的"课程评价"部分，关注评价性评价的相应工具、文本、手册等。分析幼儿园评价资料，关注评价对过程的发展性和对课程相关目标的"实际"影响。	班级内是否有常规性的评价幼儿活动质量与要求的安排。	访谈园长：在幼儿园开展评价的过程中，教师参与了哪些部分？是如何参与的？为什么？
	K42 导向明确	421. 评价与目标的一致性	幼儿园围绕课程评价制度，但实施游离于本园的课程目标和课程实施的具体要求。	幼儿园围绕课程理念和目标建立评价制度与机制，对评价的实施与目标具有一致性，对教师实践具有积极的导向作用。	幼儿园围绕课程理念和目标系统、全面系统，内外逻辑一致的评价体系，是否形成完整的流程和规范，关注评价结果怎样作用于改善教师课程实施、提升课程质量具有切实的导向作用。	查阅课程实施方案中"课程评价"部分，考察其是否指向课程发展目标，是否形成完整的流程和规范，关注评价结果怎样作用于改善教师课程实施、提升课程质量具有切实的导向作用。		访谈园长：幼儿园评价体系的运作对幼儿发展、教师成长、幼儿园课程产生了哪些实际影响？幼儿园评价体系有什么困难，是如何解决的？
		422. 评价方法的适切性	幼儿园将考核等同于评价，不注重评价内容和方式，方法的选择，或评价方法与评价目的不符合，评价方法不科学。	幼儿园根据不同的评价内容和策略选择适宜的评价方法，保证评价的客观性、公正性等，评价实践具有说服力。	评价方法和策略的选择，运行形成机制，保证评价的公正性、公平性，注重评价结果的信度与效度，关注评价后对评价设置的合理性、科学性，以及对课程实践的解释、改进跟进建议和做法。	查阅课程实施方案中课程评价部分的相关资料，如家长评估问卷、幼儿发展评估、课堂本身评估等，关注评价方案的合理性、科学性，以及跟进建议和做法。		访谈园长：教师如何参与幼儿园评价方式的选择、确定？他们如何看待幼儿园确定的评价方式？

(续表)

一级指标	二级指标	三级指标	水平等级描述			信息来源和采集方式示例		
			表现水平1级	表现水平2级	表现水平3级	文本	现场观察	访谈
K4 课程评价力	K43 改进有效	4.3.1. 课程主体的满意度	幼儿园不关心改进和实施课程相关的满意度。	幼儿园关心改进实施的落实,采用多种方式了解了参与者提出改进意见的满意度。	幼儿园持续关注改进行动和方案影响,听取信息与评价者、被评价者、相关利益者的满意度。	查阅围绕课程实施开展评价的计划和总结资料,关注是否有提升满意度参与者的内容和结果。		访谈园长:如何才能保证持续关注课程主体对评价及结果的满意度?
		4.3.2. 课程优化机制运行	幼儿园课程改进与本园课程实施方案的调整和优化相关度不高。	定期总结幼儿园课程有效改进经验,体现在本园课程实施方案的调整和更新中。	幼儿园课程改进及时提炼纳入课程实施方案,充分体现基于实证据的持续改进,课程建设工作的心智模式,成为幼儿园。	查阅课程实施方案中关于课程改进的机制与运行方式,查阅课程实施方案的修订说明。		访谈园长:幼儿园如何确保教师参与的课程实施方案的修订,并完整获知修订的主旨?

附录：幼儿园课程领导力评价指标（征求意见稿）

班级层面课程领导力评价指标及信息采集

一级指标	二级指标	三级指标	水平等级描述			信息来源和采集方式示例		
			表现水平1级	表现水平2级	表现水平3级	文本	现场观察	访谈
K1 课程思想力	K11 思想前瞻	111. 课程"以幼儿发展为本"	班级课程和活动以教师为中心，缺乏对课程支持和促进幼儿发展的认识和行为。	班级课程和活动开展能根据幼儿发展的一般需求和年龄特点，力求对班级的大部分幼儿的发展具有积极作用。	班级课程与各类活动以支持和促进班级每一个幼儿发展为导向，接纳和积极关注幼儿的差异、关注幼儿的素养、能力、态度等的长远发展。	查阅班级保教、周计划，活动设计，幼儿成长档案等，关注教师对幼儿主体意识和行为，查阅教师的日常教育教学反思，了解其对促进与支持幼儿发展的认识。	观察教师在活动中如何了解幼儿实际情况并基于幼儿有针对性地支持幼儿。	访谈教师：在主题活动开展前，您怎么了解和分析班级幼儿可能的需求？您在各类活动中如何关注幼儿个体在发展上的差异？又是如何支持的？
		112. 一日生活皆课程	教师关注某些规定和活动的落实，或者忽视另一些活动或一日活动中教育机会的创设与随机指导。	教师认识到各类活动对幼儿发展的价值，并能主动地发掘不同活动中在各类活动中提供适宜的机会与指导。	教师完全认同一日生活皆课程，并在生活皆课程，并在生活活动中有意识地发挥不同活动的价值，关注不同活动中幼儿的多方面发展、关注活动的整合实施。	查阅班级保教计划和周日计划，了解教师对各类活动的安排。	观察来园、午餐、盥洗、点心、过渡环节等，了解教师创设教育机会并给予指导的情况。	访谈教师：请您谈谈午睡、盥洗用餐环节中可能的教育机会，举例介绍您的做法。
	K12 愿景认同	121. 课程目标的确立与表述	教师对本班级幼儿如何与幼儿园课程愿景、目标不明确，对班级自身的课程目标缺乏设想。	教师有对班级幼儿的发展期望，或者对班级如何理解幼儿园课程愿景与目标有设想，并能表述大致清楚。	班级拥有明确的课程期望与设想，具体清晰，能说服力，能被班级教师、保育员、家长，甚至幼儿理解。	了解教师保教计划工作计划中对课程目标的确立与分析。	了解教师的指导行为与课程目标的关系	访谈教师：请谈谈您对幼儿园课程的认识与理解。请谈谈您是怎样与保育员、家长合作落实本班的课程设想的。

· 199 ·

（续表）

一级指标	二级指标	三级指标	水平等级描述			信息来源和采集方式示例		
			表现水平1级	表现水平2级	表现水平3级	文本	现场观察	访谈
K1 课程思想力	K12 愿景认同	122. 课程愿景的认同与内化	班级的课程目标由主班教师或者部分人提出，其他人不参与或者不理解。	教师知道并理解幼儿园课程愿景，目标和本班级课程目标。教师能够讲述本园或本班课程愿景和期望对自己实施课程的指导意义。	班级课程愿景与目标由教师、保育员、家长、幼儿等参与讨论共同提出，与幼儿园课程愿景和目标有密切关联，并表现在课程实施的日常环境和氛围中。	查阅班级的保教计划和活动安排，了解其与目标的关系。	在观察一日活动过程中关注班级保教人员对班级课程愿景和目标的落实度。	访谈保育员及家长：您知道并理解班级教师对幼儿的发展期望吗？您认为这样的期望是什么样？
	K13 文化现代	131. 课程主体间的关系	班级课程的内容与方式由主班教师一人为主决定处理，教师之间和幼儿之间的互动以落实、传递既定的内容与要求为主。	班级课程相关事务以领导、权威、主班教师的意见为主，其他人（包括幼儿）有时被要求或有部分参与。	班级课程相关事务通过平等协商和民主参与决定，关注不同成人、家长、幼儿的感受、选择，尊重，家长在课程实施中相互沟通、平等信任。	查阅班级计划、活动设计、幼儿成长档案等，关注教师、家长、幼儿在课程中的参与和方式。	观察班级活动中教师之间的沟通配合情况，师幼互动的方式，师幼、幼幼之间的话语权，教师是否能尊重幼儿的意愿等。	访谈教师和保育员：你们班级的活动由谁来安排？活动中您承担什么角色？
		132. 家园合作理念与方式	教师有选择地公布部分课程信息，为家长提供一些教育资源，幼儿发展方面的信息，按规定收集家长的意见和建议。	教师采取适合本班的具体策略、方法、载体与家长就课程和幼儿发展进行信息交流，尊重家长，主动听取家长的意见和建议。	教师主动围绕促进每个幼儿个性化成长与家长建立和保持积极的信息沟通，追求家园一致，共同开展教育，尊重家长对幼儿的发展期望，欢迎和鼓励家长参与课程与形成策略与制度。	查阅教师与家长沟通的相关材料，关注内容指向、频率和互动水平。	如果可能，观察有家长参与的活动中教师和家长沟通、或者观察教师有目的地和家长沟通的过程，关注双方的态度、地位和信息的指向。	访谈家长：请举例说明家长是如何参与你们班的课程实施中的，是否有固定的策略或做法。

附录：幼儿园课程领导力评价指标（征求意见稿）

（续表）

一级指标	二级指标	三级指标	水平等级描述			信息来源和采集方式示例		
			表现水平1级	表现水平2级	表现水平3级	文本	现场观察	访谈
K2 课程设计力	K21. 聚焦目标	211. 目标与措施的配合度	教师制订计划的目标、措施和评价关联，评价措施和评价显关联，由明一位教师制订，缺乏讨论和共识。	班级计划要素齐全、内容具体、操作性强，体现目标、实施、评价的关联性。能够听取和吸纳班教师、家长等的意见。	班级计划，主题紧扣目标，针对问题，系统性强，体现重点和特色，便于操作和检验。由班级教师、家长共同商讨制订，并有落实和检验方式。	查阅班级计划，主题、周目标等有明确的目标和针对性措施。	教师组织、安排活动的内容、方式与目标的关联，达成度。	访谈教师和保育员：你们班级计划主要通过哪些途径来达成？您的意见和贡献是什么？你们对目标的达成度是怎么判断的？
		212. 重点的确定与分解	班级计划的重点工作与本班幼儿发展目标缺乏联系。	班级计划的重点能围绕本班课程目标形成明确的班级工作或课程运行。	班级目标化为明确的班级重点工作和针对性措施、方法，并在日常课程运行中的重点落实，有分工、协调、整合。	查阅班级工作计划，了解周目标与实施计划是否落实，周计划中的目标和重点工作。	观察环境和活动中如何体现班级重点工作。	访谈教师：您这学期的哪几项工作是围绕计划目标来做的？您是如何做的？
	K22. 过程可行	221. 与教师能力的匹配	班级课程或活动的计划，过程脱离教师的能力与资源，忽视实际操作性。	班级课程和活动能考虑教师能力和实际资源条件，具有现实操作性。	班级课程和活动计划，适度挑战教师能力，激发教师主动发挥自身优势，挖掘潜能。	查阅教师备课中关注的问题和课研资料，关注课程过程中对自身能力、资源配置等方面的讨论。	观察教师对各类活动的胜任情况。	访谈教师：您感觉自己在胜任各类活动上有哪些优势？哪些问题令您困扰？您是如何解决的？
		222. 教育目标转化为幼儿需求	教师按照成人的思路进行活动设计，忽视幼儿的主动性和参与度。	教师在设计和组织活动时有提高幼儿主动性和参与度的意识与行为，但是相关能力有欠缺。	教师创造机会引发幼儿主动学习，让幼儿动脑动手，深度参与活动，调动多感官感受和表达。	查阅班级活动设计，考察设计角度、幼儿的实际参与机会和水平。	观察教师开展活动的方式、节奏，幼儿主动学习的动机、机会和表现水平。	访谈教师：您采用的让幼儿参与的方式是什么？请举例说明。

(续表)

一级指标	二级指标	三级指标	水平等级描述			信息来源和采集方式示例		
			表现水平1级	表现水平2级	表现水平3级	文本	现场观察	访谈
K2 课程设计力	K23. 载体适宜	231. 经验的关联	班级课程与活动的经验零散、不连贯，单调，不符合幼儿的年龄特点与兴趣。	班级课程和活动呈现出一般的经验特征，能够关注到不同活动中经验的连续性，对幼儿有实际意义。	班级课程和活动有趣且有意义，具有连续性、发展性。不同活动中达成的共同经验丰富性和关联性，及其课程目标的关系。注重幼儿个体经验的积累和扩展。	查阅班级类计划、总结，活动花絮等资料，关注活动的丰富性和幼儿经验的获得，及其与课程目标的关系。	观察教师组织活动时对经验的迁移、整合与指导。	访谈教师和家长：围绕幼儿的发展目标，幼儿园有哪些主要的活动？活动中获得了什么？
		232. 内容与方式的选择	班级课程和活动的内容与实施方式被规定，不能随意更改。	班级课程和活动的内容与方式在给定的范围内选择。	班级课程和活动的内容与实施方式由班级教师主动根据课程目标、能力条件等选择或组合，积极关联幼儿的课程助推幼儿经验获得。	查阅班级类计划、记录，总结等文本的结构与要素及其实际效用。	观察教师组织的活动，关注内容和方式的适切性。	教师访谈：您一般怎样安排活动？幼儿园有哪些规定和支持？如果您自行设计活动，有哪些基本的要求或依据？
K3 课程执行力	K31 实施推动	311. 实践的推动力度	教师不关注课程愿景和目标的落实，幼儿的差异和发展变化，按照安排执行活动，忽视效果。	教师能在课程愿景和课程目标的引导下，思考活动的有效性，有理解幼儿个性、共性和发展变化的意识与行动，在指导下有针对性地改进。	教师保教人员共同在课程理念和目标的指导下，结合班级幼儿共性和个性的发展需求，开展系统化的课程助作设计与实施，考察活动成效并经常讨论改进活动。	查阅班级日常讨论等记录，关注如何发现、分析和解决问题。	观察保教人员组织的各类教育活动，考察其目标达成度。	访谈教师、保育员、家长：你们平时是如何开展幼儿发展情况的分析、设计与改进的？
		312. 实践的成效	幼儿的活动机会和发展表现不能体现幼儿园、教师期望的课程目标，或者教师忽视幼儿在活动中的发展。	幼儿获得了一些与课程愿景、目标相一致的学习机会、表现在某些领域、方面的发展上。	幼儿在活动中有充分的机会按照课程理念、目标的期望主动参与活动，全面乐发展。	查阅幼儿发展评价、教师工作总结、反思资料，关注幼儿的发展情况和课程目标的达成度。	观察各类活动，关注教师实践能力水平和幼儿全面发展的表现水平。	访谈教师、保育员、家长：你们班级的孩子取得了什么样的发展进步？你是如何判断的？你们班级的课程实践有哪些经验？

附录：幼儿园课程领导力评价指标（征求意见稿）

（续表）

一级指标	二级指标	三级指标	水平等级描述			信息来源和采集方式示例		
			表现水平1级	表现水平2级	表现水平3级	文本	现场观察	访谈
K3 课程执行力	K32 专业支持	321. 教师专业发展计划	教师制订个人专业发展计划，但与幼儿园课程实施的需要与实践水平的关系不明确，或者自身落实情况不确定。	教师按照幼儿园课程发展和实施的需要与要求订订个人的专业发展计划，并接受幼儿园提供的条件和成效检测。	教师主动根据幼儿园课程目标与个人专业发展需求制订个人专业发展计划，明确目标和任务，寻求园的支持与帮助，并定期检测专业能力的发展成效。	查阅教师个人发展规划、校本培训、教研协议、考核、发展成果等资料，关注教师专业发展的典型途径与成效。	如果可能，在教研活动中了解教师可以获得怎样的专业学习机会。	访谈教师：您做了哪些事来确保自己专业发展计划中的目标达成？成效如何？
		322. 教师专业发展推动	教师缺乏自我学习与发展的动力，没有改进自身课程实践的意识和行动，等待安排的学习机会。	教师愿意提升自我的课程实践能力，能诊断自己的课程实践能力要求的指导、交流与他人分享经验、寻求支持与帮助。	教师主动寻求幼儿园或者他人对自身课程实践能力提升的指导、培训等。积极与他人分享交流心得与经验，寻求支持、认同与帮助。	查阅教师专业成长计划与资料，关注教师参与培训、成效如何。	如果可能，参加教师的发展计划讨论或关注发展过程诊断，关注教师的参与方式以及达成的共识。	访谈教师：您是否主动提出过学习需求？发展是什么？表现为什么？您是否邀请承担过指导、培训别人的任务？您如何判断成效？
	K33 资源保障	331. 资源保障与开发	教师使用给定的权限和资源，缺乏主动保障和开发课程资源的动力，因为资源不足减少活动或会降低要求。	教师有一定的主动保障和开发资源的意识，会尝试从人力、材料、环境等方面通过协调、互助、合作，寻求保障课程资源等额外支持，使班级课程顺利开展。	教师具有强烈的整合使用、开发园内外课程资源的意识与行动，并将时间、精力、环境和材料等有意识地分配给与课程愿景和目标、幼儿发展直接相关的工作。	查阅班级非常规组织活动的设计与组织，关注资源的配置与调用情况。	观察教师组织活动和幼儿活动的条件与方式，关注资源的数量、性质是否与活动目标、内容相匹配。	教师访谈：对于那些实施组织活动中缺乏的资源或材料，您是否有哪些方式获取？请举一个典型的例子。

203

（续表）

一级指标	二级指标	三级指标	水平等级描述			信息来源和采集方式示例		
			表现水平1级	表现水平2级	表现水平3级	文本	现场观察	访谈
K3 课程执行力	K33 资源保障	332. 环境与资源利用评价	教师没有充分利用现有的环境和材料等资源，不关心资源利用的合理性，有浪费资源或者闲置等现象。	教师根据本班课程和活动的需要，合理分析、利用现有的环境和资源，为课程实施，促进幼儿发展提供支持。	教师主动考察班级时间、空间、物质、人际互动等资源的配置情况，利用等活动反思并尝试调整资源使用与活动成效之间的关系，资源成本与效益的关系等。	查阅教研组、班级讨论的资料，关注教师如何参与幼儿活动中环境、时间、空间、人力等资源的配置优化。	如果可能，参加班级对某个活动的策划讨论过程，关注教师如何规划、调整资源利用，调配资源。	访谈教师：您对本班级的资源、环境创设、利用方面有什么思考？能否举个例子说明您曾经主动考虑资源配置或利用的有效性？
K4 课程评价力	K41 主体参与	411. 多元主体开展的评价	教师习惯采用主观评价的方式开展评价，不与他人分享评价信息。	教师有多元主体参与评价的意识，能在评价过程中主动了解课程相关主体的想法，邀请他人参与评价。	教师主动邀请相关多元主体参与评价。多主体互动分享、沟通评价信息，从而对评价过程和结果进行反思。	查阅教师课程实施评价、幼儿发展评价等资料，关注教师、家长、幼儿参与评价的方式，以及基于评价的互动的情况。		访谈教师、家长：你们班级如何开展课程质量评价和教师评价？您是如何参与的？您在引导家长、幼儿参与评价方面有过尝试吗？是怎么做的？
		412. 主动评价与对话	教师不开展评价或者被动地完成评价的工作，不关注基于评价结果的对话。	教师按照幼儿园评价规范和流程开展课程相关的交流评价信息。	教师具有评价自身课程质量的意识和行为，自觉地根据课程背景和目标、课程实施要求、幼儿发展愿景开展评价，乐意与相关的主体对话，作出解释和吸收多角度的观点。	查阅教师评价完成的评价资料，体现班级教师主动和幼儿发展质量、关注班级课程主动开展评价的内容和方式。		访谈教师：请举例说明您是如何开展幼儿发展评价的，请举例说明您是怎样与其他教师、家长进行幼儿评价结果的交流的。

附录：幼儿园课程领导力评价指标（征求意见稿）

（续表）

一级指标	二级指标	三级指标	水平等级描述			信息来源和采集方式示例		
			表现水平1级	表现水平2级	表现水平3级	文本	现场观察	访谈
K4 课程评价力	K42 导向明确	421. 评价的目标与一致性	教师开展评价缺乏依据，或者与本园、本班的目标和课程实施要求相背离。	教师能关注课程目标与评价的一致性，有意识地围绕课程目标开展实施评价。	教师有意识地将评价行为改进自身课程实践的参照体系，在课程实施过程中积极开展评价，有目的地自我诊断和改进。	查阅班级的评价资料，关注评价的内容、标准等和幼儿园、班级目标是否一致。关注评价资料的运用方式如何对班级课程运行产生影响。	教师是否有与保教活动相关的行为及目的。	访谈教师：你有哪些参与课程评价的机会或任务？开展评价的依据是什么？参与评价你有哪些收获？评价对班级的课程产生了什么积极影响？请举例说明。
		422. 评价方法的适切性	教师评价方法的选择缺乏依据，或者主观设定不符合评价的需要，影响评价结果的说服力。	教师根据评价的目的，有针对性地选择评价方法，让评价过程和结果具有说服力。	教师根据自身课程实践需要选择评价方法，注重在自然、真实的状态下开展评价，增加评价结果的客观性和可信度。	查阅班级的评价资料，关注评价依据的逻辑性，工具的适切性，信息来源的可信度，评价实施的操作性。		访谈教师、家长：您对课程的质量评价以及后续改进有什么建议？为什么？
	K43 改进有效	431. 课程主体的满意度	教师改进课程行为，但是不关心改进成效和主体(尤其是幼儿和家长)的满意度。	教师的课程改进对自身的课程计划优化，了解评价者的意见和满意度。	教师根据评价改进自身课程实践，持续关注包括评价者、教师和家长等人的满意度。	查阅评价总结，反馈等资料，关注如何评价以及改善评价主体的满意度。		访谈教师、家长：本班级课程实践是如何评价以及改进的？评价改进的效果怎样？你们是怎么知道的？
		432. 课程优化机制运行	教师课程实施改进与本班级课程计划之间的相关性不高。	教师的课程改进对本班的课程实施计划优化、幼儿发展有促进，但对幼儿园课程实施方案的优化情况有贡献。	教师的课程改进积极影响本班级课程实施计划，并被幼儿园课程实施相关者，用以改进幼儿园课程实施方案，更大范围地作用于优化幼儿发展。	查阅班级工作总结或幼儿园课程实施方案修订说明，关注机制优化的指向和成效。		访谈教师：本班级的课程实践是如何对幼儿园课程方案发挥积极作用的？请举例说明。

第三部分 幼儿园课程领导力测评工具使用原则与方法

评价原则

参考指标开展课程领导力评价,应遵循发展原则、自评原则、对话原则和证据原则。

发展原则:评价过程与结果应服务于课程主体的发展,在把握发展动向的基础上为幼儿园的发展、园长与教师的专业发展提供前进的方向。评价不应用于幼儿园间、教师间的比较和排名。

自评原则:以自评为主、外评为辅。评价是为了更好地帮助园长、教师增强对幼儿园和自身课程领导力的自我感知和了解,明确发展的强弱项,提高园长和教师的反思调整意识与能力。外评过程和结果要坚持服务于课程主体自评。

对话原则:评价过程中应重视不同主体基于不同方式收集到的证据信息的对比、互动和对话,更应重视评价和被评价者间的沟通和对话,重视被评价者的自我感知与认识,努力呈现出不同主体眼中课程领导力的状态。对话本身就是帮助园长、教师提升课程领导力的过程。

证据原则:评价设计和过程要基于证据,尊重事实,紧密结合幼儿园实际的保教现场活动,已有的文本和制度运行状态,园长、教师和幼儿的实际表现来开展评价。还要注意分析不同角度、不同来源的证据之间的关系。

评价指标主体结构和要素说明

《评价指标》由两部分构成:幼儿园层面评价指标、班级层面评价指标。幼儿园层面和班级层面课程领导力的评价均由课程思想力、课程设计力、课程执行力、课程评价力4个一级指标构成,并进一步由12个二级指标、24个三级指标构成。

课程思想力(K1)指标下包含思想前瞻(K11)、愿景认同(K12)和文化现代(K13)3个二级指标;课程设计力(K2)指标下包含聚焦目标(K21)、过程可行(K22)和载体适宜(K23)3个二级指标;课程执行力(K3)指标下包含实施推动(K31)、专业支持(K32)和资源保障(K33)3个二级指标;课程评价力(K4)指标下包含主体参与(K41)、导向明确(K42)和改进有效(K43)3个二级指标。

幼儿园层面和班级层面课程领导力评价的具体内容各有其具体的指向和内涵(详见评价指标)。为了便于幼儿园园长和教师的学习与理解,特将两个层面的评价指标和具体内容分列。

幼儿园课程领导力评价指标的两个层面对24个三级指标分别进行了三个等级的描述,分别为水平一、水平二和水平三,等级越高表示课程领导力水平越高。三个等级的描述由基础到逐步完善,陈述不同课程领导力水平的具体表现,为幼儿园评价和判断课程领导力水平提供了参照。

评价信息来源与评价流程说明

1. 按照需求进行全部、重点或某一方面的自评或诊断

完整的幼儿园课程领导力评价指标包含"课程思想力""课程设计力""课程执行力""课程评价力"4个方面,每个方面又包含若干个二级和三级指标。

在使用评价指标进行课程领导力自评或诊断时,可以根据需求选择全部指标开展评价或仅选择某些方面的指标有重点地开展评价。例如,某园希望对本园的"课程设计力"进行自评,就可以围绕"课程设计力"的3个二级指标采集信息,了解当前幼儿园的课程设计力处于什么水平,将要向什么水平发展。

为了便于学习、掌握课程领导力的具体内涵,并引导幼儿园结合幼儿园日常的课程实践和思考获取课程领导力的信息,对24个三级评价指标设计了典型的信息采集方式和具体内容举例,主要包含保教现场考察、幼儿园课程文本查阅、园长和教师访谈等。

幼儿园可以直接采用提供的信息来源和采集方式,也可以在准确把握指标内涵的基础上,结合幼儿园的需求和实际情况,设计信息采集方式和其他内容。幼儿园要考察信息来源和方式的典型性,应紧密结合课程规划、设计与开发、课程日常实践有目的地寻找客观证据,呈现课程领导力的真实状态和水平。

2. 合理选取、组合、设计信息收集方式,开展信息收集

为了收集到客观、真实、准确的评价信息,需要注意以下几个方面:园长和教师理解评价目的,合理选取、组合、设计信息收集方式,帮助参与测评人员学习并理解指标内涵,激发被评价者主动参与评价并积极对话。

在使用指标进行课程领导力自评或诊断时,有三种收集信息的方式:观察幼儿园各类保教活动,查阅幼儿园各类课程制度文本,访谈幼儿园相关课程主体(包括园长、教师、幼儿家长等)。

上述几种方式,可以根据需求和实际条件合理选取、组合、设计,使评价可信、有效。例如,幼儿园聚焦教师的"课程设计力"开展自评,除了可以选取教师访谈、教师问卷的方式,还可以自行设计观察教师的哪类活动、查阅教师的哪类课程文本来收集体现教师设计力的证据信息。

3. 整理、分析、总结评价信息,积极反馈

收集信息后的信息汇总与分析可以围绕评价目的,基于评价指标形成基本判断,主动开展评价者、被评价者之间相互的信息交流和对话,撰写相关报告,主动反馈评价过程中的发现和评价结果。

案例索引

案例1-1　课程理念如何落地?(浦东新区冰厂田幼儿园　姚健)　P9
案例1-2　幼儿园园长要持续学习(浦东新区冰厂田幼儿园　姚健)　P12
案例1-3　用追问引导教师(静安区南阳实验幼儿园　李文静)　P21
案例1-4　不批评的园长(静安区南西幼儿园　郭源)　P22
案例1-5　在计划制订中体现课程领导力(青浦佳佳幼儿园　徐秀清)　P29
案例2-1　来自教师的意见(静安区安庆幼儿园　颜小倩)　P36
案例2-2　南西幼儿园课程实施方案优化四部曲(华东师范大学　华爱华)　P37
案例2-3　对幼儿和家长的调研(浦东新区锦绣博文幼儿园　王雯)　P43
案例2-4　课程资源库和"备课十分钟"之忧(浦东新区冰厂田幼儿园　蒋嬿畲)　P45
案例2-5　淬炼"田园魂"的三部曲(浦东新区锦绣博文幼儿园　王雯)　P51
案例2-6　"快乐15分钟"的产生和优化(静安区南西幼儿园　洪晓琴)　P55
案例2-7　从"我来帮你做"到"你的时间你做主"(静安区芷江中路幼儿园　王秋璐)　P56
案例2-8　从幼儿的运动数据中发现问题(静安区威海路幼儿园　符芳)　P58
案例2-9　"田园实践活动"实施五步骤(浦东新区锦绣博文幼儿园　兰璇)　P59
案例2-10　大班资源室活动运行方式的调整(青浦佳佳幼儿园　周三)　P61
案例2-11　"游戏故事"如何写?(静安区南西幼儿园　杨琦)　P63
案例2-12　《幼儿发展评价手册》的变化(静安区安庆幼儿园　沈玮)　P65
案例2-13　纵横比对,呈现幼儿发展概貌(静安区安庆幼儿园　温剑青)　P67
案例2-14　"电池机制"中的教师自评(静安区芷江中路幼儿园　陈佳妮)　P69
案例2-15　通过数据把握幼儿园课程的发展(浦东新区冰厂田幼儿园　姚健)　P71
案例3-1　从"公约"走向"共约"(静安区南阳实验幼儿园　李文静)　P81
案例3-2　从"三步走"到"全部走",放手教师,相信孩子(静安区南西幼儿园　洪晓琴)　P83
案例3-3　教师的自选自助培训(静安区南西幼儿园　郭源)　P85
案例3-4　陈老师的"门诊"故事(长宁实验幼儿园　陈青)　P86
案例3-5　从"要我做研究"到"我要做研究"(静安区南西幼儿园　王斐)　P89
案例3-6　爱追问的园长(静安区南西幼儿园　杨琦)　P94
案例3-7　新老教师的合力探索(浦东新区冰厂田幼儿园　孙瑛)　P97

案例 3-8   "如果我是一本书……"(浦东新区冰厂田幼儿园   邵怡) P99

案例 3-9   基于班本化课程实施的制度改革例举(浦东新区冰厂田幼儿园   皇甫敏华) P100

案例 3-10   共建平台,让课程在教师的手上"活"起来(黄浦区思南路幼儿园   毛尼娜) P102

案例 3-11   引导教师开展自主自发的课程质量监控(静安区安庆幼儿园   温剑青) P104

案例 3-12   努力做一个反思型实践者(徐汇区乌南幼儿园   殷佳妮) P107

案例 3-13   围绕班本化课程实施的教研话题(浦东新区冰厂田幼儿园   皇甫敏华) P112

案例 3-14   和孩子一起设计玩具(静安区芷江中路幼儿园   陈佳妮) P113

案例 3-15   从"独跑者"到"陪跑者"(浦东新区锦绣博文幼儿园   姚萍) P115

案例 3-16   教师主动发掘和创造课程资源(长宁实验幼儿园   郑慧敏) P118

案例 3-17   "课程服务单"的故事(长宁实验幼儿园   张建红) P120

案例 3-18   找到和选择适合的(长宁实验幼儿园   殷嘉雯) P122

案例 3-19   让调研成为习惯(黄浦区荷花池幼儿园   余晓琦) P124

案例 3-20   "为意外状态加分"(黄浦区荷花池幼儿园   赵妍) P127

案例 3-21   为发展服务的"门诊式"指导(长宁实验幼儿园   陈青) P128

案例 4-1   《花木兰》里演大马(黄浦区荷花池幼儿园   余晓琦) P136

案例 4-2   美美屋里的"哇"时刻(静安区南西幼儿园   李霖) P143

案例 4-3   幼儿成长档案构建框架和要素分析(长宁实验幼儿园   杨敏姬   廖蕊   华岚) P144

案例 4-4   家长会可以这样开(杨浦区本溪路幼儿园   应彩云) P154

案例 4-5   用专业使家长成为"同盟军"(长宁实验幼儿园   丁怡) P156

案例 4-6   "孵蛋"活动中的家园合作(浦东新区锦绣博文幼儿园   陈思媛) P157

案例 4-7   蛋壳里的生命(浦东新区冰厂田幼儿园   沈祎冰) P161

案例 4-8   冰厂田幼儿园课程实施方案"课程实施部分"摘选(浦东新区冰厂田幼儿园   皇甫敏华) P163

案例 4-9   五位幼儿园教师对活动实际开展状况的分析 P165

案例 4-10   让日计划真正帮助教师提升课程意识(长宁实验幼儿园   陈青) P167

案例 4-11   "幼儿驱动问题解决"完善幼儿园课程实施(黄浦区思南路幼儿园   吴闻蕾) P169

案例 4-12   让幼儿美梦成真的美美屋(静安区南西幼儿园   李霖) P171

案例 4-13   转一转(静安区安庆幼儿园   卢世轶) P174

后记

上海市提升中小学(幼儿园)课程领导力项目的两轮研究,持续已近10年。

《幼儿园,课程领导力在生长》付梓,交出了一份近阶段研究的答卷。它凝结着无数人的生命时光、心血和智慧。随着研究的深入,我们日渐明晰,提升课程领导力是一个永恒的主题。幼儿园的课程领导力存在于执着探寻和遵循幼儿发展规律的实践中,存在于园长和教师主动尝试解决课程问题的过程中,存在于与幼儿园课程相关的无数判断和选择中,存在于对课程中若干关系的衡量和取舍中。

诚挚感谢参与研究的11所市级立项幼儿园的园长和教师们。他们乐意主动面对挑战,始终以饱满的热情投身研究与实践,竭尽全力,孜孜以求,站在幼儿园的视角,用自己主动的思考和行动诠释着课程领导的真切内涵,令我无限感动。他们是整个项目研究的英雄,也是个人在追求提升课程领导力之路上的英雄。

由衷感谢持续参与并跟进指导的每一位项目指导专家:何幼华、周洪飞、黄琼、华爱华、黄瑾、姜勇、郭宗莉、郑惠萍、李建君、高敬、黄娟娟。他们已然是上海幼教事业的"专业巅峰",但在项目研究和指导中专注引领,高度参与,毫无保留地为项目研究付出智慧与心力,深入每一所立项幼儿园,与园长、教师共同"精耕细作",让课程领导力在幼儿园落地生根,开出美丽的花,并催生幼儿园的内在力量,结出壮硕的果实。

感谢上海市教委、市教委教研室的各位领导,上海市教委托幼工作处负责人颜慧芬,上海市教委教研室主任徐淀芳,党总支书记兼副主任纪明泽,副主任陆伯鸿、谭轶斌、王月芬,在项目研究和探索的全程,尤其是在项目面临难关与挑战的关键时刻,给予我们精神和制度上的支撑,敦促和激励我们直面问题,勇于挑战,不忘初心,砥砺前行。上海教育是一片丰沃的土壤,滋养着每一位执着探究的教育人。

诚挚感谢华东师范大学华爱华教授为本书作序,真诚地分享她对幼儿园课程领导力的关注与思考。感谢杨浦区本溪路幼儿园的应彩云老师和长宁实验幼儿园的陈青老师在研究中与我互动,在她们身上,鲜明地体现出专业幼儿园教师的课程领导力。感谢徐则民老师经常就研究过程中的思考与我交流。感谢何幼华、左志宏、周剑三位老师审读本书的初稿,为我们提出了中肯的意见和建议。

我是一名提升幼儿园课程领导力项目研究的亲历者。在第一轮研究中,我作为上海市一名基层幼儿园的园长参与研究,并有幸参与研究的总结工作。现在的我作为上海市的一名学前教育教研员,和大家继续合力探寻幼儿园的课程领导力,共同书写对它的理解。

囿于视野和时间,也许项目研究尚存在诸多亟待回答的问题。我们对提升幼儿园课程领导力的认知,正如一个不断扩大的球,知之越多,将发现面临的未知也越多。但我们追求提升课程领导力的脚步不会踌躇与停留,新的团队将带着希望不断迎接未来的挑战。

贺 蓉

2019 年 7 月于上海